Pascal Heberlein

Das Geheimnis erfolgreicher Erziehung

Wie Ihr Kind das tut, was Sie wollen und dabei trotzdem zufrieden ist

Über dieses Buch:

Warum gelingt das Anziehen am Morgen nicht auch ohne Geschrei? Warum müssen wir jeden Abend neu mit unseren Kindern über das Zähneputzen oder die Schlafenszeiten diskutieren? Warum halten sich Kinder nicht einfach mal an die Regeln? - Warum nur ist Erziehung so anstrengend und lässt uns täglich an unsere Grenzen kommen?

Dieses Buch fordert dazu heraus, besser zu erkennen, wie Kinder ticken, aber auch wie wir als Erziehende – ganz gleich in welcher Rolle – funktionieren.

Anhand eines innovativen Konzeptes, das auf wissenschaftlichen Grundlagen erarbeitet wurde und praxiserprobt ist, begleitet Sie der Autor zu Ihrer eigenen nachhaltig erfolgreichen Erziehung. Dabei ist das große Ziel, dass Ihr Kind oder die Ihnen anvertrauten Kinder und Jugendlichen das tun, was Sie wollen - und dabei trotzdem zufrieden sind. Denn Erziehung gelingt nur, wenn sie Win-Win-Situationen schafft.

Über den Autor:

Dr. Pascal Heberlein, Jg. 1986, ist Erziehungswissenschaftler und leitet eine Offene Kinder- und Jugendhilfeeinrichtung. Außerdem ist er selbstständiger Erziehungsberater und hat verschiedene Lehraufträge zu (sozial-)pädagogischen Themen. Er lebt mit seiner Frau und seinen beiden Kindern in Hamburg.

Pascal Heberlein

Das Geheimnis erfolgreicher Erziehung

Wie Ihr Kind das tut, was Sie wollen und dabei trotzdem zufrieden ist

Impressum

Bibliografische Information der Deutschen Nationalbibliothek:
Die Deutsche Nationalbibliothek verzeichnet diese Publikation in
der Deutschen Nationalbibliografie; detaillierte bibliografische Daten
sind im Internet über http://dnb.dnb.de abrufbar.

© 2020 Pascal Heberlein
Herstellung und Verlag:
BoD – Books on Demand, Norderstedt
ISBN: 9783750442504

Für meine Kinder Ruby und Edgar.
In der Hoffnung, euch immer ein guter Papa zu sein.

Inhalt

Dritter Teil: Die Brücke schlagen

Wie alles begann ...

Der 8. März 2016 veränderte mein pädagogisches Leben grundlegend. Dieser Tag lag in einer Woche, in der ich zusammen mit einem Kollegen eine Jungenfreizeit leitete. Etwa zehn Jungen im Alter von sieben bis elf Jahren verbachten fünf Tage mit uns in der Lüneburger Heide. An diesem Tag spielten zwei Jungen (Karim, 7 Jahre, und Emir, 8 Jahre) miteinander. Aus irgendeinem Grund kam es zum Streit. Emir schlug daraufhin Karim ins Gesicht, dieser begann zu weinen. Intuitiv griff ich, der ich die Eskalation mitbekommen hatte, ein und stellte Emir zu Rede. Er regte sich maßlos über das Verhalten Karims auf. Nach kurzem Wortwechsel forderte ich Emir auf, sich zu entschuldigen, was dieser widerwillig mit einem knappen »'Tschuldigung« tat. Dabei reichte er Karim sogar die Hand und dieser nahm sie an. Für die Jungen schien die Sache erledigt, doch nicht für mich. Ich warf Emir vor, die Entschuldigung nicht ernst zu meinen – »Es tut dir doch gar nicht wirklich leid«, sagte ich. Obwohl Emir damit nichts anzufangen wusste, reichte er Karim noch einmal genervt die Hand und sagte übertrieben deutlich: »Entschuldigung!« Ich ließ es dieses Mal gelten, wenngleich ich immer noch unzufrieden war.

Möglicherweise sind Sie nun etwas enttäuscht, weil das dramatische Finale ausbleibt. Doch trotz der Alltäglichkeit veränderte diese Situation meine Haltung zu Erziehung nachhaltig. Sie war für mich der Startschuss, um ganz neu über Kinder und Erziehung nachzudenken. Denn ich kam ins Grübeln: Ab wann können Kinder überhaupt ein Schuldgefühl empfinden? Wann entsteht Empathie? Wie muss ich mit Kindern umgehen, um ihrer Gehirnentwicklung gerecht zu werden? Kurzum: Wie sieht eine kindgerechte Erziehung aus? Ich begann, mich (wieder) neu mit entwicklungspsychologischen und neurowissenschaftlichen Erkenntnissen zu befassen und hatte dabei ein Ziel: ein Erziehungskonzept zu entwickeln, das logisch, nachhaltig, effektiv und wirklich kindgerecht ist! Natürlich hatte ich im Erziehungswissenschaft-Studium und durch spätere Lektüre viel über Pädagogik gelernt. Aber nun verstand ich erstmals, dass manches Wissen wichtiger für die Praxis ist als anderes und dass es dieses zu filtern und zu überprüfen gilt. Also begann ich zu lesen, zu recherchieren, zu forschen und sehr viel nachzudenken.

Gerade zu Beginn stellte ich vor allem eins fest: Ich handelte sehr oft *intuitiv*. Ohne nachzudenken wandte ich Methoden und Prinzipien an, die ich gewohnt war. Doch nun stellte ich fest, dass diese häufig unpassend und falsch waren. So betrachtete ich beispielsweise Kinder oft mit meinem Erwachsenenblick und begegnete ihnen überhaupt nicht ihrer Entwicklung entsprechend. Dies wurde mir mehr und mehr bewusst, je tiefer ich forschte. So dauerte es nicht lange, bis ich nahezu meine komplette Pädagogik auf den Kopf stellte und neuesten wissenschaftlichen Erkenntnissen anpasste. Dabei überprüfte ich sie aber zeitgleich immer wieder an der Realität. Denn das theoretische Wissen muss an die jeweilige Situation und das jeweilige Kind angepasst werden.

In diesem Buch möchte ich Ihnen viele meiner praxiserprobten Erkenntnisse vorstellen und damit Aspekte Ihrer Erziehung beflügeln – denn es begeistert mich, Menschen zu inspirieren. Das von mir entwickelte Erziehungskonzept kann dabei nicht Eins zu Eins auf Ihre Situation übertragen werden – wenngleich dies natürlich bei einzelnen Punkten möglich sein wird. Ich werde Ihnen im ersten Teil des Buches erklären, warum mein Konzept nicht vollständig zu Ihnen und Ihrer Situation passen kann. Vielmehr soll das Konzept zusammen mit meinen Erfahrungen und Beispielen dazu dienen, Sie anzuregen, selbst herausfordernde Situationen in einem neuen Licht zu betrachten und innovativ zu lösen.

Dabei spielt es keine Rolle, ob Sie Eltern, Lehrer[1], Kita-Erziehende oder Pädagogen in der außerschulischen Kinder- und Jugendarbeit sind. Denn es ist egal, *wo* Sie mit Kindern und Jugendlichen arbeiten – Sie haben automatisch mit Fragen von Erziehung zu tun. Natürlich unterscheiden sich die Herausforderungen und Ziele je nach Setting. So wollen Eltern Antworten auf Fragen, wie beispielsweise der allabendliche Kampf ums Zu-Bett-Gehen erfolgreicher bestritten werden kann oder wie das Kind »Danke« zu sagen lernt; Lehrende hingegen brauchen Inspiration dafür, wie sie Kinder zur Mitarbeit in der Klasse

---

[1] Ich bemühe mich, die geschlechtsneutrale Form zu wählen. Wo dies nicht möglich ist, greife ich der Einfachheit halber auf die männliche Form zurück. Diese meint aber immer auch die weibliche Form.

motivieren oder eine Schlägerei verhindern können. Doch im Grunde wünschen sich wahrscheinlich alle, denen Kinder und Jugendliche anvertraut sind, häufig nichts mehr, als dass diese besser mitmachen, sich an die Regeln halten oder einfach vernünftig sind. Und nicht selten kommt es dabei dazu, dass Sie manchmal mit Ihrem Latein am Ende sind, weil Sie *wirklich schon alles probiert haben und nichts geholfen hat.* Erziehung scheint ein Kampf gegen Windmühlen zu sein, ein hoffnungsloses Unterfangen, das zu allem Übel auch noch anstrengend und nervenaufreibend ist.

Das kannte im Übrigen angeblich bereits Sokrates – immerhin über 2400 Jahre tot. So soll er beklagt haben: »Die Kinder von heute sind Tyrannen. Sie widersprechen ihren Eltern, kleckern mit dem Essen und ärgern ihre Lehrer.« Es scheint also ein Naturgesetz zu sein, dass Erziehung schwierig ist.

Doch wenn Erziehung schon seit Generationen scheitert, gibt es dann überhaupt eine Lösung oder muss man als erziehende Person einfach die Zähne zusammenbeißen? Ich bin fest davon überzeugt, dass Erziehung gelingen kann! Dabei geht es mehr als nur das blanke Überleben im Alltag. Erziehung soll nicht nur dazu beitragen, dass das Miteinander zuhause, in der Schule oder in jeglichen anderen pädagogischen Einrichtungen harmonischer verläuft, sondern sie kann dabei sogar Spaß und *alle* Beteiligten glücklich machen. Nun fällt Ihnen wahrscheinlich sofort der gestrige Kampf beim Zähneputzen ein, der alle Beteiligten alles andere als glücklich gemacht hat, und Sie fragen sich. Wie in aller Welt sollen dabei jemals beide Parteien glücklich sein? *Entweder* werden die Zähne geputzt und die Eltern sind zufrieden (das Kind hingegen wurde gezwungen) *oder* sie werden nicht geputzt und das Kind ist zufrieden (die Eltern hingegen frustriert). Es kann nur einen geben – dass beide glücklich sind, scheint rational nicht möglich zu sein. Ich möchte Ihnen zeigen, dass es tatsächlich anders geht. Denn wir denken zu oft in einem Schema *Entweder/ Oder.* Dabei gibt es ein Denkschema *Sowohl/ Als auch,* bei dem *sowohl* die Erwachsenen zufrieden sind, *weil* die Zähne geputzt wurden, *als auch* das Kind, *obwohl* die leidliche Prozedur stattfand. Dieser Zustand muss keine Wunschvorstellung bleiben. Es wird Sie überraschen, wie Sie durch intensives Nachdenken und die Anwendung einfacher Mittel zu einer erfolgreicheren Erziehung gelangen.

Als ich anfing, neu über Erziehung nachzudenken, entdeckte ich, dass Erziehung drei Ebenen hat. Zum einen geht es um theoretisches Wissen und was das für Sie bedeutet. Hierzu gehören entwicklungspsychologische Aspekte genauso wie philosophische Themen – Aspekte, über die man sich im Alltag eher selten Gedanken macht. Zum anderen gibt es die methodische Ebene, also die Frage der konkreten Erziehungsmittel. Doch gibt es außerdem noch eine dritte Ebene, die die beiden ersten miteinander verbindet – und die die wichtigste in diesem ganzen Konstrukt ist. Mehr und mehr entstand in meinem Kopf ein Bild von Erziehung, das sich am besten mit einer Brücke wiedergeben lässt. Eine Brücke besteht mindestens aus zwei festen Pfeilern. Ohne diese kann sie nicht existieren. Doch können die Pfeiler noch so fest sein, wenn es keine stabile Querverbindung gibt, ist die Brücke nicht tragfähig.

Der erste Pfeiler steht in meinem Bild für den unsichtbaren Teil von Erziehung. Dieser mag zunächst etwas staubig und trocken anmuten, beschäftigt er sich doch mit Theorie. Allerdings braucht es dieses Fundament, um nachhaltig erfolgreich zu sein. Dock keine Angst: Der erste Teil des Buches, der sich mit diesem Pfeiler befasst, ist kein Auszug aus einem Lehrbuch, sondern lädt Sie ein, herauszufinden, was das Wissen für Sie und Ihrer Erziehung bedeutet. Dadurch erhalten Sie Ihre *Grundhaltung*. Falls Sie schnelle Lösungen benötigen und keine Lust auf den theoretischen Unterbau haben, springen Sie einfach zu Kapitel 7. Denn hier beginnt der zweite Pfeiler, bei dem wir uns mit *Erziehungspraktiken* beschäftigen. Anhand alltagstauglicher Tools werden wir beleuchten, wie Sie effektiv mit verschiedenen Herausforderungen umgehen können. Im dritten Teil des Buches geht es dann um das Verbindungsstück der beiden Pfeiler, also um die Frage, wie sich die theoretische *Grundhaltung* in die als gut befundenen *Erziehungspraktiken* umsetzen lässt. Denn es ist nicht selbstverständlich, dass Theorie und Praxis harmonieren. Dieser Teil heißt naheliegend *Die Brücke schlagen*.

Alle drei Komponenten zusammen machen Erziehung aus. Wir werden alle drei intensiv beleuchten, so dass sie am Ende zu einer stabilen Erziehungsbrücke führen und das Geheimnis erfolgreicher Erziehung aufdecken – das ist das Ziel des Buches.

Ich vermute, bisher haben Sie Erziehung eher weniger mit Begriffen wie *glücklich, zufrieden* oder *Spaß* verbunden. Vielmehr ähnelte sie eher – etwas martialisch gesprochen – *Krieg*. Martin Luther King soll einmal im Zuge seines politischen Widerstands gesagt haben: »Das ist kein Krieg, das ist eine Umarmung.« In diesem Sinne möchte ich Sie inspirieren – dass Sie Erziehung nicht als Krieg, sondern als liebevoll verändernde Umarmung kennenlernen.

Erster Teil:

Die Grundhaltung

1 Warum braucht es eine Grundhaltung?

Ich möchte Sie zu etwas bewegen, was nicht selbstverständlich ist: Sie sollen über Erziehung *nachdenken*! Vielleicht halten Sie es für völlig normal, sich darüber Gedanken zu machen. Ich sage Ihnen: es ist es nicht. Denn Erziehung ist für viele Menschen eine intuitive und hochemotionale Sache. Man erzieht, wie man selbst erzogen wurde oder ist durch eigene Verletzungen fast blind davon getrieben, genau gegenteilig zu handeln. Das Gute daran ist: Diese Art der Erziehung – ohne ernsthaft darüber nachzudenken – funktioniert in gewisser Weise recht gut.

Allerdings ist Erziehung mehr als das. Sie hat eine Tiefe, die vielmehr beinhaltet als einfaches unreflektiertes Handeln. Hier befindet sich ein Kern, der auf der einen Seite absolut individuell ist – es ist *Ihre* Erziehung! – und auf der anderen Seite absolut allgemeingültig, so dass es egal ist, ob Sie nun Ihre eigenen Kinder, Schüler oder Jugendliche im Nachmittagstreff erziehen. Wenn Sie diesen Kern, den ich als *Grundhaltung* bezeichnen möchte, ergründen und bearbeiten, kann Ihre Erziehung stark an Qualität gewinnen.

Doch welchen Vorteil hat es, sich intensiv über Erziehung Gedanken zu machen, wo sie doch auch so funktioniert? Durch das Nachdenken und Bearbeiten wird

Erziehung zu etwas Maßgeschneidertem. Sie kann perfekt zu Ihnen passen, zu Ihren Werten, Ihren Zielen, Ihren Prinzipien. Dadurch fühlt sich das, was Sie machen, gut an, so dass es Ihnen insgesamt besser damit geht. Sie werden viel seltener bezüglich Ihrer anvertrauten Kinder mit Ihrem Latein am Ende sein, völlig erschöpft am Abend ins Bett fallen oder Dinge tun, die Sie später bereuen. Das ist nicht nur für Sie von Vorteil, auch Ihre Kinder profitieren davon, wenn Sie eine solide Grundhaltung entwickeln. Denn dann wird es für Sie möglich, Sowohl-als-auch-Lösungen zu schaffen, mit denen Sie und Ihre Kinder zufrieden sind.

Ich weiß nicht, welche Erwartung Sie an ein Sachbuch über Erziehung haben. Vielleicht erhoffen Sie sich eine große Anzahl an Alltagssituationen, die Ihnen sehr bekannt vorkommen und für die Lösungen aufgezeigt werden. Dieses Vorgehen werden Sie in diesem Buch nicht finden. Wenn es das Ziel ist, eine individuelle und zugleich situationsunabhängige Haltung zu entwickeln, dann kann kein Autor der Welt Lösungsvorschläge aufzeigen, die genau zu Ihnen – und zugleich allen anderen Lesern – passen. Nehmen wir ein Beispiel: Sie stellen sich die Frage, wie Sie damit umgehen sollen, wenn sich Ihr dreijähriges Kind vehement dagegen wehrt, an einem Wintermorgen die dicke Jacke anzuziehen. Jede konkrete Antwort, die nun folgen könnte, wird bei Ihnen wahrscheinlich zu Ablehnung führen:

> *Ratgeber 1*: »Gewähren Sie dem Kind die Jacke, die es möchte. Die natürliche Konsequenz wird

sein, dass es friert. Dann wird es lernen, auf Sie zu hören.«

Sie: »Das kann doch nicht sein Ernst sein. Dann holt es sich ja eine Lungenentzündung!«

Ratgeber 2: »Das Kind muss lernen, dass es gewisse Dinge noch nicht überblicken kann. Um seine Gesundheit zu schützen, müssen Sie es notfalls zwingen, die Jacke anzuziehen.«

Sie: »Der hat gut reden. Ich habe morgens gar keine Zeit für Kämpfe.«

Wir könnten die Beispielantworten fortsetzen, doch wird bereits hier deutlich, dass diese Lösungsvorschläge wahrscheinlich niemals vollkommen passen, entweder will sie nicht zu Ihrer Situation oder nicht zu Ihren Prinzipien passen.

Mein Ziel ist es vielmehr, maßgeschneiderte und damit wirklich passende Lösungen zu finden. Natürlich kann ich Ihnen diese nicht vorgeben, sondern kann Ihnen nur dazu verhelfen, diese zu finden. Dafür müssen wir die Oberfläche verlassen und in der Tiefe nach Ihrer individuellen Grundhaltung suchen. Diesen Prozess werde ich natürlich immer wieder durch Beispiele begleiten. Doch dienen diese eben nicht als allgemeingültige Lösung, sondern sollen inspirieren, eigene, kreative und für Sie passende Wege zu finden. Denn wenn Erziehung etwas Individuelles ist, dann kann es nicht *eine* richtige Lösung für einen Konflikt geben. Genauso wie Sie eine eigene Erziehung haben, habe ich auch ich individuelle Ansätze. Diese stelle ich immer wieder zur Verfügung, um zu verdeutlichen, was für mich hilfreich war. Mit ein bisschen Übung wird es Ihnen nicht schwerfallen, davon selbst praktische Lösungen abzuleiten.

Die Grundhaltung als erster Brückenpfeiler ist die Basis, um zufriedenstellend Erziehung zu praktizieren. Nur durch ihn können Sie passgenau auf Herausforderungen reagieren und gerade, wenn Sie beispielsweise müde sind, trotzdem das Steuer in der Hand behalten. Dies ist wie beim Erlernen eines Instruments. Nehmen wir an, Sie wollen sich das Gitarrenspielen beibringen, um in einer Band zu musizieren. Sie lernen dafür alle Grundkenntnisse wie Griffe und Schlagtechniken. Sagen wir, Ihre Band hat ein Repertoire von zehn Liedern. Um keine Fehler zu machen, lernen Sie die Abläufe aller zehn Lieder auswendig und prägen sich dabei minutiös ein, nach wie vielen Sekunden Ihr Einsatz ist, welcher Akkord wie viele Anschläge bekommt und dass nach 3:31 Minuten das erste Lied zu Ende ist. Dies machen Sie für alle zehn Lieder. Damit werden Sie eine perfekte Performance hinlegen. Das Problem dabei ist allerdings, dass Sie überhaupt nicht flexibel sind! Gibt der Schlagzeuger einen minimal langsameren Takt vor oder entscheidet sich der Bandleader, spontan einen Refrain zu wiederholen, passen Ihre Zeiten nicht mehr. Deshalb ist es viel ratsamer, immer weiter zu üben, um immer freier Gitarre spielen zu können, so dass Sie improvisieren können und nicht nur alles auswendig gelernt haben. Genauso ist es bei der Erziehung: Eine Grundhaltung zu erarbeiten, bedeutet, über das Auswendiglernen hinauszugehen und improvisieren zu können. Denn Ihr Kind wird sich nicht immer an das auswendig gelernte Drehbuch halten. Gelingt Ihnen das, ist es kein Problem mehr, in verschiedenen Settings souverän aufzutreten. Haben Sie Ihre Grundhaltung in Erziehungsfragen gefunden, können Sie diese für *alle* pädagogischen Situationen anwenden.

Lassen Sie mich noch einen wichtigen Aspekt anführen: Erziehung ist keine Zauberei! Gäbe es Erziehungsmaßnahmen, die mit einhundertprozentiger Sicherheit die gewünschte Lösung erbringen, wäre das reine Manipulation. Es gibt Situationen, in denen Pädagogik an ihre Grenzen kommt und in denen die beste Grundhaltung nicht hilft. Das ist schmerzhaft und Sie werden sich schlecht fühlen. Doch wenn Sie eine gute Haltung gegenüber den Ihnen anvertrauten Kindern und gegenüber Erziehung im Allgemeinen haben, dann werden diese Einzelsituationen wahrscheinlich immer seltener auftreten.

2 Bestandteile der Grundhaltung

Physikalischen Berechnungen zufolge beträgt der sichtbare, aus dem Wasser herausragende Teil eines Eisbergs nur 11% seiner Gesamtfläche. Das heißt, die meist sehr beeindruckend große Spitze hat ein achtmal größeres Fundament, das sie trägt. Wenn wir von Erziehung und der Art, wie Menschen erziehen, sprechen, dann reden wir zumeist über die Spitze. Die Art, wie Eltern mit ihren Kindern umgehen oder Lehrer mit ihren Schülern sprechen, ist nur der kleine, sichtbare Teil der Erziehung. Dahinter steckt eine ganze Reihe wichtiger Faktoren, die bestimmt, wie wir erzieherisch auftreten. Ob wir nun streng oder freundlich, konsequent oder nachgiebig, fordernd oder anspruchslos sind – all das sind Ergebnisse unserer unsichtbaren Grundhaltung.

Doch wie kommen Sie zu Ihrer Spitze, Ihrem Verhalten? Die allerwenigsten Menschen haben eine bewusste Entscheidung getroffen, sich so und nicht anders zu verhalten. Ja, die allermeisten Menschen könnten noch nicht einmal genau ihre Grundhaltung beschreiben; in einzelnen Aspekten natürlich schon, aber als Ganzes eher nicht. Ursache dafur ist, dass die Grundhaltung meistens beiläufig und automatisch erworben und übernommen wird. Das bedeutet, sie ist zwar da, aber sie wurde nicht bewusst gewählt oder erarbeitet. Deshalb kann sie auch so schwer in Worte gefasst werden.

Nehmen wir einmal an, Sie würden etwas Gefährliches machen: Telefonieren beim Autofahren. Sie steigen nach der Arbeit in Ihr Auto, greifen zum Handy und sprechen auf der gesamten Fahrt nach Hause. Wenn Sie zuhause ankommen, beenden Sie das Telefonat und parken das Auto. Wahrscheinlich können Sie sich im Moment des Aussteigens nicht daran erinnern, wie Sie eigentlich nach Hause gekommen sind. Ihr Gedächtnis kann sich nicht mehr an die einzelnen Elemente der Fahrt erinnern, geschweige denn daran, wann Sie einen Gang eingelegt oder die Bremse betätigt haben. Trotzdem kamen Sie sicher zuhause an. Ihr Gedächtnis hat auf Autopilot gestellt und den bekannten Weg unbewusst gemeistert. Und so geht es vielen bei der Erziehung: Sie erziehen einfach, ohne genau beschreiben zu können, warum sie etwas wie machen. Auch achten sie nicht in einer konkreten Situation darauf, welches Verhalten das aus ihrer Sicht beste ist und wenden es an, sondern handeln intuitiv.

Wir alle haben irgendeine Form von Erziehung durch Bezugspersonen erlebt. Wenn diese Erfahrungen nicht reflektiert werden und entschieden wird, was davon behalten und was verworfen werden soll, wird die eigene erzieherische Grundhaltung dem Erlebten sehr ähnlich sein. Ein Indikator dafür, dass die Erziehung Ihrer Eltern nahezu unreflektiert übernommen wurde, sind die beliebten Antworten auf die kindliche Frage *Warum darf ich das nicht machen?* Häufig äußern Erwachsene dann Sätze wie: »Weil ich es sage!« oder »Weil wir das so machen!« oder

»Weil sich das so gehört!« Diese Antworten zeigen, dass es keine bewusst getroffene Entscheidung des Erwachsenen ist, die in sein Gesamtkonzept der Erziehung passt, sondern eine intuitive, unreflektierte, wahrscheinlich blind übernommene Entscheidung. Das muss nicht schlecht sein! Gerade wenn Ihre Erfahrungen ausgesprochen positiv waren und Sie selbst diese Art der Erziehung als die beste bezeichnen, dann ist es umso besser, wenn Sie intuitiv handeln – denn dann machen Sie intuitiv vieles richtig! Demnach brauchen Sie eigentlich keine Änderung. Und trotzdem kann es hilfreich sein, sich seiner Grundhaltung bewusst zu werden, denn dann kann man auf *Warum*-Fragen logisch begründete Antworten geben, die wiederum weniger auf ein Machtgefälle zurückgreifen müssen (»Weil ich es sage!«) und dadurch mit großer Wahrscheinlichkeit Ihr Kind weniger frustrieren. Es lohnt sich also immer, über die eigene Erziehung – und damit die eigene Grundhaltung – nachzudenken.

In diesem Kapitel wollen wir nun beginnen, uns damit zu beschäftigen, was eine Grundhaltung ausmacht. Dafür schauen wir uns die einzelnen Elemente dieses unsichtbaren Teils der Erziehungsbrücke an. Sie sind immer wieder gefordert, einen Bezug zu sich selbst herzustellen: Was bedeutet das für Sie und Ihre Erziehung? Wie soll es zukünftig aussehen? Wie denken Sie über die einzelnen Aspekte? Nehmen Sie sich also zwischendurch genügend Zeit, um über alles in Ruhe nachzudenken und schreiben Sie sich Ihre Gedanken direkt daneben oder auf die letzten Seiten dieses Buches, die unbedruckt sind.

Die wichtigsten Bestandteile der Grundhaltung sind: Ihr Menschenbild, Ihre Erziehungsziele und Ihre Erziehungsprinzipien. Darüber hinaus wollen wir uns Gedanken darüber machen, was Erziehung eigentlich ist, in welchem Verhältnis sie zu Macht steht und welches Ideal von Erziehung überhaupt erstrebenswert ist.

Von Tyrannen und anderen Menschenbildern

Es gibt ein Phänomen, mit dem man unausweichlich konfrontiert wird, wenn man sein erstes Kind bekommt: Man hat plötzlich mit anderen Eltern zu tun – ob man will oder nicht. Doch man wird nicht nur mit unterschiedlichen Personen konfrontiert, sondern auch mit diversen Umgangsformen. Diese sind mitunter sehr unterschiedlich. So begegneten mir selbst Eltern, die ihre knapp zweijährige Tochter radikal alles machen ließen und dies immer damit begründeten, dass sie selbst erleben müsse, welche Konsequenzen ein Verhalten habe. Vermutlich können Sie sich denken, dass es reichlich Konfliktpotenzial gab, wenn dieses Mädchen wieder einmal andere Kinder schlug, ohne dass die Eltern eingriffen. Aber auch das andere Extrem war nicht unüblich: Eltern, die ihre Kinder nahezu in jeder Situation bevormundeten und korrigierten, damit sich überhaupt keine falschen Verhaltensweisen einspielen konnten. Auch hierbei verdrehten manch andere Eltern die Augen.

Diese beiden Extreme spiegeln ziemlich deutlich die zwei klassischen Bilder wider, die es in der Pädagogik zum Erziehen gibt. Auf der einen Seite steht die Metapher des Bildhauers. Dieses Bild geht davon aus, dass das Kind wie ein ungeformter Stein ist, der durch den Erziehenden bearbeitet wird. Der Pädagoge hat die Aufgabe und die Möglichkeit, aus jenem Klotz etwas zu kreieren, das ihm selbst gefällt. Damit hat er sehr viel Verantwortung, denn mit seiner Leistung steht und fällt das Ergebnis. Es wird deutlich, dass der geborene Mensch als ein Wesen ohne Persönlichkeit zu verstehen ist, das erst durch Erziehung zu dem wird, was es später ist. In der Konsequenz heißt das, dass es möglich ist, den Charakter des Kindes nach eigenem Belieben zu formen. Was dies im Letzten heißt, zeigt John B. Watson, ein amerikanischer Psychologe und Pionier der modernen Verhaltenstherapie. Von ihm stammt folgendes Zitat:

> »Gebt mir ein Dutzend wohlgeformter, gesunder Kinder und meine eigene, von mir entworfene Welt, in der ich sie großziehen kann und ich garantiere euch, dass ich jeden von ihnen zufällig herausgreifen kann und ihn so trainieren kann, dass aus ihm jede beliebige Art von Spezialist wird – ein Arzt, ein Rechtsanwalt, ein Kaufmann und, ja, sogar ein Bettler und Dieb, ganz unabhängig von seinen Talenten, Neigungen,

Tendenzen, Fähigkeiten, Begabungen und der Rasse seiner Vorfahren.«[2]

Eine Pädagogik des Bildhauers ignoriert also weitestgehend die innere Veranlagung des Kindes und erzieht allein nach eigenen Idealen. Dabei liegt diesem Bild von Erziehung neben der absoluten Formbarkeit des menschlichen Charakters häufig eine zweite Eigenschaft zugrunde: der Mensch ist böse und muss zum Guten erzogen werden. Vertreter dieses Menschenbilds streben häufig die *Brechung des Eigenwillens* an. So hart diese Formulierung aus dem 18. Jahrhundert klingt – sie findet heute noch millionenfach Anwendung. Die besagten Eltern, die ihr Kind in nahezu allen Momenten korrigierten, taten genau das: sie verfolgten unentwegt ihre eigenen Ziele und berücksichtigten nicht die Persönlichkeit und den Eigenwillen des Kindes.

Steht auf der einen Seite das Bild des Bildhauers, so befindet sich am anderen Ende des Spektrums das Bild des Gärtners. Dieser weiß, dass das Pflänzchen von selbst wächst und er nur dafür zuständig ist, optimale Bedingungen zu schaffen. Der Gärtner muss regelmäßig gießen, das Pflänzchen vor zu viel Wärme bzw. Kälte schützen und schädliche Elemente beseitigen. Das Handeln des Erziehenden muss der natürlichen Entwicklung, quasi dem Gang der Natur des Kindes folgen. In seinem pädagogischen Hauptwerk *Émile oder über die Erziehung*

---

[2] Watson, John B. (1930): Behaviorism. Revised ed. University of Chicago Press, Chicago.

beschreibt der große Schweizer Philosoph und Pädagoge Jean-Jacque Rousseau die Erziehung eines Jungen, die möglichst ohne jene Einflüsse stattfindet. Ein klassisches Beispiel dabei ist folgendes: Émile wirft die Scheibe seines Zimmerfensters ein. Rousseau empfiehlt, den Wind Tag und Nacht durch das Zimmer wehen zu lassen, selbst wenn der Junge sich erkälte. Denn dadurch lerne er auf natürlich Art und Weise, welches Verhalten angemessen sei. Das Kind braucht keine Formung oder Leitung, vielmehr soll der Pädagoge das Eigene im Kind respektieren, dessen Entfaltung bestmöglich fördern, es aber insgesamt so weit es geht sich selbst überlassen. Das Kind ist in diesem Bild also weder völlig unfertig noch ein nur unreifer Erwachsener, sondern bringt alles mit, was es braucht – und bedarf nur ein bisschen Anleitung. Genau diesen Ansatz vertraten die ersten Eltern am Anfang dieses Kapitels. Sie glaubten, ihre Tochter hätte die Fähigkeit zu gutem sozialem Miteinander in sich, müsse diese nur nach und nach entdecken.

Der Bildhauer und der Gärtner liefern zwei gegensätzliche und zwei extreme Metaphern für Erziehung. Beide werden niemals allein die Grundhaltung beschreiben. Und doch werfen sie eine wichtige Frage auf: *Welches Menschenbild haben Sie von Ihrem Kind?* Ist es für Sie eher ein unbearbeiteter Stein, dem Sie alles beibringen müssen und dessen Schwächen sowie Fehler Sie austreiben müssen? Oder ist es eher ein zartes Pflänzchen, das an sich alles mitbringt, was es braucht und das eine ganz individuelle Persönlichkeit hat, die Sie nur größtmöglich fördern müssen? Man könnte auch anders fragen: Denken Sie defizit- oder ressourcenorientiert? Haben Sie ein inkompetentes oder ein kompetentes Kind? Nehmen Sie sich ruhig etwas Zeit, um darüber nachzudenken, wie Sie über Kinder (oder Ihr Kind) denken. Dabei ist es hilfreich, sich Gedanken darüber zu machen, wie Ihre Eltern und Erziehenden Sie gesehen und behandelt haben.

Wie relevant die Frage nach dem Menschenbild ist, zeigt sich immer wieder in alltäglichen Situationen. Lehrer sind wahrscheinlich häufig damit konfrontiert, dass Schüler nicht aufpassen, sondern miteinander sprechen. Es gibt sicherlich eine Vielzahl von Möglichkeiten, wie die Pädagogen darauf reagieren können. Ich möchte einmal zwei gegenseitige Optionen darstellen: Zum einen könnte es vor allem darum gehen, Ordnung und Disziplin zu erreichen. Dann würden die Lehrenden vermutlich ermahnen, eventuell drohen oder sogar strafen. Bezogen auf das dahinterliegende Menschenbild könnte dies bedeuten, dass die Kinder als Tyrannen gesehen werden, die sich gesellschaftsfähig zu verhalten haben, ganz gleich, was ihr Bedürfnis ist. Zum anderen könnten sich die Lehrer aber auch an die bekannte Regel der deutschen Begründerin der Themenzentrierten Interaktion Ruth Cohn halten, die besagt: Störungen haben Vorrang. Dann kann davon ausgegangen werden, dass die Schüler miteinander reden, weil es ihnen vielleicht aus irgendeinem Grund nicht gut geht – möglicherweise ist es zu warm, der Stoff zu schwer oder zu leicht etc. Ihr Stören bringt dies zum Ausdruck. Würden die Pädagogen diesen Weg wählen, erachten sie die kindlichen Bedürfnisse als wichtig und sinnhaft, so dass sie vermutlich nachfragen, ob die Kinder etwas sagen wollen. Was denken Sie: Zeigen Kinder ein unangepasstes, provozierendes Verhalten, weil sie böse sind und die Erwachsenen quälen wollen? Oder kooperieren Kinder, um ihr Bezugssystem aufrecht zu erhalten, verhalten sich dabei aber nicht immer der erwachsenen Erwartung entsprechend, sondern so, wie sie meinen, dass es für die Bezugsperson am besten (zu verstehen) ist?

Kann man nicht davon ausgehen, dass Kinder gut und wohlwollend sind und von Natur aus Interesse daran haben, ihren Bezugspersonen zu gefallen? Natürlich ist dieses Menschenbild in entspannten Phasen leicht nachvollziehbar. Doch spätestens bei dem landläufig als *Trotzphase* titulierten Entwicklungsabschnitt fällt es schwer, von Wohlwollen zu sprechen. Wenn man aber davon ausgeht, dass das Kind hierbei in einer Lebensphase ist, in der es aus der völligen Abhängigkeit seiner Eltern herauskommen möchte – nicht umsonst heißt die *Trotzphase* auch *Autonomiephase* –, dann kann man davon ausgehen, dass das Verhalten des Kindes kein bösartiges ist. Denn es geht nicht darum, den Eltern zu schaden! Vielmehr vertraut es dabei darauf, dass die Eltern unterstützend da sind, stößt sich aber daran, dass die Eltern oft nicht so wollen, wie es selbst möchte. Sein vermeintlicher Trotz kann an vielen Stellen als Versuch verstanden werden, zu erfahren, was zu weit geht und was nicht – und in diesem Sinne auch zu verstehen, welche Grenzen die Eltern haben. Also kann auch dieses Verhalten als kindlicher Versuch der Kooperation im weitesten Sinne verstanden werden.

Betrachtet man das unmögliche Benehmen von Kindern mit dieser Brille, entdeckt man, dass möglicherweise allein die kindliche Unwissenheit darüber, ob das gezeigte Verhalten schon zu weit geht, dahintersteckt. Wenn diese Annahme stimmt, wäre allen geholfen, würde es den Erwachsenen gelingen, auf diese Frage unaufgeregt zu reagieren und klar und deutlich auszudrücken, dass es so nicht geht. Stattdessen regen sich die Großen oft maßlos auf oder sanktionieren.

Ihr Menschenbild prägt also ungemein Ihre Deutung vom Verhalten des Kindes. Aus der systemischen Beratung kommt ein Ansatz, der sich *Reframing* nennt. Dabei geht es darum, hinter störenden und vielleicht negativen Verhaltensweisen ein positives und sinnstiftendes Motiv zu entdecken. Das können Sie wunderbar üben: Denken Sie einmal an eine Charaktereigenschaft, die Sie immer wieder an Ihren Kindern, Schülern oder Jugendlichen stört. Dies kann Unpünktlichkeit, Ungerechtigkeit, Arroganz oder dergleichen sein. Nehmen wir als Beispiel *Egoismus*. Egoistische Menschen können andere ganz schön provozieren, weil sie nur an sich und ihren eigenen Vorteil denken und dabei nicht selten sehr rücksichtslos vorgehen. Wie könnte nun ein Reframing dieses Verhaltens aussehen? Man könnte dem egoistischen Menschen zugutehalten, dass er sich um sich selbst sorgt. Er lässt sich nicht verwahrlosen, sondern übernimmt Verantwortung für sich selbst. Außerdem ist er vielleicht so weit entwickelt, dass er vorausschauend handelt. Er weiß, dass er vorsorgen muss, um nicht irgendwann in negative Abhängigkeit von anderen Menschen oder gar vom Staat zu kommen. Vielleicht ist ein älteres Kind auch nur deshalb egoistisch, weil es glaubt, seine Familie versorgen zu müssen (oder zumindest dazu beitragen zu müssen). Es ist also ein Zeichen von Reife. Möglicherweise fallen Ihnen noch einige weitere wohlwollende Gründe ein. Diese Übung ist sehr hilfreich, um zu lernen, das Gute im Menschen zu sehen und damit ein positives Menschenbild zu erwerben. Wollen Sie ein solches Menschenbild einüben, denken Sie doch einmal über einen Ihrer letzten Konflikte mit Ihrem Kind nach. Dabei unterstellen Sie ihm nun aber etwas Gutes: Warum hat es so gehandelt, wie es gehandelt hat? Was könnten positive Motive gewesen sein? Versuchen Sie in zukünftigen Konflikten mehr und mehr, das gezeigte Verhalten Ihres Kindes in einem positiven Licht zu sehen.

Was Martin Luther King und Bill Gates mit Erziehung zu tun haben

Als Martin Luther King am 28. August 1963 in Washington, D. C. seine berühmte Rede mit dem Titel *I Have a Dream* vor 250.000 Menschen hielt, erzeugte er mit seinen inneren Bildern wahre Begeisterungsstürme. Er sah Dinge, die in der Gesellschaft möglich waren, die aber zum Zeitpunkt der Rede noch unvorstellbar schienen. Nur ein paar Jahre später formulierte der junge Bill Gates ebenfalls eine Vision, die nicht weniger unvorstellbar war: der PC auf jedem Schreibtisch und in jedem Haushalt. Praktischerweise beinhaltete die Vision zugleich die Vorstellung, dass seine Firma die Software dafür liefert. Einige Jahrzehnte später muss man sagen: Er hat es geschafft!

Wir alle bewundern Visionäre! Menschen wie Martin Luther King oder Bill Gates haben genug Fantasie, um völlig unrealistische Dinge zu sehen und genug Glauben, um von ihrer Verwirklichung überzeugt zu sein. Wahrscheinlich blicken auch Sie ehrfurchtsvoll zu solch großen Persönlichkeiten auf und ziehen Ihren Hut. Doch im Grunde sind auch Sie ein Visionär! Jede Person, die andere Personen erzieht, ist ein Visionär. Aus Bescheidenheit nennen wir unsere Visionen aber eher *Ziele* und gegebenenfalls *Erwartungen*. Doch im Grunde ist es ganz ähnlich: Denn als Erziehende sehen wir etwas in unseren Kindern, das diese noch nicht sehen oder sehen können. Das fängt bei aktuellen und spezifischen Verhaltensweisen an (Mein Kind soll seinen Schulranzen ins Regal räumen); meint aber auch weit in die Zukunft reichende und allgemeine Ziele (Mein Kind soll glücklich sein, Mein Kind soll Abitur machen); und kann sogar auf wirklich träumerische Stufen kommen (Mein Kind soll irgendwann Bundeskanzler werden). Gerade auf der alltäglichen Ebene würden wir nicht von Visionen sprechen, doch liegt das vor allem an der Formulierung. Denn häufig geben wir bei Zielen an, wie Dinge sein sollen (Mein Kind *soll* den Schulranzen ins Regal räumen). Doch unser Gehirn kennt keinen Konjunktiv, kein Eigentlich, kein Hoffentlich, kein Sollte. Deshalb ist es immer gut, Ziele im Indikativ (Wirklichkeitsform) zu formulieren, also so, als sei das Ziel schon erreicht: Mein Kind räumt den Schulranzen ins Regal. Punkt. Das klingt doch schon etwas visionärer. Und jetzt könnten wir es noch etwas übertreiben und auf Martin Luther King zurückgreifen: »Ich habe einen Traum, dass eines Tages mein Kind seinen Schulranzen in das Regal räumt.« Das klingt natürlich völlig überzogen bei solch alltäglichen Anliegen, doch dienen Übertreibungen der Veranschaulichung und somit wird deutlich, dass Erziehung mit Zielen zu tun hat und Ziele Formen von Visionen sind. Demnach sind Sie ein Visionär!

Doch was sind Ihre Ziele, Wünsche, Visionen für Ihr Kind? In einer alten Untersuchung von 1980 haben die Psychotherapeutin Veronika Grüneisen und der Psychologieprofessor Ernst-Hartmut Hoff[3] herausgefunden, dass die wichtigsten Erziehungsziele von Eltern von sechs- bis zehnjährigen Kindern folgende waren: *ehrlich sein, glücklich sein, selbstständig sein.* Schaut man sich eine repräsentative Untersuchung aus dem Jahr 2006[4] an, bei der

---

[3] Grüneisen, Veronika & Hoff, Ernst-Hartmut (1980): *Familienerziehung und Lebenssituation.* Weinheim: Beltz.
[4] BAT Freizeit-Forschungsinstitut (2006): *Repräsentativbefragung von 2000 Personen ab 14 Jahren im Juni 2006 in Deutschland,* zit. n. Bundesministerium für Familie, Senioren, Frauen und Jugend. 2006:4. (https://www.bmfsfj.de/blob/94362/5e314069a61407b960f374b11 bcdbffb/monitor-4-8-jahr-2006-werteorientierte-erziehung-haushalt-und-beruf-data.pdf, Zugriff: 09.05.2019).

Menschen ab 14 Jahren befragt wurden, welche aus einer Liste auszuwählenden Erziehungsziele ihnen besonders wichtig sind (Mehrfachnennung möglich), waren die bedeutsamsten Ziele: *Ehrlichkeit, Selbstständigkeit, Verlässlichkeit.* Überraschend, wie ähnlich die Erziehungsziele ein Viertel Jahrhundert später noch sind, oder? Und auch wenn man neueste Befragungen ansieht, stellt man fest, dass es kaum Versänderungen gab. So kommt eine Repräsentativumfrage des Ipsos Instituts in Zusammenarbeit mit Zukunftsforscher Opaschowski[5] aus dem Jahr 2018, bei der 1.000 Personen ab 14 Jahren befragt wurden, zu folgenden Top-3-Werten: *Ehrlichkeit, Respekt, Verlässlichkeit.* Mit nur ein paar weniger Nennungen folgt ebenfalls wieder die *Selbstständigkeit* auf Platz 5.

Sich über seine Erziehungsziele Gedanken zu machen, ist enorm wichtig. Denn es ist wie bei einem Navigationssystem im Auto. Das Gerät kann noch so gut sein, wenn es ein falsches Ziel ansteuert oder gar kein Ziel benannt wird, nutzt es nichts. Wissen Sie, wo Sie Ihr Kind am liebsten hinsteuern möchten? Welche Werte, welche Ziele sind Ihnen besonders wichtig für Ihr Kind?

Werte wie Ehrlichkeit, Zuverlässigkeit, Respekt und Selbstständigkeit sind in der Tat erstrebenswerte Ziele. Doch sind es wirklich die Werte, die durch die Erziehung

---

[5] Ipsos-Studie »Erziehungsziele heute«, Ipsus CAPIBUS, persönliche Befragung von 1000 Personen ab 14 Jahren, Feldzeit: März 2018, zit. n. http://www.marktmeinungmensch.de/studien/die-top-erziehungsziele-der-deutschen-2018/ (Zugriff: 09.05.2019).

angesteuert werden? Beleuchten wir diese Frage einmal anhand des Top-Werts *Ehrlichkeit*.

Wir alle haben eine Vorstellung davon, was mit *Ehrlichkeit* gemeint ist. Der Duden führt als Synonyme *Aufrichtigkeit* und *Wahrhaftigkeit* an. Das heißt, wenn wir von Kindern erwarten, dass sie ehrlich sind, dann meinen wir, dass sie die Wahrheit sagen und zu dem stehen, was sie gemacht haben. Lassen Sie uns nun einmal sehen, wie wir Kinder dazu bringen möchten, ehrlich zu sein und wie wir damit umgehen, wenn Kinder ehrlich sind.

In dem Kinderbuch *Der Neinrich und andere Mutmach-Geschichten* von Edith Schreiber-Wicke und Carola Holland gibt es die Erzählung vom *König Wirklichwahr*. Diese beginnt damit, dass der ca. siebenjährige Leo mit dem Lippenstift seiner Mutter malt, während sie ihn aus dem Nachbarzimmer fragt, ob er wisse, wo ihr Lippenstift sei. Er antwortet darauf mit »Keine Ahnung«. Als sie bemerkt, dass der Lippenstift bei Leo ist und er sie angelogen hat, erklärt sie ihm, dass sie erwarte, wahrheitsgemäße Antworten zu erhalten. Daraufhin entgegnet der Junge wunderbar: »Dann hättest du doch den Lippenstift wieder haben wollen. Und ich war noch nicht fertig.« Das bestätigt die Mutter, beharrt aber darauf, dass man immer die Wahrheit sagen musse. Während des gesamten Dialogs steht sie im Übrigen mit erhobenem Zeigefinger vor dem Jungen, der wiederum ganz eingeschüchtert zu ihr aufschaut. Im Folgenden kommt es zu einigen Begebenheiten, in denen Leo die Wahrheit sagt und sich damit Ärger einhandelt. So zum Beispiel, als er mit seiner

Mutter bei deren Schwester zu Besuch ist und ehrlich sagt, dass ihm ihr Kuchen überhaupt nicht schmecke, noch nie geschmeckt habe und es seiner Mutter genauso gehe.

Diese Geschichte drückt wunderbar aus, wie es um die Ehrlichkeit in der Erziehung bestellt ist. Da Kinder immer wieder erleben, dass die Wahrheit ihnen nur Ärger und Nachteile einbringt, wählen sie lieber die Lüge. Gerade wenn Erwachsene nicht herausbekommen, was wirklich stimmt, entgehen Kinder aufbrausenden Schimpftiraden und diversen Bestrafungen. Das heißt, obwohl Erwachsene immer wieder *sagen*, dass die Kinder ehrlich sein sollen, *zeigen* sie doch in der Realität, dass es der viel vorteilhaftere Weg ist, unehrlich zu sein, da Ehrlichkeit fast immer mit Ärger einhergeht. Hinzu kommt – wie beim Kuchenessen bei Leos Tante –, dass die Erwachsenen selbst nicht immer die Wahrheit sagen und somit etwas anderes vorleben, als sie predigen.

Was sagt uns das nun über das Erziehungsziel *Ehrlichkeit*? In vielen Fällen steuern wir mit unserer Erziehung eben gerade nicht auf das Ziel zu, sondern auf ein ganz anderes, vielleicht sogar genau gegenteiliges. So kann man davon ausgehen, dass Kinder, die jedes Mal schwer gescholten werden, wenn sie die Wahrheit sagen, lernen, dass es einzig darum geht, *besser* zu lügen oder noch mehr darauf zu achten, dass man nicht erwischt wird. Dies ist im Übrigen auch schon dann der Fall, wenn nur eine Strafe angedroht wird, wie Forschungsergebnisse zeigen.[6]

Wie kann es nun gelingen, Kinder dazu zu bewegen, ehrlich Fehltritte zu gestehen, ohne Androhung einer Strafe? Es kann doch nicht die Lösung sein, dass Ehrlichkeit immer dazu führt, dass es keinen Ärger gibt, nur weil eben die Wahrheit gesagt wurde? Natürlich nicht! Aber ich denke, wir sollten differenziert auf eine Beichte reagieren. Wir sollten es anerkennen, dass das Kind die Wahrheit gesagt hat und betonen, dass wir uns darüber sehr freuen. Und dann kann unabhängig davon über das falsche Verhalten gesprochen und geurteilt werden. Beinhalten Ihre Erziehungspraktiken Strafen, dann könnten Sie – genau wie bei Gericht – die Ehrlichkeit als strafmindernd anerkennen.

Bevor wir uns weiter mit Erziehungszielen beschäftigen, soll noch ein weiterer, wichtiger Gedanke zum Thema *Ehrlichkeit* erwähnt werden. Leo erfährt im Laufe des Buches von der Figur König Wirklichwahr, dass jeder Mensch unterschiedliche Sichtweisen hat und es demnach auch verschiedene Wahrheiten gibt und dass es häufig auf die Perspektive ankommt. Deshalb, so empfiehlt König Wirklichwahr, solle Leo die Wahrheit suchen, die für ihn richtig sei und die er als Bauchgefühl erfassen könne. Dieser Lösungsvorschlag ist ethisch sicherlich diskutabel und etwas zu knapp formuliert (für ein

[6] Talwar Victoria, Arruda Cindy, Yachison Sarah (2015): *The effects of punishment and appeals for honesty on children's truth-telling behavior.* In: Journal of Experimental Child Psychology. 2015 Feb;130: 209-17.

Kinderbuch allerdings ziemlich tief!), macht aber deutlich, dass das Konzept von *Sag immer die Wahrheit* nicht funktioniert. Die Wahrheit zu sagen ist in der Tat eine hochphilosophische Angelegenheit. Das merkt man bereits in der Eltern-Kind-Beziehung. Die Eltern erwarten vom Kind, dass es ehrlich ist und alles sagt, hingegen kämen Eltern niemals – und völlig zurecht – auf die Idee, alles wahrheitsgetreu ihren Kindern zu erzählen. Hier wird deutlich, dass Wahrheit nicht allgemeingültig, sondern je nach Situation und Person variabel ist. Die Problematik setzt sich aber fort. Wenn wir von unseren Kindern pauschal radikale Ehrlichkeit fordern, dann brauchen wir uns nicht zu wundern, wenn sie in der Schule andere Kinder als *fett*, *hässlich* oder als *Pickelgesicht* bezeichnen. Sie sind nur ehrlich! Wollen wir Kinder zu ehrlichen Menschen erziehen, müssen wir ihnen erklären, dass menschliche Schwachheiten berücksichtigt werden müssen und dass es demnach ab einem gewissen Grad wichtiger ist, andere nicht zu verletzen, als wahrheitsgetreu zu sprechen. Doch nicht nur das: Wir müssen ihnen erklären, dass sie sich selbst schützen dürfen, indem sie die Wahrheit verschweigen, wenn der Fragende kein Recht zu fragen hat. Wenn also beispielsweise eine Gruppe Grundschuljungen einen Außenseiter lautstark fragt, ob er noch ins Bett mache, dann darf er verneinen, auch wenn das nicht der Wahrheit entspricht.

Wir haben gesehen, dass es gar nicht so leicht ist, den richtigen Weg zum Erziehungsziel zu finden und zu gehen. Im Gegenteil: Wenn wir nicht aufpassen, führen uns unsere Methoden geradewegs zum genauen Gegenteil. Dies ist nicht nur bei *Ehrlichkeit* so, sondern auch bei anderen Zielen. Betrachten wir noch kurz einen weiteren Wert, der laut Untersuchungen sehr beliebt ist: *Selbstständigkeit.*

Viele Eltern wünschen sich, dass ihre Kinder selbstständig sind. Dieser Wunsch beinhaltet häufig die Annahme, dass die jungen Menschen ihren eigenen Weg gehen, Entscheidungen treffen, die sie glücklich machen (auch ein aufgeführtes Ziel weiter oben) und auf eigenen Beinen stehen. So weit, so gut. Was sie brauchen, um zu diesem Ziel zu kommen, ist etwas, das viele Eltern und Lehrer aber nicht mögen: einen eigenen Willen. Genau genommen gilt sogar: Je stärker der eigene Wille ist, umso selbstständiger werden Kinder ihren eigenen Weg gehen.

Ich vermute, Sie ahnen bereits, worauf ich hinaus möchte: Auch in diesem Punkt erziehen wir häufig sehr entgegenlaufend. Wir wollen, dass Kinder selbstständig werden und wissen, was sie wollen, unterdrücken aber an ganz vielen Stellen ihren Willen, wenn er nicht zu unserem eigenen passt. Möchten wir, dass Kinder gehorchen, sich an unsere Regeln halten, der gesellschaftlichen Etikette immer entsprechen, kurzum: sich uns unterwerfen, dann ist das exakt das Gegenteil von Selbstständigkeit. Diktieren wir hingegen unserem Erziehungsnavigationssystem, dass es Autonomie ansteuern soll, dann müssen wir es aushalten, wenn Kinder eine eigene Meinung haben, Dinge anders machen, als wir sie uns vorstellen und widersprechen. Deshalb auch hier die Frage: Was wollen Sie *wirklich* für Ihr Kind?

Bevor Sie nun gedanklich auf die Barrikaden gehen, möchte ich betonen, dass es nicht darum geht, alles zu erlauben, das Kind nicht zu führen oder Frustrationen zu vermeiden. Vielmehr geht es darum, sich bewusst zu machen, dass blinder Gehorsam kein Erziehungsziel sein darf, wenn Ihnen Selbstständigkeit bei Ihren Kindern wichtig ist. Wir werden im zweiten Teil des Buches beleuchten, welche Erziehungspraktiken hilfreich sind, um zu führen und trotzdem nicht den Willen des Kindes zu brechen.

Erziehungsziele können übrigens je nach Setting verschieden sein. Als Lehrerin haben Sie gegenüber Ihren Schülern wahrscheinlich andere Ziele als gegenüber Ihren Kindern zuhause. Gerade weil es im Schulalltag häufig um Leistung geht, kann es sein, dass Sie sich dort vor allem wünschen, dass Kinder erfolgreich sind, wohingegen Sie sich für Ihren eigenen Nachwuchs hauptsächlich wünschen, dass er glücklich wird. Das muss kein Widerspruch sein, kann es aber. Doch natürlich werden sich Ihre *Grundwerte* in der Schule nicht von denen zuhause unterscheiden. Ist es Ihnen für Ihre Kinder wichtig, dass sie sich sozial verträglich benehmen, werden Sie das auch Ihren Schülern versuchen zu vermitteln. Allein schon dadurch, dass Sie diesen Wert vorleben.

Jeder von uns hat natürlich nicht nur *ein* Erziehungsziel. Was würde es auch nutzen, wenn Ihr Kind zwar ehrlich ist, aber überhaupt nicht glücklich oder glücklich

wäre, aber alle seine Mitmenschen unglücklich wären.
Schreiben Sie doch bitte die Ziele einmal auf, die Ihnen
in Ihrer Erziehung wichtig sind – und nehmen Sie sich
dafür genügend Zeit. Entdecken Sie Gemeinsamkeiten
zwischen den einzelnen Zielen? Können Sie welche zusammenfassen? Wenn ich alle meine Erziehungsziele –
sowohl in meiner Arbeit als auch gegenüber meinen eigenen Kindern – zusammenfasse, komme ich zu folgendem
übergeordneten Ziel: Ich möchte Kinder *innerlich groß machen*. *Innerlich* meint dabei gewissermaßen *in ihrem gesamten
Sein*. Das mag zunächst recht vage klingen, ist aber ein
großartiger Gradmesser dafür, ob mein Verhalten angemessen, also zielförderlich ist oder nicht. *Selbstständigkeit*
beispielsweise ist ein Ziel, das eindeutig dazu beiträgt,
dass ein Kind an Größe gewinnt, wohingegen das *Willen-
brechen* und *Gehorsammachen* Kinder klein macht. Dieses
Ziel *Kinder innerlich groß machen* ist die Grundlage für meine
Erziehung und der Kompass, an dem ich meine Erziehungspraktiken ausrichte.

Was sind Ihre Prinzipien?

Welche Gefühle kommen Ihnen, wenn Sie an die Prü-
gelstrafe denken? Sind es Gefühle wie Wut oder Ekel?
Erzeugt der Gedanke daran bei Ihnen Angst? Empfinden
Sie vielleicht sogar Lust bei der Vorstellung der körperlichen Züchtigung? Oder löst die Vorstellung an Schläge
in der Erziehung eher nichts bei Ihnen aus? Ob nun Prü-
gelstrafe oder andere Methoden der Erziehung wie Hausarrest, Fernsehverbot oder auch Belohnungen – wir alle

assoziieren etwas damit. Vor allem aufgrund dessen, was uns an genetischen oder erworbenen Persönlichkeitsanteilen, Fähigkeiten und eigenen Erziehungserfahrungen zur Verfügung steht, haben wir eine Einstellung zu diversen Praktiken entwickelt. Dabei geht es nicht darum, für welche Methode wir die besseren Argumente kennen, sondern um eine rein affektive, also emotionale Bewertung. Deshalb fällt es Menschen so schwer, ein gewohntes Erziehungskonzept aufzugeben, selbst wenn sie es – logisch betrachtet – falsch finden. Wir haben eine emotionale Meinung dazu und diese ist ziemlich beständig – aber nicht unveränderbar!

Die emotionale Bewertung von Erziehungsmethoden ist allerdings nicht die einzige Komponente, die mehr oder weniger unbewusst zum Tragen kommt. Auch unsere grundsätzlichen Erziehungsprinzipien sind sehr häufig das Ergebnis unserer Persönlichkeitsanteile, Fähigkeiten und Erfahrungen. Sie werden dazu neigen, fordernd oder genügsam, konsequent oder nachgiebig, optimistisch oder pessimistisch uvm. zu sein. Dies drückt sich dann wiederum häufig in Grundsätzen aus: »Ich diskutiere grundsätzlich nicht mit meinem Kind« oder »Strafen lehne ich grundsätzlich ab«.

Hierbei wird deutlich, wie eng die Erziehungsprinzipien mit Erziehungszielen und dadurch auch mit Erziehungspraktiken verbunden sind. Vor einigen Jahren fuhr ich einmal in einem Kleinraumabteil der Bahn. In diesem Abteil saß eine junge Familie (Vater, Mutter, ca. fünfjähriger Junge). Nach einer gewissen Zeit begann das Kind, um etwas zu bitten (leider weiß ich nicht mehr, worum). Als die Mutter nicht sofort ihre Erlaubnis erteilte, wiederholte der Junge seine Bitte flehender, etwas weinerlich. Plötzlich griff der Vater ein und sagte sehr barsch: »Wenn du jammerst, kannst du es dir gleich abschminken.« Hierdurch wurde folgendes grundlegende Prinzip deutlich: der Vater duldete Jammern nicht. Gleichzeitig kann dies natürlich auch ein Ziel sein: kein weinerliches Kind. Und weil ihm dieses Prinzip so wichtig zu sein schien, wählte er ein sehr direktives Verhalten, um seinem Ziel Ausdruck zu verleihen.

Wir alle kennen prinzipielle Sätze unserer Eltern, die wir wahrscheinlich nie übernehmen wollten, die uns dann aber vielleicht doch ab und zu herausrutschen: »Du machst das, weil ich es sage« oder »In meinem Haus gelten diese Regeln« oder »Solange du deine Füße unter meinen Tisch stellst, …« All dies sind Ergebnisse von und Ausdrücke für die Erziehungsprinzipien.

Mehr noch als unser Menschenbild oder unsere Erziehungsziele sind die Prinzipien so fest in uns verankert, dass sie uns kaum als veränderbar bewusst werden. Demnach ist es umso wichtiger, dass wir sie identifizieren und entscheiden, welche wir beibehalten möchten bzw. welche unbedingt geändert werden sollten. Deshalb beantworten Sie bitte für sich folgende Fragen, da Ihre Antworten ein wichtiger Bestandteil des ersten Grundpfeilers der Erziehungsbrücke sind:

- Wie finde ich Strafen? Welche finde ich akzeptabel und welche nicht?

- Wie finde ich Belohnungen? Was ist angemessen und was nicht?
- Mit welchen drei Adjektiven würde ich meine Art der Erziehung beschreiben? – Fragen Sie hierfür auch gerne nach Feedback bei Ihnen nahestehenden Personen.
- Welche klischeehaften Sätze benutze ich am häufigsten? Gibt es Sätze, die ich immer dann äußere, wenn ich gestresst oder besonders genervt bin? – Auch hierfür kann der Blick einer anderen Person aufschlussreich sein.

Haben Sie diese Fragen ausreichend für sich beantwortet, haben Sie alle Bestandteile Ihrer erzieherischen Grundhaltung zusammen. Sie sind damit hoffentlich näher am Wissen, welches Menschenbild Ihrem Tun zugrunde liegt; Ihnen ist etwas klarer, was Sie mit Ihren Kindern erreichen wollen und Sie kennen Ihre grundlegenden Prinzipien bei Erziehung und Ihre häufigsten Grundsätze ein bisschen genauer. Nun können wir einen Schritt weitergehen und auf das, was Sie erarbeitet haben, aufbauen.

3 Macht

Erziehung = Macht?

Was ist eigentlich Erziehung? Erziehung ist im Grunde die pädagogische Einflussnahme auf einen anderen Menschen. Das bedeutet, dass eine Person (im Normalfall ein Erwachsener) versucht, die Entwicklung und das Verhalten einer anderen Person (im Normallfall ein Kind) zu lenken. Erziehung hätte wenig Sinn, wenn der Erwachsene nicht in irgendeiner Weise reifer, erfahrener, weiser als das Kind wäre. Denn er sieht den aktuellen Stand des Kindes (Punkt A) und möchte es zu einem besseren (Punkt B) führen (Stichwort: Visionär!). Beispielsweise weiß das kleine Kind nicht, wie man mit Messer und Gabel isst (Punkt A); der Erwachsene erklärt nun dem Kind den richtigen Umgang und steuert durch regelmäßiges Feedback den Lernprozess, so dass das Kind irgendwann die richtige Benutzung beherrscht (Punkt B). Der Erwachsene hat dabei nicht nur ein Ziel, sondern auch das nötige Wissen, wie man zu diesem Ziel kommt. Dadurch ist er dem Kind überlegen. Dies ist völlig natürlich und in keiner Weise problematisch.

Immer da, wo eine Person einer anderen überlegen ist, tritt unausweichlich ein weiteres Phänomen auf: Macht. Eltern, Pädagogen, Erzieher haben automatisch Macht gegenüber Kindern, Jugendlichen, Klienten. Diese Vorstellung löst bei vielen Menschen negative Gefühle aus, denken sie doch schnell an Machtmissbrauch – also das schädliche Ausnutzen der eigenen Position. Das Kind gerät dann in eine Ohnmachtsstellung und muss sich fügen, weil es schwächer als die ranghöhere Person ist. Vielleicht ist das Kind auch in irgendeiner Weise abhängig vom Erwachsenen und hat deshalb keine Möglichkeit, nein zu sagen. Doch Macht ist nicht gleich Machtmissbrauch. Macht ist an sich nichts Negatives! Im Gegenteil: Macht kann, wenn sie richtig eingesetzt wird, Gutes bewirken.

Wenn man sich eine einfache Definition von Macht anschaut, kann man etwas äußerst Interessantes entdecken. So definiert Wikipedia Macht wie folgt: »Macht bezeichnet die Fähigkeit einer Person [...], auf das Verhalten und Denken einzelner Personen [...] so einzuwirken oder sie so zu beeinflussen, dass diese sich ihren Ansichten oder Wünschen unterordnen und sich danach verhalten.«[7] Kommt Ihnen das bekannt vor? Wir haben eingangs Erziehung als pädagogische Einflussnahme auf das Verhalten und die Entwicklung einer Person definiert. Erziehung und Macht sind demnach sehr eng miteinander verbunden.

Die Instrumente der Macht

Obwohl Macht und Erziehung also sehr ähnlich sind, wird doch die eine – Erziehung – als neutral bis positiv gewertet, hingegen die andere – Macht – häufig negativ. Grund dafür dürfte die, wie eben beschrieben, negative

---

[7] https://de.wikipedia.org/wiki/Macht (Zugriff: 7.3.2019)

Assoziation mit Machtmissbrauch sein. Und tatsächlich gibt es eine Reihe von pädagogischen Maßnahmen, durch die der Erwachsene seine Machtposition ausnutzt und das Kind damit in eine Ohnmachtsstellung bringt. Drei dieser negativen Instrumente der Macht, die nicht unüblich für den Erziehungsalltag sind, möchte ich näher erläutern:

- Erpressen/ Zwang: »Entweder du räumst dein Zimmer auf oder dein Taschengeld wird gestrichen!« Der Erwachsene hat die Macht über die Ressourcen (Taschengeld) und weiß genau, dass das Kind diese möchte oder gar braucht. Das Kind hat nun eigentlich keine Wahl – es muss sich willenlos beugen, wenn es nicht diese Ressource verlieren möchte.

- Gewalt: In sehr lautem, festem Ton, mit bösem Blick sagt bzw. schreit der Erwachsene: »Du machst jetzt deine Hausaufgaben!« Zwar ist dies keine physische Gewalt, aber verbale, die das Gegenüber einschüchtert und zu etwas zwingt, was es eigentlich nicht möchte. Dass verbale Gewalt wirksam ist, setzt voraus, dass der Erwachsene dem Kind in vielerlei Hinsicht überlegen ist. Wäre dies nicht so, würde die verbale Gewalt kaum etwas bewirken.

- Drohung: »Wenn du nicht bei Drei deinen Schulranzen weggeräumt hast, passiert etwas!« Eine solche Drohung funktioniert nur, wenn klar ist, dass der Drohende in einer Position ist und über Mittel verfügt, die dem Kind schaden können. Und genau das sind Erwachsene normalerweise. Auch hier bleibt dem Kind keine faire Wahl.

Anhand dieser drei Beispiele wird deutlich, welche Mittel genutzt werden können, um mithilfe von Macht Kinder zu etwas zu bringen, was sie eigentlich nicht wollen. Und obwohl die beschriebenen Methoden wahrscheinlich allen Eltern, Lehrern und Pädagogen aus dem eigenen Alltag sehr bekannt sind, müssen wir uns eingestehen, dass sie im Grunde genau das sind, was Macht negativ erscheinen lässt: Machtmissbrauch. Doch nun drängt sich unweigerlich eine Frage auf: Welche Mittel gibt es denn überhaupt, die nicht die Machtposition ausnutzen und trotzdem zum gewünschten Erfolg führen? Bevor wir diese Frage beantworten, wollen wir uns einer anderen zuwenden: Ist es denn verwerflich, wenn Kinder gegen ihren Willen zu etwas gezwungen werden?

Einfluss auf Kinder zu nehmen, ist das grundlegende Ziel von Erziehung. Dabei kommt es natürlich unausweichlich dazu, dass Kinder erleben, dass sie ihre eigenen Bedürfnisse nicht immer befriedigt bekommen, sondern mitunter lernen müssen, dass sie zum Beispiel um der Gemeinschaft willen verzichten müssen. Und wenn ein Erwachsener für diesen Prozess verantwortlich ist, dann erzieht er und handelt mit Macht. Dagegen ist zunächst nichts einzuwenden und dies schadet dem Kind nicht. Kritisch wird es erst dann, wenn die überlegene Person ihre Machtposition so ausnutzt, dass sie einen eigenen

Vorteil daraus zieht. Das bedeutet, nicht so sehr die Methode oder das Brechen des kindlichen Willens machen aus Macht einen Machtmissbrauch, sondern die zugrundeliegende Motivation. Es gibt also *pädagogisch legitimierte Macht*, die sich ganz offensichtlich von einem *egoistischen Machtmissbrauch* unterscheidet. Wenn beispielsweise ein Kind ein anderes angreift und bedrohlich würgt, dann ist es natürlich die Pflicht des Erziehenden einzugreifen und laut »Stopp!« zu rufen. Dieser Ausruf sollte nicht freundlich klingen, sondern am besten drohend, damit er seine Wirkung nicht verfehlt. Obwohl hier also (verbale) Gewalt in der Stimme liegt, ist dieses Vorgehen absolut legitim, da es nicht den Interessen des Erwachsenen dient, sondern ein anderes Kind schützt. Droht ein Erziehender hingegen einem Kind, es zu bestrafen, wenn es beispielsweise keinen Mittagschlaf machen möchte, dann wird die gleiche Methode unter Umständen zu einem Machtmissbrauch. Denn häufig sollen Kinder mittags ruhen, damit die Erwachsenen selbst entspannen können oder sich am Nachmittag nicht mit nörgelnden Kindern herumärgern müssen.

An dieser Stelle wird deutlich, wie schmal der Grat zwischen legitimer Macht und egoistischem Machtmissbrauch ist. Denn es ist mitunter Ansichtssache, ob die drei weiter oben erwähnten Beispiele wirklich dem Kind dienen oder nicht doch eher die eigenen Bedürfnisse des Erwachsenen befriedigen. Interessant ist hierbei, dass Untersuchungen herausgefunden haben, dass Eltern häufiger zu strengen Strafen tendieren, wenn sie sich durch das Verhalten des Kindes selbst gestört fühlen. Ein Wutausbruch zuhause, der in einem lautstarken Türenzuschlagen endet, wird demnach oft härter bestraft, als die Tatsache, dass das Kind in der Schule ein kleineres Kind verprügelt hat. Hierdurch wird deutlich, dass der Gebrauch von Macht oft eben nicht einfach nur dem Kind und seiner anständigen Entwicklung dient – was die Macht legitimieren würde –, sondern häufig doch eher den eigenen Interessen zu Gute kommt – was einem Machtmissbrauch entspricht.

Ein Beispiel aus meinem eigenen Arbeitsalltag soll diesen schmalen Grat noch einmal verdeutlichen: Beim wöchentlichen Jugendtreff dreht ein Jugendlicher die Musikanlage sehr laut auf. Er verletzt damit nicht die Hausordnung und alle Jugendlichen finden das sehr gut. Ein Mitarbeiter aber ist genervt von der Lautstärke. Ist es legitim, wenn er anordnet, die Musik möge leiser gestellt werden oder nutzt er damit seine Machtposition für seine eigenen Zwecke aus? Ein schmaler Grat …

Das Ideal von Erziehung

Fassen wir die bisherigen Ausführungen noch einmal zusammen: Erziehung und Macht sind eng miteinander verbunden. Bei beiden geht es darum, einen anderen Menschen zu beeinflussen und ihn zu etwas zu bewegen. Dabei gibt es legitime Formen, nämlich jene, die aus Sicht des Erwachsenen nötig sind, um das Kind reifer, besser, erfolgreicher etc. werden zu lassen. Auch wenn es dabei mitunter gegen den Willen des Kindes geht, zeichnet diese Formen aus, dass sie das Beste für das Kind wollen. Illegitime Wege und Formen der Macht hingegen sind jene, die dazu führen, dass die ranghöhere Person eigene Ziele erreicht, ihre Bedürfnisse gestillt bekommt und dabei das Kind mithilfe der eigenen Machtposition in eine Ohnmachtsposition bringt.

Damit wird deutlich, welche grundlegende Aufgabe Erziehung leisten muss: Positiven Einfluss auf einen Menschen zu nehmen, ohne ihn in eine Ohnmachtsstellung zu bringen. Ist das ein zu hoher Anspruch? Ich möchte diesen Anspruch an dieser Stelle sogar noch weiter nach oben schrauben. Im Idealfall geht es nicht nur darum, dem Kind das Ohnmachtsgefühl zu ersparen, sondern darum, dass es bei dem, was es tut, möglichst das Gefühl hat, es freiwillig zu tun! Diese enorm anspruchsvolle Aufgabe drückt sich in folgender Frage aus, die eine der relevantesten überhaupt für Eltern und Erziehende ist: Wie kann ich einen Menschen *freiwillig* zu dem bewegen, was *ich* möchte?

Mit dieser Frage ist ein Ideal formuliert, das im Laufe des Buches immer wieder zitiert werden wird. Es bildet den Referenzpunkt für jegliches Erziehungsbemühen. Das heißt, das Buch – insbesondere der zweite Teil – ist der Versuch, eine Antwort darauf zu finden, wie dieses Ideal umgesetzt werden kann. Alle aufgeführten Methoden und Lösungsstrategien müssen sich an diesem Ideal messen.

Dass dieses Ideal genau so formuliert ist, hängt nicht zuletzt mit meiner Person zusammen. Haben Sie schon einmal eine Wertepyramide erstellt? Dabei geht es darum herauszufinden, welche Werte Ihnen am allerwichtigsten im Leben sind. Dies können Sie auf Ihre Partnerschaft, Ihre Beziehungen, Ihre Arbeit etc. beziehen. Sie sammeln zunächst ganz verschiedene Werte, die Ihnen wichtig sind. Im zweiten Schritt stellen Sie die einzelnen Werte nacheinander gegenüber und entscheiden, welcher jeweils wichtiger ist. Führen Sie diesen Prozess bis zum Ende durch, wird sich *ein* wichtigster Wert herauskristallisieren, der alle anderen übertrumpft. Haben Sie genügend gefiltert, ergibt sich daraus eine Pyramide: Ihr Topwert bildet die Spitze, die Plätze Zwei und Drei bilden die nächste Reihe etc. Als ich diese Wertepyramide gemacht habe, dauerte es nicht lange, bis mir mein Topwert völlig klar war: Autonomie! Um mich wohlzufühlen, muss ich frei entscheiden können und darf mich nicht unterdrückt oder gezwungen fühlen. Deshalb überrascht es nicht, dass mein Erziehungsideal genau diese Autonomie beinhaltet und dem Kind zugestehen möchte: Das Kind soll sich *freiwillig* dazu entschließen, sein Verhalten zu ändern.

Sind nur frustrierte Kinder gute Kinder?

Vielleicht betrachten Sie dieses Ideal und denken sich, dass das überhaupt kein Ideal ist. Denn immer wieder hört man, wie wichtig es ist, Kindern Grenzen zu setzen, ein klares Nein zu äußern und dadurch – das ist die logische Konsequenz – Kinder zu frustrieren. Wenn das von mir formulierte Ideal hingegen auf Freiwilligkeit des

Kindes setzt, dann widerspricht es der Arbeit mit Frustrationen. Doch schließt das Ideal wirklich Frustration aus?

Wenn moderne Pädagogen dazu raten, Kindern Frustration zuzumuten, dann ist dies kein Selbstzweck. Das heißt, es geht nicht darum, um der Frustration willen zu frustrieren. Vielmehr geht es darum, Frustration in Kauf zu nehmen, sie gewissermaßen als Nebenprodukt zu akzeptieren. Anders ausgedrückt: Frustration soll nicht um jeden Preis vermieden werden. Das bedeutet logischerweise nicht, permanent zu frustrieren oder Frustration als Ziel von Erziehung zu formulieren. Denn dies würde heißen, andauernd den kindlichen Willen zu brechen und dadurch das Kind in eine ständige Ohnmachtsposition zu bringen. Erhöhte Aggressivität und verringerter Selbstwert wären nur zwei von einer Reihe äußerst negativer Folgen. Kein wohlwollender Erziehender würde dieses Vorgehen befürworten.

Da Frustration weder schwarz noch weiß ist, braucht es einen gesunden Mittelweg. Und dieser passt sehr gut zu dem beschriebenen Ideal: Im Sinne einer guten Beziehung sollte das Ziel sein, Kindern Gutes zu tun und sie demnach möglichst wenig zu frustrieren. Doch darf Erziehung nicht davor zurückschrecken, das Kind zu verärgern. Dadurch kann es eine Menge lernen. Doch woher weiß man nun, wann und wie oft man frustrieren sollte?

Es gibt eine Reihe von Ausnahmen, bei denen bewusst frustriet wird. Dazu zählen zum Beispiel erlebnispädagogische Übungen mit Gruppen, die häufig

Aufgaben zunächst so gestellt bekommen, dass sie scheitern müssen und dadurch verärgert werden. Geschulte Mitarbeitende greifen dann im zweiten Schritt die Emotionen der Gruppe auf und wandeln sie in eine Stärke und Motivation um. Dies ist für den Eltern-Kind-Alltag allerdings weniger relevant. Eine andere Ausnahme können sogenannte Bootcamps für »schwer erziehbare« Kinder und Jugendliche sein. Hier arbeitet man bewusst mit Frustrationen, um den sehr starken Willen zu brechen. Dies sind allerdings Maßnahmen, die dann zum Einsatz kommen, wenn schon sehr viel falsch gelaufen ist und Bezugspersonen keinen Einfluss mehr haben. Das heißt, es ist ein reparatives Vorgehen, das weit weg von einem Ideal ist.

Für den Erziehungsalltag gilt, dass Frustrationen normalerweise nicht bewusst gesucht werden müssen. Sie treten natürlicherweise ausreichend oft auf. Beispielsweise wird ein Kind frustriert – und das ist wichtig und in Ordnung –, wenn Sie Ihre eigenen Grenzen anerkennen und kommunizieren. Möchte Ihr Nachwuchs also bis Mitternacht wachbleiben, doch nicht nur Sie, sondern auch das Kind selbst brauchen dringend die Ruhe am Abend, dürfen Sie festlegen, dass die Schlafenszeit früher ist. Hier lässt es sich nicht vermeiden, dass das Kind frustriert wird, aber es wird damit klarkommen. Auch nicht ausreichende finanzielle Mittel sind Grenzen: Sie können – und sollten! – nicht ständig die neueste Technik und die besten Markenklamotten kaufen. Das birgt Enttäuschung – was in Ordnung ist. Auch dürfen Sie Ihr Kind einfach deshalb frustrieren, weil seine Wünsche Ihren Erziehungsprinzipien und -zielen widersprechen. Wenn Sie nun einmal fest davon überzeugt sind, dass eine Play-Station zuhause schädlich ist, auch wenn Sie sie sich leisten könnten, dann muss ein Kind damit klarkommen.

Beim Umgang mit Frustrationen müssen drei Dinge berücksichtigt werden:

1. Frustration ist eine unausweichliche Folge, wenn Kinder mit Erwachsenen zu tun haben, die Grenzen haben. Frustration ist dabei aber kein Ziel.

2. Grenzen und Ziele sind variabel. Wenn Ihre eigenen Grenzen der universelle Maßstab dafür sind, wann ein Kind frustriert wird und wann nicht, dann kann dies schnell dazu führen, dass es einzig darum geht, dass es *Ihnen* bei der Erziehung gut geht – auf Kosten des Kindes. Das wäre falsch! Vielmehr sind Ihre Grenzen zwar sehr wichtig, aber es ist auch Ihre Verantwortung, stets an sich zu arbeiten. Dies wird Ziel des dritten Teils des Buches sein. Es gibt ein paar Stufen zwischen den Extremen *Mein Kind muss um 20 Uhr ins Bett, weil meine Nerven nicht mehr mitmachen* und *Mein Kind darf bis Mitternacht aufbleiben.* Auch bei Ihren Zielen und Prinzipien gilt: Ja, sie sind ein Maßstab, der unweigerlich zu Frustration führen wird, aber sie sind eben auch nicht alle unverrückbar. Das heißt, auch hier haben *Sie* die Verantwortung, diese Ziele und Prinzipien

regelmäßig zu hinterfragen und möglicherweise mitunter etwas davon abzurücken.

3. Frustration ist nicht gleich Frustration. Natürlich werden Kinder sauer und enttäuscht sein, wenn sie nicht das kriegen, was sie sich wünschen. Doch stellt sich auch die Frage, wie Sie ein *Nein* kommunizieren und dann auf das Kind reagieren. Sind Sie kalt wie ein Stein oder nehmen Sie Ihr Kind in den Arm und spiegeln ihm, dass es sich nun wahrscheinlich vor den Kopf gestoßen fühlt, es aber keine Alternative gibt? Noch einmal: Es geht nicht darum, dem Kind eins auszuwischen – es sei denn, Sie haben ein Bootcamp zuhause …

Frust lässt sich nicht vermeiden. Da es bei Erziehung aber vor allem darum geht, eine vertrauensvolle Beziehung aufzubauen, ist es ratsam, ihn zu vermeiden, wo es relativ einfach möglich ist. Hierbei können diverse Methoden hilfreich sein, die ausführlich in Kapitel 9 beschrieben werden. Interessant dabei ist: All diese erzieherischen Praktiken zielen darauf, dass *Sie* Ihren Willen bekommen, also nicht darauf, dass Kindern alles recht gemacht wird. Die Methoden haben nur das Ziel, harmonisch das zu erreichen, was Sie möchten – sprich: Das Kind freiwillig zu dem zu bewegen, was Sie anstreben.

4 Belohnungen

Kennen Sie das? Ihr Sohn kommt nach der Schule nach Hause und stöhnt, dass er noch so viele Hausaufgaben zu machen hat. Sie fühlen mit ihm, aber Ihnen sind natürlich die Hände gebunden: Hausaufgaben müssen gemacht werden. Also wollen Sie Ihrem Sohn etwas Gutes tun und ihn für die nervigen Aufgaben motivieren – deshalb stellen Sie ihm eine Stunde Fernsehen in Aussicht, wenn er die Hausaufgaben fertig hat ...

Kennen Sie das? Sie kommen nach einem harten Arbeitstag nach Hause. Ihre Tochter rennt Ihnen freudestrahlend entgegen und bittet Sie inständig, in ihr Zimmer zu kommen. Dort angekommen, sehen Sie, dass es wunderbar aufgeräumt ist, sogar in den Schränken und unter dem Bett hat alles seine Ordnung (okay, vielleicht kennen Sie das doch nicht ... – stellen Sie sich die Situation einfach vor!). Sie sind begeistert. Ihrer Freude geben Sie Ausdruck, indem Sie Ihrer Tochter erst einmal ein großes Stück Schokolade geben – weil sie so schön aufgeräumt hat ...

Kennen Sie das? Sie stehen als Lehrerin vor Ihrer Klasse und es ist sehr unruhig. Vielleicht liegt es an der zurückliegenden Pause, vielleicht an den warmen Temperaturen, vielleicht an irgendetwas anderem. Um für Ruhe zu sorgen, versprechen Sie, am Ende der Stunde noch ein Spiel mit den Kindern zu spielen, wenn sie ab jetzt gut mitarbeiten ...

Drei Beispiele, die Ihnen so oder so ähnlich sicherlich vertraut sind. Sie schaffen Anreize, um Kinder dazu zu bewegen, etwas zu tun, was *Sie* gerne möchten. Oder aber, wie im zweiten Beispiel, Sie belohnen ein Verhalten, das Ihnen gut gefallen hat, in der Hoffnung, dass es dadurch zukünftig häufiger auftritt. In welcher Form auch immer – der Einsatz von Belohnungen ist ein beliebtes Mittel, um die Frage vom Ende des letzten Kapitels wirksam zu beantworten: *Wie kann ich einen Menschen freiwillig zu dem bewegen, was ich möchte?*

Aus eigener Erziehungserfahrung werden Sie bestätigen können, dass Belohnungen tatsächlich ein sehr probates Mittel sind, um Verhaltensänderung zu erwirken. Nun könnte die oben gestellte Frage als beantwortet gelten. Doch so einfach ist es nicht. Denn Belohnungen sind nicht so harmlos und auch nicht so effektiv, wie sie scheinen mögen. Deshalb wollen wir uns nun ausführlich mit diesem Erziehungsmittel beschäftigen und schauen, ob es wirklich das Zeug dazu hat, erfolgreich das angesprochene Ideal zu erfüllen.[8]

---

[8] Warum wir in diesem Teil des Buches bereits über Belohnungen und Strafen, also Erziehungspraktiken, sprechen, obwohl diese erst den zweiten Teil des Buches bilden, wird am Ende des fünften Kapitels erklärt werden.

Sind Belohnungen das perfekte Erziehungsmittel?

Belohnungen wollen in der Regel eine oder mehrere der folgenden Ziele erreichen:

1. Erwünschtes Verhalten soll erzeugt werden (»Wenn du deine Hausaufgaben machst, darfst du fernsehen.«)

2. Erwünschtes Verhalten, das bereits gezeigt wurde, soll verstärkt werden (»Weil du so schön dein Zimmer aufgeräumt hast, bekommst du Schokolade.«)

3. Unerwünschtes Verhalten soll unterlassen werden (»Wenn ihr ab jetzt aufhört, im Unterricht zu sprechen, spielen wir am Ende noch ein Spiel.«)

Im Anschluss an einen Vortrag, den ich zum Thema *Belohnungen* auf einer Konferenz hielt, kam ich mit einem Familienvater ins Gespräch. Er war aufgrund des Vortrags verunsichert, ob er, wenn er von der Konferenz nach Hause kommt, seinen Kindern ein kleines Geschenk mitbringen sollte oder lieber nicht. Ich konnte ihn beruhigen und ermutigte ihn, unbedingt ein Geschenk mitzubringen, da sich seine Kinder sehr darüber freuen würden. Die Verunsicherung entstand bei diesem Vater deshalb, weil er Belohnung und Geschenk verwechselte. Eine Belohnung steht immer in direktem Zusammenhang mit einem Verhalten. Die Beispiele weiter oben machten dies deutlich: brav die Hausaufgaben machen, führt zu Fernsehen, Zimmer aufräumen bringt

Schokolade, gut mitarbeiten, bewirkt ein Spiel am Ende der Stunde. Der Anreiz ist also abhängig von einer zuvor erbrachten Leistung und möchte – so hart das klingt – den anderen bestechen bzw. sein Verhalten kontrollieren. Ein Geschenk hingegen ist davon unabhängig. Ein Geschenk gibt es nicht, weil das Kind lieb war, etwas besonders gut gemacht hat oder ein gewünschtes Verhalten zeigen soll, sondern einfach deshalb, weil man das Kind liebt, oder aufgrund eines Anlasses, der außerhalb des kindlichen Tuns liegt (z.B. Geburtstag, Ferienbeginn, Ankunft des Vaters). Darin liegt ein essenzieller Unterschied. Der verunsicherte Vater wollte seinen Kindern nicht deshalb etwas schenken, weil sie sich so gut benommen hatten und er wollte auch nicht bei der Übergabe des Geschenks erklären, dass dies für ihre Tapferkeit sei, obwohl sie ihn vermissten – nein, er wollte einfach aus Liebe etwas mitbringen. Das ist großartig.

In diesem Kapitel soll es nicht um Geschenke gehen, sondern um Belohnungen – also um ein pädagogisches Mittel, welches das Verhalten von Kindern steuern möchte. Deren Benutzung kann sogar mit wissenschaftlichen Erkenntnissen begründet werden. Denn der Einsatz von Belohnungen ist nichts anderes als eine *operante Konditionierung*. Dieses zutiefst menschliche und tierische Phänomen untersuchte unter anderem der amerikanische Psychologe Burrhus Frederic Skinner im 20. Jahrhundert. Er entwickelte die nach ihm benannte Skinner-Box. Diese funktioniert wie folgt: In einem komplett leeren Käfig sind einzig ein kleiner Hebel, eine Halterung für die

Futterausgabe und eine Lichtquelle angebracht. Nun wird beispielsweise eine hungrige Ratte in die Skinner-Box gesetzt. Da es in diesem Käfig nicht so viel zu tun gibt, wird die Ratte relativ schnell den Hebel betätigen. Leuchtet vor dem Drücken die Lichtquelle auf, bekommt sie etwas Futter in den Futterschacht. Leuchtet die Lampe nicht, bewirkt das Betätigen des Hebels nichts. Die Ratten lernen relativ schnell, dass sie beim Aufleuchten drücken müssen, um Futter zu bekommen. Skinners ursprüngliches Interesse war es herauszufinden, wie sich Kontrolle über das Verhalten von Tieren – und Menschen – gewinnen lässt. Was also kann man tun, um quasi auf Knopfdruck ein gewünschtes Verhalten beim Gegenüber zu bewirken? Die Antwort Skinners darauf ist die gleiche, mit der häufig in Erziehung gearbeitet wird: Man verstärkt das gewünschte Verhalten, indem man es belohnt. Zunächst mag die Belohnung *nach* dem gezeigten Verhalten gegeben werden (z.B. »*Weil* du dein Zimmer so schön aufgeräumt hast, bekommst du nun Schokolade«), später kann die Belohnung in Aussicht gestellt werden – womit sie zum Anreizverstärker wird –, um das gewünschte Verhalten zu zeigen (z.B. »*Wenn* du dein Zimmer schön aufräumst, *dann* bekommst du danach Schokolade.«).

Der Einsatz von Belohnungen scheint dem oben gestellten Ideal sehr nahe zu kommen: Das Kind wird das gewünschte Verhalten freiwillig zeigen, ohne es als Zwang anzusehen, da ein positiver Anreiz vorliegt. Dadurch kann man tatsächlich häufig für Harmonie zuhause sorgen: »Wenn ihre eure Schuhe ins Regal räumt, dürft ihr Computer spielen« – und das lästige Streitthema ist beendet. »Putz schön deine Zähne, dann lese ich dir eine Gute-Nacht-Geschichte vor« – der Erfolg ist garantiert. Ist das die Lösung für die Herausforderung von Erziehung? Nein, natürlich nicht, wie Sie sicherlich aus langer eigener Erfahrung wissen! Denn das Konzept von Belohnung als Erziehungsmittel ist wahrscheinlich das weitverbreitetste, das wissenschaftliche Erkenntnisse ignoriert. Es gibt mindestens drei Faktoren, die mittel- bis langfristig eine förderliche Entwicklung des Kindes untergraben, wenn regelmäßig mit Belohnungen gearbeitet wird. Diese sind der *Korrumpierungseffekt, das Menschenbild* und *Ziele.*

Geld schießt keine Tore – der Korrumpierungseffekt

Der Korrumpierungseffekt geht davon aus, dass äußere Reize (also beispielsweise Belohnungen) die innere Motivation schwächen oder gar zerstören. Lassen Sie mich ein Beispiel anführen: Ein Kind spielt gerne Fußball. Jeden Tag trifft es sich freiwillig mit Freunden auf dem Bolzplatz und verbringt dort seinen Nachmittag. Man kann sagen, dass es intrinsisch motiviert ist, das heißt, dass es aus eigenem Antrieb heraus spielt, und eben nicht, weil es einen äußeren Anreiz hat. Eines Tages nimmt das Kind an einem Probetraining bei einem großen Fußballverein teil und bekommt einen Platz in der Mannschaft. Nehmen wir weiterhin an, dass es nun für jedes Training 50 EUR bekommt und für jedes Spiel 200 EUR. Erzielt das Kind dabei ein Tor, kommen weitere 100 EUR hinzu. Die in Aussicht gestellten Prämien fungieren als extrinsische Motivation, also als äußere Anreize für das Kind. Der Korrumpierungseffekt bewirkt nun, dass das Kind das Fußballspielen neu bewertet und dass somit die hohen Belohnungsgelder (extrinsische Motivation) die ursprüngliche schlichte Freude am Spiel (intrinsische Motivation) des Kindes korrumpieren. Zwar wird das Kind zunächst noch mehr und sogar besser Fußball spielen als bisher, doch über kurz oder lang wird die eigentliche Freude am Spielen zurückgehen und der Fokus immer stärker darauf gelegt werden, eine möglichst große Prämie zu bekommen. Hierbei wird deutlich, warum der Korrumpierungseffekt auch als *Überrechtfertigungseffekt* bezeichnet wird: Es gibt plötzlich zwei Gründe, Fußball zu spielen – die Freude am Spiel und die üppige Belohnung. In einem solchen Falle erfolgt mit sehr hoher Wahrscheinlichkeit die Abwertung der intrinsischen Motivation. Und dies führt in der Konsequenz dazu, wenn eines Tages die Bezahlung wegfallen sollte, dass dann die Lust am Spielen so stark zurückgegangen sein wird, dass sie definitiv deutlich kleiner ist als vor dem Vereinseintritt. Dann gilt: Ohne Moos nichts los – denn nur (für) Geld schießt (er) dann noch Tore.

Der Korrumpierungseffekt ist wissenschaftlich nicht unumstritten. Dies liegt vor allem daran, dass er nicht immer automatisch dann auftritt, wenn Belohnungen zum

Einsatz kommen. Doch wann und warum kommt es zum Korrumpierungseffekt?

Wie wir anhand des fußballspielenden Jungen gesehen haben, tritt der Effekt auf, wenn ein Kind etwas gerne macht, diese Sache aber mehr und mehr durch Belohnung gesteuert wird. Dadurch wird die Handlung nach einer gewissen Zeit nur noch um der Belohnung willen ausgeführt. Eine plausible Erklärung besteht darin, dass das Kind die Belohnung immer kontrollierender wahrnimmt, so dass sein Bedürfnis auf Selbstbestimmung (Autonomie) verletzt wird. Der Junge spielt also nicht mehr um der Freude am Fußball willen, sondern um des Geldes willen – ein externer Faktor, der ihn kontrolliert.

Der Korrumpierungseffekt tritt hingegen nicht auf, wenn das Bedürfnis nach Selbstbestimmung gestärkt und eine Belohnung als nicht kontrollierend wahrgenommen wird. Dann steigt die innere Motivation sogar an. Das ist immer dann der Fall, wenn Kinder etwas tun, wozu sie eigentlich keine Lust haben (z.B. Müll wegbringen), dafür aber im Nachhinein und ohne es zu erwarten, eine Belohnung erhalten (z.B. Schokolade). Diese überraschende Belohnung verstärkt das Verhalten kurz- und mittelfristig. Es ist also wahrscheinlicher, dass der Müll beim nächsten Mal bereitwilliger weggebracht wird. Warum? Die Kinder fühlen sich durch die Belohnung nicht in ihrer Autonomie beschnitten, also nicht bestochen. Das liegt zum einen daran, dass sie keine intrinsische Motivation hatten, die durch eine Belohnung korrumpiert werden kann (Müll wegzubringen ist an sich kein Hobby).

Zum anderen aber wirkt die Belohnung nicht bestechend, da sie nicht die Ursache für das Verhalten ist. Die Mutter sagte nicht: »Wenn du den Müll wegbringst, bekommst du Schokolade.« Vielmehr führte das Kind die Aufgabe ohne Erwartung aus und wurde dann positiv überrascht.

Erziehen mit Belohnungen

Es kommt im Erziehungsalltag ständig zu Situationen, die durch zwei Charakteristika gekennzeichnet sind: wiederkehrend und unbeliebt. Denken Sie nur an das morgendliche Anziehen, das mittägliche Abräumen des Tisches oder das abendliche Zähneputzen. Für viele Eltern sind diese Routinen die größte Herausforderung, denn sie führen zu immer gleichen nervenaufreibenden Diskussionen. Ein beliebtes Mittel, um diesem Stress zu entgehen, sind auch hier in Aussicht gestellte Belohnungen. In den drei Beispielen am Anfang des Kapitels wählten die Mutter des Jungen, der Hausaufgaben zu erledigen hatte, und die Lehrerin, deren Schüler nicht mitarbeiten wollten, genau diese Strategie. Doch sind bei solchen sich wiederholenden, nicht intrinsisch motivierten Situationen Belohnungen ratsam? Nein, wie anhand eines pädagogischen und eines psychologischen Grundes erkennbar werden wird.

Zunächst soll der pädagogische Grund beleuchtet werden: Wenn Sie beispielsweise das tägliche Zähneputzen mit der Aussicht auf eine Gute-Nacht-Geschichte anregen, dann ist dies, wenn wir ehrlich sind, kurzfristig äußerst wirksam. Der Wunsch nach der Einschlafhilfe ist beim Kind vorhanden, so dass alles diesem Bedürfnis untergeordnet wird. Eine scheinbar perfekte Strategie, von der alle profitieren. Doch was ist an Abenden, an denen Sie keine Zeit für eine Geschichte haben? Und was ist, wenn Ihre Kinder älter werden und keine Lust mehr auf die Erzählungen haben? Die Belohnung wird nur so lange reizvoll sein, wie sie attraktiv genug ist. Sobald sie ihren Reiz verliert, wird auch das damit geköderte Verhalten wegfallen. Die Reaktion, die durch die Belohnung verstärkt wurde, wird langsam »gelöscht«. Das war schon bei Skinners Ratten so: Blieb das Futter aus, dauerte es nicht sehr lange, bis das Drücken des Hebels unterlassen wurde. Bauen wir also ein Erziehungssystem auf, das in bestimmten Situationen allein mit Belohnungen arbeitet, ist von Anfang an ein Scheitern vorprogrammiert. Denn irgendwann ist eine Grenze für Belohnungen erreicht – sei es, weil Interessen verschwinden oder weil die Belohnungen den Finanzrahmen sprengen. An dieser Stelle ist die pädagogische Wirksamkeit von Belohnungen beendet. Dann dauert es vermutlich nicht lange, bis das Verhalten wieder so gesteuert wird, wie es normalerweise immer gesteuert wird: von innen, nicht von außen.

Doch nicht nur pädagogisch ist das Belohnungskonzept auf Dauer hinfällig, sondern auch aus einem psychologischen Grund. Dieser ist noch einfacher und kommt den Erklärungen des Korrumpierungseffekts sehr nahe. Gerade beim Thema Zähneputzen möchte man natürlich langfristige Erfolge erzielen. Denn die eigentliche Problematik besteht ja genau darin, jeden Abend wieder neu diskutieren zu müssen. Ginge es allein darum, einmalig oder vielleicht einmal pro Monat das Kind dazu bewegen zu müssen, wäre der Einsatz von Belohnungen äußerst effektiv. Doch sollen ja täglich die Zähne geputzt werden – mindestens zweimal! Möchte man nun das Verhalten herbeiführen durch ansprechende Anreize, kommt eventuell beim Kind folgende Botschaft an: *Wenn das Zähneputzen als Voraussetzung herhalten muss, damit ich die Gute-Nacht-Geschichte bekomme, dann kann sein Wert ja nicht so groß sein.* Wenn man das Kind also für das Reinigen seiner Zähne bestechen muss, erscheint es noch weniger wert als sowieso schon. Und dies gilt genauso für die Hausaufgaben oder das gute Mitarbeiten. Das heißt, Belohnungen in Aussicht zu stellen, um ein gewünschtes Verhalten herbeizuführen, hilft zwar vielleicht kurzfristig und bei einigen wenigen Wiederholungen, wird aber langfristig bei immer gleichen Aufgaben nicht dazu führen, dass das Verhalten verinnerlicht wird. Im Gegenteil: Die Belohnungen stellen das erwünschte Verhalten in ein negatives Licht, wirken als zwingend und beschneiden das Autonomiebedürfnis des Kindes. Es kommt zu negativen Konsequenzen. Für stetig wiederkehrende Aufgaben brauchen wir also Alternativen zu Belohnungen, die nachhaltig wirksam sind. Welche pädagogischen Möglichkeiten es gibt, die nicht nur mittel- und langfristig, sondern sogar auch noch zusätzlich kurzfristig effektiv sind, besprechen wir im zweiten Teil des Buches.

Nun gab es am Anfang des Kapitels noch ein weiteres Beispiel, das sich von den beiden anderen maßgeblich unterschied: Die Tochter, die ihr Zimmer voller Elan aufräumte und das Ergebnis freudestrahlend ihrer Mama zeigte, war intrinsisch motiviert. Sie tat dies, ohne eine Belohnung zu erwarten und wurde durch die Schokolade positiv überrascht. Kann man in einem solchen Fall davon ausgehen, dass Belohnungen die Motivation langfristig noch weiter verstärken?

Nein, denn die Motivation ist bereits maximal intrinsisch. Hätte die Mutter die Tochter auffordern müssen, ihr Zimmer aufzuräumen, ohne dass diese Lust dazu hätte, dann würde eine nicht angekündigte, überraschende Belohnung im Nachhinein verstärkend wirken. Dies war der Fall beim Kind, das den Müll wegbringen soll. Doch führte die Tochter in unserem Beispiel das Zimmeraufräumen von sich aus durch. Kann in einem solchen Fall die Belohnung schaden? Mit großer Wahrscheinlichkeit lautet die Antwort: Ja.

Warum? Gesetzt dem Fall, die Tochter räumt ihr Zimmer allein deshalb auf, um Mama eine Freude zu machen, einfach weil dies schön ist, dann kann es sein, dass sie die Belohnung als einengend bzw. kontrollierend empfindet. Denn sie bekommt dann eine materielle Belohnung, obwohl sie allein Freude wollte. Ihre Motivation wäre also falsch verstanden worden. In diesem Fall wäre die Belohnung ganz offensichtlich nachteilig. Sollte Ihr Kind also einmal freiwillig sein Zimmer aufräumen, vermeiden Sie Belohnungen im Anschluss und äußern Sie stattdessen lieber, wie sehr Sie sich freuen und bedanken

Sie sich. Denn das ist es im Optimalfall, was Ihr Kind möchte.

Nun haben wir pädagogische Situationen beleuchtet, die entweder regelmäßig wiederkehren (Hausaufgaben, Mitarbeit) oder aber einmal intrinsisch motiviert waren (Aufräumen). Doch was ist mit Situationen, die einmalig oder zumindest sehr selten sind, in denen aber keine intrinsische Motivation vorliegt? Bei unserem Beispiel des Müllwegbringens haben wir einfach angenommen, dass das Kind dazu bewogen werden kann – wie auch immer. Doch nun wollen wir uns wirklich brenzlige Situationen anschauen, in denen das Kind einfach folgen muss, ohne dass es sich leicht motivieren lässt.

Stellen Sie sich beispielsweise vor, Sie planen eine lange Zugfahrt mit Ihrem fünfjährigen Kind. Sie sehen schon vor der Fahrt die möglichen Wutausbrüche oder ungeliebten Expeditionen durch den Zug vor Ihrem geistigen Auge. Vorausschauend nehmen Sie eine Packung Gummibärchen mit, um eine Belohnung parat zu haben, wenn Ihr Kind *schön brav* ist. Da Sie wissen, wie sehr Ihr Kind die kleinen bunten Süßigkeiten mag, können Sie davon ausgehen, dass sie ihren Zweck erfüllen werden. Denn wie immer, wenn es um Belohnungen geht, kann man feststellen, dass sie kurzfristig die effektivste Waffe im Kampf der Erziehung sind.

Ist eine solche *Bestechung* legitim? Natürlich! Ich kenne selbst zur Genüge Situationen, in denen meine dreijährige Tochter nicht schreien, alles in Zeitlupe erkunden oder wegrennen sollte – und es trotzdem tat. Doch genau in diesen Momenten hilft vermeintlich oft nur noch die Bestechung, dass nämlich Anreize versprochen werden, um das unerwünschte Verhalten abzustellen. Das ist im Einzelfall – damit meine ich, nicht fünfmal am Tag – völlig in Ordnung und schadet niemandem. Trotzdem geht auch in solchen Situationen die Belohnungsstrategie nicht als lupenreiner Sieger hervor. Dies hat etwas mit unseren nächsten beiden Aspekten zu tun: *Menschenbild* und *Ziele*.

Das Menschenbild der Belohnung

Das schreiende Kind im Zug, das ungeduldige Kind im Supermarkt, der Störenfried im Unterricht – die Liste der Situationen, in denen Kinder uns ins Schwitzen bringen, ist lang. In solchen Momenten fällt es schwer, rationale Entscheidungen zu treffen. Hier geht es eher darum, möglichst schnell eine funktionierende Lösung zu finden. Und diese Lösung hat immer das Ziel, dass das Kind sofort mit dem aufhört, was es gerade macht. Solche Situationen schreien ja förmlich danach, Belohnungen zu benutzen, da diese genau das können: eine schnelle und freiwillige Verhaltensänderung beim Kind bewirken. Was in solchen Momenten passiert, ist, dass wir dem Kind einen Handel anbieten: *Wenn du damit aufhörst, bekommst du (später) das und das.* Stellen Sie sich einmal vor, Sie würden so mit Ihrem Partner umgehen. Fänden Sie das nicht ungewöhnlich, mit ihm wie folgt zu feilschen: »Ok, du möchtest nicht das Bad putzen – wenn du es trotzdem machst, dann darfst du dafür später den Fernseher benutzen.«

Gegenüber unseren Kindern aber arbeiten wir ständig mit solchen Deals. Warum eigentlich?

Wir haben uns weiter oben bereits mit der Frage nach dem Menschenbild beschäftigt. Dort war die Rede vom Bildhauer oder Gärtner. Dahinter steckte unter anderem die Frage, ob wir glauben, ein Kind sei von Natur aus gut oder böse, Kooperationspartner oder Tyrann. Diese Frage ist für unser jetziges Thema äußerst relevant. Denn viele Eltern und Pädagogen scheinen ihren Schützlingen zu unterstellen, dass sie böse sind. Denn sie gehen davon aus, dass das Kind das unerwünschte Verhalten zeigt, um die Erwachsenen auf sadistische Art zu provozieren, zu ärgern oder zur Verzweiflung zu bringen. Mit einer solchen Sichtweise ist es nur konsequent, wenn man von *Tyrannen* spricht und in die Beziehung mit der Erwartung tritt, dass es einen Kampf geben wird. Denn wenn das Kind böse ist und mit seinem Wesen Schaden anrichten möchte, dann muss es natürlich unschädlich gemacht werden. Alles andere wäre fahrlässig und unverantwortlich. Im Grunde geht es also um nicht weniger als Sieg oder Niederlage! Trotz allem Pathos in der Ausschmückung der Situation spüren Sie wahrscheinlich durch meine Worte, dass eine solch kämpferische Einstellung von Anfang an die Situation belastet. Dadurch scheint ein Ende, in dem alle zufrieden sind, nahezu aussichtslos.

Doch was ist eine alternative Sichtweise? Wir haben im Kapitel über das Menschenbild gesehen, dass Kinder in der Regel möglicherweise kooperieren und uns nicht aus Boshaftigkeit schaden wollen. Sollte dieses Bild stimmen – und diesen Schluss kann man aufgrund von neurowissenschaftlichen Erkenntnissen ziehen, wie wir später noch sehen werden –, dann machen wir mit dem ständigen Einsatz von beruhigenden Belohnungen einen groben Fehler. Wenn das Kind Ihnen nicht schaden möchte, trotzdem aber ein Verhalten zeigt, das Ihnen schadet (und wenn es »nur« die Peinlichkeit ist), dann muss es eine andere Motivation haben. Naheliegend ist, dass das Kind etwas ausdrücken möchte, die Botschaft aber nicht so artikulieren kann, dass es Erwachsene verstehen. Also wählt es möglicherweise Methoden, die zumindest Ihre Aufmerksamkeit sicherstellen. In diesem Sinne ist das unangepasste Verhalten des Kindes vielleicht eine Art Hilferuf: »Mir geht es nicht gut!«, »Ich verstehe nicht, was du von mir erwartest!«, »Ich brauche etwas anderes, als du mir zur Zeit gibst!« Usw. Wenn wir diese Hilferufe einfach ignorieren, indem wir das kindliche Verhalten durch Belohnungen (oder Bestrafungen, wie wir gleich sehen werden) steuern, dann werden wir dem Kind nicht gerecht und machen es uns zu einfach. Denn dann müssen wir nicht mehr genau hinhören und nicht mehr nach Gründen für das Verhalten suchen. Wir steuern einfach! Noch einmal: Das Kind hat aber seine Gründe, nicht stillsitzen zu wollen oder im Unterricht unruhig zu sein. Vielleicht tut ihm etwas weh oder die Aufgaben sind zu leicht.

Was das Kind in einer solchen Situation braucht, ist, dass Sie mit ihm reden. Helfen Sie ihm, ausdrücken zu können, was es sagen möchte. Formulieren Sie für das

Kind die Worte und Gefühle, so dass das Kind nur bestätigen oder abzulehnen braucht. Dadurch stoppen Sie nicht nur das unliebsame Benehmen, Sie zeigen Ihrem Kind zugleich, dass Sie es wahr- und ernstnehmen und helfen Ihm, sich selbst besser zu verstehen, um sich zukünftig anders auszudrücken.

Es ist im Übrigen nicht allein ein Problem von kleinen Kindern bis sechs Jahren, dass sie ihr Unwohlsein nicht verständlich ausdrücken, wie das folgende Beispiel zeigen soll. Einmal pro Woche gibt es in der Einrichtung, in der ich arbeite, ein spezielles Angebot für Jungen. Diese sind zwischen acht und zwölf Jahren. Eines Nachmittags bereitete ich eine kleine Olympiade mit verschiedenen Wettkampfspielen für die Jungs vor – ich wusste, dass sie solche Duelle liebten. Als ca. zehn Jungen da waren, starteten die Spiele und alle waren begeistert dabei. Nach kurzer Zeit klingelte es und es kam ein weiterer, elfjähriger Junge hinzu. Man sah ihm beim Eintreten bereits an, dass er ziemlich schlechte Laune hatte. Und genau so verhielt er sich auch: Er motzte herum, beleidigte, machte alle meine Spiele schlecht und bewirkte damit, dass einige Kinder die Lust am Spielen verloren. Mir war es wichtig, ihn ernstzunehmen, weshalb ich ihn bat, mit mir vor die Tür zu gehen, was er widerwillig tat. Dort angelangt, fragte ich ihn ganz ruhig: »Du hattest heute einen blöden Tag, oder? Magst du mir erzählen, was passiert ist?« Mit seiner schlechten Laune sagte er barsch: »Nein, ich will dir das nicht sagen!« Das akzeptierte ich und fragte direkt lösungsorientiert weiter: »Sag mal, was müsste passieren oder was könnten wir tun, damit das heute ein toller Nachmittag für dich wird?« Darauf wusste er sofort eine Antwort: »Wir müssten mal so richtig boxen.« Hier lag der Lösungsschlüssel. Also gingen wir zurück, verlängerten die olympische Pause noch etwas und boxten eine Runde gegeneinander. Im Anschluss verlief der Nachmittag sehr harmonisch.

Natürlich hätte der Junge von sich aus auch sagen können, warum es ihm nicht gut ging. Doch anders als bei sehr kleinen Kindern kommt es bei größeren mitunter vor, dass sie es nicht sagen wollen. Auch hierbei liegt die Verantwortung bei den Erwachsenen, den Kindern zum besseren Ausdrücken zu verhelfen.

Weder erlaubt es jedes Setting, mit einem Kind zu boxen, noch allein mit ihm vor die Tür zu gehen. Wenn Sie Lehrerin einer Klasse mit 25 Schülern sind, haben Sie diese Möglichkeiten sicher nicht. Doch was erlaubt Ihr Setting? Hier müssen wieder eigene, kreative Lösungen entwickelt werden, die Ihrer Grundhaltung entsprechen. Wäre es möglich, dass Ihr Schüler auf einen Zettel schreibt, was er braucht? Könnten Sie eine fünfminütige Pause für Murmelgruppen einräumen, in der jedes Kind mit seinem Nachbarn über einen schnell zu erfüllenden Wunsch spricht, den es aufschreibt? Im Anschluss werden zwei Wünsche gezogen und wenn möglich erfüllt. Könnten Sie eine zweiminütige Pause anberaumen, in der Sie mit dem störenden Kind vor die Tür gehen? Was auch immer die für Sie und Ihr Setting passende Lösung ist – bedenken Sie, dass mitunter eine Unterbrechung von wenigen Minuten schneller zur Erfüllung Ihres Unterrichtsziels führt, als wenn Sie starr an Ihrem Konzept festhalten, »um keine Zeit zu verlieren«.

Was wollen Sie mit Belohnungen erreichen?

Wir haben nun gesehen, dass der Einsatz von Belohnungen nicht nur ein seltsames Beziehungsbild zugrunde liegen hat (Stichwort: Handel), sondern auch dem Menschenbild nicht gerecht wird (Stichwort: Hilfeschrei). Es gibt noch ein weiteres wichtiges Argument, weshalb beruhigende Belohnungen selbst im brenzligsten Fall nicht die Regel sein sollten.

Nehmen wir einmal an, Sie hätten die Wahl, Ihr Kind so zu erziehen, dass es a) gut mit seinen impulsiven Gefühlen wie Wut und Enttäuschung umgehen kann, insgesamt emotional sehr stabil ist und gut in der Schule abschneidet, oder dass es b) eine schlechte Impulskontrolle hat, also beispielsweise vermehrt Wutausbrüche zeigt, emotional instabil ist und deshalb schlechtere Leistungen in der Schule zeigt – welche Option würden Sie wählen? Natürlich würden die allermeisten Eltern Variante a) wählen. Wir alle wollen doch das Beste für unsere Kinder und ganz offensichtlich ist hier a) besser als b). Und genau aus diesem Grund ist es unter anderem so wichtig, in heiklen und emotional belasteten Situationen nicht ständig auf beruhigende Belohnungen zurückzugreifen. Denn wenn wir permanent nur Ersatzbefriedigungen geben, verpassen wir wichtige Möglichkeiten, Bedürfnisse unserer Kinder wahrzunehmen und mit ihnen zu thematisieren. Beruhigen wir also beispielsweise, statt zu trösten, dann wird dies auf Dauer zu keinem wirklichen Persönlichkeitswachstum führen. Vielmehr schadet es, wenn wir unsere Kinder durch diese falsch verstandene Überbehütung vor Frustrationen schützen (»Dann kaufe ich dir eben das Lego, bevor du weiter so rumschreist«). Denn dadurch wird das Kind deutlich schwerer lernen, selbst zu kontrollieren, wie es mit Unzufriedenheit, Frustration und Scheitern umgehen kann. Im pädagogischen Fachjargon heißt das: das Kind entwickelt weniger *Frustrationstoleranz*.

Studien haben ergeben, dass Menschen mit ausgeprägter Frustrationstoleranz gelassener mit Niederlagen, Problemen und Widerständen umgehen. Bei wem hingegen diese Persönlichkeitseigenschaft sehr gering ausgeprägt ist, der zeigt viel schneller Entmutigung und Resignation. Bei Kindern kommt es dann häufig zu unkontrollierten Wutausbrüchen sowie generell vermehrt zu aggressivem Verhalten, bei Erwachsenen treten häufiger depressive Ansätze oder Abhängigkeitsprobleme zutage. Neueste Studien gehen davon aus, dass schulische Probleme nur zu einem kleinen Prozentsatz mit geringer Intelligenz zu tun haben und zu einem weit größeren mit dem Fehlen sozialer Kompetenzen wie eben z.B. Frustrationstoleranz.

Damit Kinder im Leben nicht sofort die Flinte ins Korn werfen, müssen sie gelegentlich unangenehme Situationen durchleben und mehr und mehr aushalten lernen. Deshalb ist es auf lange Sicht schädlich, in heiklen

Situationen, in denen Kinder partout nicht das machen, was die Erwachsenen möchten, Frustration durch das In-aussichtstellen von Belohnungen zu beenden.

Nun mögen Sie zurecht einwenden, dass weiter oben gesagt wurde, Kindern sollte bewusste Frustration erspart werden. Ist dies nicht ein Widerspruch zu der Forderung, Kindern frustrierende Situationen zuzumuten und sie diese durchstehen zu lassen? Nein! Es gibt genügend Situationen, in denen Kinder ganz automatisch frustriert werden. Diese müssen sie auszuhalten lernen – optimalerweise nicht allein, sondern mit einem treuen und fürsorglichen Elternteil. Dies fördert ihre dringend benötigte Frustrationstoleranz. Doch diese unausweichlichen Momente reichen aus, es braucht also keine künstlich erzeugten.

Dadurch wird aber nicht nur die Frustrationstoleranz eines Kindes gefördert, sondern auch Aspekte wie emotionale Stabilität oder Impulskontrolle. Kinder, denen in unangenehmen Situationen stets zügig ein beruhigender Ersatz geboten wird, haben deshalb häufig keine Beziehung zu ihren Empfindungen, da sie diese nie lange erkunden konnten. Natürlich liegt eine solche Entwicklung nicht allein am Umgang mit Belohnungen in frustrierenden Situationen. Meist steckt dahinter ein generell überfürsorglicher Erziehungsstil, der in vielen Situationen Kindern alle möglichen Steine aus dem Weg räumen möchte. Doch das führt letztendlich zu schwachen Persönlichkeiten.

Wie sieht nun eine Erziehung aus, die zwar keine Frustration fördert, doch gut auf Momente der unausweichlichen Frustration vorbereitet? Sie können Ihrem Kind beispielsweise regelmäßig kleine Aufgaben geben, deren Erfüllung es nicht intrinsisch motiviert (Spielzeug aufräumen, Müll rausbringen etc.). Darüber kann das Kind auf lange Sicht eine höhere Ausdauer gegenüber eigener Unlust entwickeln. Eine weitere förderliche Maßnahme ist das regelmäßige Spielen von Brettspielen, wobei Sie darauf achten sollten, sofern es in Ihrer Hand liegt, dass das Kind auch regelmäßig verliert – denn auch das stärkt den Umgang mit Frustration.

Das heißt, weder die willentliche Frustration, die Kinder klein zu machen sucht, noch das permanente Anfassen mit Samthandschuhen sind der richtige Weg. Lässt sich Frustration für Ihr Kind nicht verhindern, stehen Sie ihm bei.

Warum Lob auf Dauer schädlich ist

All die Ausführungen in diesem Kapitel können wir abschließend zusammenfassen: Es gibt für Belohnungen als Steuerungselement für mittel- bis langfristiges kindliches Verhalten keine gewichtigen Argumente. Zwar greifen viele Eltern sehr häufig auf dieses Mittel zurück, doch bringt es im besten Falle nichts, im Normalfall schadet es hingegen sogar.

Nun haben wir uns bisher aber ausschließlich um materielle Belohnungen gekümmert (Eis, Schokolade, ein Spiel). Was aber ist mit verbaler Belohnung, also dem klassischen Loben? Ist das nicht eine Form von Belohnung, die motivierend wirken kann?

Jesper Juul, ein kürzlich leider verstorbener, bekannter dänischer Familientherapeut, unterscheidet in seinen Büchern zwischen *Selbstgefühl* und *Selbstvertrauen*.[9] Selbstgefühl bezeichnet dabei das Wissen und Erleben, wer wir sind. Wenn Menschen ein gutes Selbstgefühl haben, können sie sagen: »Ich bin in Ordnung und wertvoll, ganz allein, weil ich bin. Ich habe einen Wert an sich.« Selbstvertrauen hingegen ist das Wissen davon, was wir gut können oder eben auch nicht. Hierbei geht es um unsere Fähigkeiten und Talente. Es geht also um unsere Leistungen. Menschen, die ein gesundes Selbstgefühl haben, haben meistens keine Probleme mit Selbstvertrauen – andersherum hingegen häufig schon.

Ich habe vor einigen Jahren versucht, Akkordeon spielen zu lernen – und bin völlig gescheitert. Hätte ich ein geringes Selbstgefühl, wäre dies eine Tragödie gewesen. Ich hätte geglaubt, dass ich nichts kann und *immer* scheitere. Nun ist es aber nicht so schlimm um mich bestellt, so dass ich dieses Scheitern gut einordnen konnte. Ich konnte es akzeptieren, dass Akkordeonspielen nichts für mich ist und dass ich mein Glück an anderer Stelle suchen muss. Mein Respekt für Akkordeonspieler ist dadurch nur umso größer geworden, so dass ich mir zum

---

[9] Juul, Jesper (2008): *Das kompetente Kind. Auf dem Weg zu einer neuen Wertgrundlage für die ganze Familie.* 10. Aufl. Reinbek bei Hamburg: Rowohlt-Taschenbuch-Verl. S. 95 ff.

Prinzip gemacht habe, jedem Akkordeonspieler, den ich auf der Straße höre, etwas Geld zu geben …

Es ist nicht verkehrt, sein Selbstvertrauen zu stärken, allerdings ist es wichtiger, ein gesundes Selbstgefühl zu haben. Wie erlangen Menschen das? Jesper Juul führt zwei Nährstoffe für das Selbstgefühl an: 1. Wenn eine für uns bedeutungsvolle Person uns sieht und anerkennt, wer wir sind; 2. Wenn wir merken, dass wir für andere wertvoll und wichtig sind, so, wie wir sind. Letztendlich geht es also darum, gesehen und beachtet zu werden und dabei das Gefühl zu haben, für jemanden wichtig zu sein.

So weit, so gut. Nun kommen wir endlich zum eigentlichen Thema: Es ist wichtig, dass Kinder gesehen werden, nicht aber so sehr, dass sie bewertet werden. Doch was wir ständig machen, ist eben genau das: Bewerten. Juul führt dafür das Beispiel der anderthalbjährigen Kathrine an. Diese steht auf der Rutsche und ruft ihrer Mama zu, sie solle einmal schauen. Dies tut Mama auch, bleibt aber nicht beim Schauen, sondern geht einen Schritt weiter und lobt: »Nein, wie bist du tüchtig! Ist das toll!« Der Gedanke dahinter ist derselbe wie bei einer Belohnung: Mithilfe einer operanten Konditionierung soll das gewünschte Verhalten verstärkt werden. Das ist natürlich im Einzelfall kein Problem, passiert dies aber häufiger – und ich befürchte, das tut es –, geschieht etwas Fundamentales: Dasein wird mit Leistung vermischt. Das heißt, die kleine Kathrine wird nicht einfach gesehen und kann bemerken, dass sie im Leben ihrer Eltern wichtig ist, sondern sie wird bewertet, so dass sie mit der Zeit das

Gefühl entwickeln wird, sie muss gut sein, um gesehen zu werden. Das mag zunächst überzogen klingen, aber dieses Gefühl setzt sich auf Dauer sehr fest und verändert unsere Persönlichkeit. Denn Lob ist genau wie eine Belohnung: Es setzt Glückshormone in unserem Gehirn frei – und nach diesen werden wir süchtig. Das heißt, geschieht dies oft genug, brauchen wir immer mehr Lob und daraus kann dann ein immenses Leistungsdenken erwachsen, das in einem großen Selbstvertrauen, aber einem kleinen Selbstgefühl endet. Dann wurde *Sein* zu *Können*, *Existenz* zu *Leistung*. Menschen haben dann kein Gefühl mehr für sich selbst, sondern denken, sie sind nur wertvoll, wenn sie etwas Großes leisten. Schaffen sie das nicht, verfallen sie in enorme Selbstzweifel. Andere bauen ein auffallend großes Ego auf, das aber, sobald ein Wind aufkommt, zusammenfällt.

Natürlich findet dieses Horrorszenario nicht statt, nur weil Sie gelegentlich loben. Doch überprüfen Sie sich einmal selbst, wie oft Sie eine Wertung in Ihrer Sprache haben, wenn Sie mit Ihrem Kind reden. Als ich anfing, darauf zu achten, war ich schockiert, wie häufig ich dies tat. Ganz abgesehen davon, ob Loben nun schlecht ist: Wenn Ihr Kind einfach nur beachtet und gesehen werden möchte, dann passt eben eine Wertung Ihrerseits auch eigentlich gar nicht. Stellen Sie sich einmal vor, Sie sagen zu Ihrem Partner: »Ich liebe dich!«, und dieser antwortet mit: »Und ich finde, du kannst wunderbar putzen.« Wir müssen Kinder – und Partner! – lieben um ihrer selbst willen und nicht aufgrund ihrer Leistungen. Und wenn dem so ist, dann brauchen wir diese Leistungen auch nicht in den Vordergrund zu stellen – zumindest nicht so oft und wenn nicht danach gefragt ist.

Dieses Vermeiden von Beurteilungen schließt natürlich nicht aus, Kindern Feedback zu geben. Dies ist sehr wichtig, damit sie ein angemessenes Bild ihrer Fähigkeiten bekommen. Allerdings muss dies in einem gesonderten Rahmen passieren und eben nicht bei jedem selbstgemalten Bild.

Sehr häufig, wenn ich mit Menschen über Loben diskutiere, stellen sie folgende Frage: Wird das Kind in einer Leistungsgesellschaft nicht völlig untergehen, wenn es »leistungsbefreit« erzogen wird? Hierauf entgegne ich Folgendes: Zum einen ist dies wieder eine Frage der Erziehungsziele. Ich stelle einmal zwei Positionen gegenüber, die übertrieben sind, dadurch aber hoffentlich der Veranschaulichung dienen: Möchten Sie ein Kind, das unfassbare Leistungen bringt, dabei aber unglücklich ist oder Angst vor seinen Eltern hat, weil es diese beispielsweise nur als fordernd und drillend erlebt? Oder möchten Sie vielmehr ein Kind, das mit einem guten Selbstwertgefühl durchs Leben geht und für das Familie ein Ort des So-sein-wie-ich-Bin ist? Darum geht es mir: Zum einen sollen sich Kinder geliebt fühlen und die Umgebung von Menschen, die es annehmen, als sicheren Hafen empfinden. Mit einer solchen Basis fällt sehr wahrscheinlich die Leistungsfähigkeit kaum ab. Nur ist das Fundament ein anderes, in meinen Augen besseres. Zum anderen ist Familie *ein* Ort, Gesellschaft ein *anderer.* Wenn also Schule oder Beruf enorme Leistungsbereitschaft fordern, dann ist es in meinen Augen umso wichtiger, dass Kinder Menschen und Orte haben, bei bzw. an denen sie sich fallen lassen können, weil sie keinen Leistungsdruck erzeugen.

Nun werden Lehrer berechtigterweise einwenden, dass sie in einem Setting mit Kindern zu tun haben, das auf Bewertung und Beurteilung ausgerichtet ist. Jede Antwort wird beurteilt. Ist es somit möglich, innerhalb der Schule auf Lob (und Bewertung) zu verzichten? Ja und nein. Natürlich müssen Lehrer Leistungen beurteilen und damit Kinder bewerten. Sollte dies in Schule jemals anders sein, braucht es grundlegende Reformen. Doch auch innerhalb dieses Beurteilungssystems kann ein Pädagoge darauf achten, Kinder nicht aufgrund ihrer Leistungen wertzuschätzen. Er kann eine Beziehung zu seinen Schülern aufbauen, die vor allem den Menschen sieht und nicht seine Leistung, er kann vermitteln, dass gute Noten wichtig sind, aber diese nichts über den Wert des Menschen sagen etc. Auch hier kann also Sein und Können getrennt werden.

Lassen Sie mich noch einen letzten Aspekt zum Thema *Loben* erwähnen. Wenn ich Vorlesungen halte und diese sind beendet, dann haben Studierende häufig das Bedürfnis, etwas dazu zu sagen. Ich freue mich sehr darüber, wenn sie sich bedanken und dazu noch äußern, was die Veranstaltung mit ihnen gemacht hat, z.B.: »Vielen Dank, ich wurde sehr inspiriert, wie ich besser mit meinen Kindern umgehen kann. Ihre Vorlesung hat mir sehr gutgetan und viel gebracht.« Darüber freue ich mich wirklich sehr. Etwas ganz anderes ist es, wenn Studierende folgendes sagen: »Sie haben das wirklich gut gemacht! Sie sind richtig gut darin, andere zu inspirieren und hilfreiche Tipps zu geben.« Merken Sie den Unterschied? Die zweite Äußerung wirkt von oben herab. Mit einer solchen Aussage stellen sich Menschen über den anderen und maßen sich an zu bewerten, ob etwas gut oder mittelmäßig war.

Und genau darum geht es auch bei Erziehung: statt zu loben, was eine (wahrscheinlich absolut gut gemeinte!) Bewertung ist, sollten Sie lieber sagen, was das mit Ihnen macht. »Ich freue mich so, dass du dich schon traust zu rutschen.« Oder im Nachhinein: »Erzähl mal, hattest du keine Angst?« Damit erfüllen Sie die beiden Kriterien für das Wachstum von Selbstgefühl optimal: Sie sehen Ihr Kind und zeigen auf, was es bei Ihnen bewirkt, einfach weil das Kind ist, wie es ist.

5 Strafen

Von Jesper Juul, den wir eben bereits ausführlich herangezogen haben, stammt der kontroverse Satz: »Belohnungen sind die postmoderne Version von Strafe.« Je nachdem, welches Menschenbild und welche Erziehungsziele man hat, kann dieser Satz positiv oder negativ aufgefasst werden. Positiv, wenn man glaubt, dass Kinder an sich gut sind und sich frei entwickeln sollten – denn dann ist es zu begrüßen, dass Strafen seltener werden, da sie durch Belohnungen ersetzt werden. Negativ mag er für all diejenigen klingen, die meinen, dass Kinder Zucht und Ordnung brauchen, um auf die richtige Bahn zu kommen, da diese gefühlt weniger gut mit Belohnungen funktioniert. Unabhängig davon, wie man diese Entwicklung nun bewertet – wenn man dem Satz überhaupt zustimmen möchte –, impliziert der Satz eine herausfordernde Idee: In der heutigen Zeit werden Belohnungen mit der gleichen Intention eingesetzt wie in früheren Zeiten Strafen. Das heißt, um zu erziehen und demnach Kinder zu dem zu bewegen, was sich der Erwachsene wünscht, sollen Belohnungen genauso effektiv sein wie Strafen? Nun haben wir im letzten Abschnitt gesehen, wie wenig nachhaltig Belohnungen sind. Soll das Führen mit straffer Hand tatsächlich genauso ineffektiv sein? Wissen nicht gerade unsere Eltern und Großeltern gut davon zu berichten, wie hilfreich eine Tracht Prügel früher war und wie schädlich das »verweichlichte Erziehen«

heutzutage ist? Werfen wir also einen Blick auf das Pendant zur Belohnung: die Bestrafung.

Hausarrest, Fernsehverbot und andere Formen von Strafe

Der Einsatz von Strafen hat Anfang der 2000er Jahre einen herben Dämpfer erhalten. Seit dem 2. November 2000 lautet §1631, Absatz 2 des Bürgerlichen Gesetzbuches (*Inhalt und Grenzen der Personensorge*): »Kinder haben ein Recht auf gewaltfreie Erziehung. Körperliche Bestrafungen, seelische Verletzungen und andere entwürdigende Maßnahmen sind unzulässig.«[10] Was dabei zu *seelischen Verletzungen* gehört, ist natürlich äußerst schwer zu definieren. So könnte der Zwang einer Mutter, das Kind müsse erst Hausaufgaben machen, bevor es spielen dürfe, bereits als seelische Verletzung gedeutet werden. Was aber hingegen viel einfacher zu fassen ist, ist das Verbot von körperlichen Strafen: Ohrfeigen, Hintern versohlen, Stockschläge etc. gelten demnach als gesetzlich verboten. Punkt.

Aus der Aufzählung innerhalb des Gesetzestextes wird deutlich, dass man Strafen in körperliche und nicht körperliche (seelische) unterteilen kann. Eine andere Unterscheidung der vielfältigen Palette von Strafen kann wie folgt geschehen: *negative* und *positive Strafe*. Bei der *negativen Strafe* entzieht man dem Kind etwas, das ihm wichtig ist.

---

[10] http://www.gesetze-im-internet.de/bgb/__1631.html (Zugriff am 05.04.2019).

Dazu gehören sowohl materielle Güter (z.B. Taschengeld, Smartphone, Süßigkeiten etc.) als auch immaterielle Güter (Freiheit bei Hausarrest, Dienstleistungen wie Fahrdienste oder sonstige Unterstützung, Liebesentzug etc.). Bei der *positiven Strafe* hingegen fügt man dem Kind etwas zu, das ihm unangenehm ist. Hierzu gehören natürlich allen voran die körperlichen Strafen, doch auch die seelischen Strafen fallen hierunter. So können Kinder herabgesetzt werden, indem sie ausgelacht, ausgeschimpft, angeklagt oder bedroht werden. Dass Strafen in *positiv* und *negativ* eingeteilt werden, bedeutet also nicht, dass die eine Sorte angenehm bzw. großartig und die andere unangenehm bzw. besonders schädlich ist; vielmehr beziehen sich die Begriffe darauf, dass bei der einen Form etwas hinzufügt wird (*positiv*), wohingegen bei der anderen etwas entzogen wird (*negativ*).

Alle Formen der Strafe dienen dazu, das vom Erwachsenen als unerwünscht oder unangemessen empfundene Verhalten zu ändern oder als richtig empfundenes Verhalten zu erzeugen. Mitunter geschieht dies im Vorhinein als Drohung (»Wenn du deine Hausaufgaben nicht richtig machst, darfst du heute Abend nicht fernsehen!«), manchmal geschieht dies aber auch im Nachhinein, um das falsche Verhalten zukünftig zu beseitigen (»Weil du deinen kleinen Bruder geschlagen hast, gibt es heute kein Eis!«). Im weiteren Verlauf werde ich nicht mehr zwischen Androhung und nachträglicher Strafe unterscheiden. Wenn also nicht explizit von einem von beidem gesprochen wird, beziehen sich die Ausführungen stets auf beide Formen.

Die Wirksamkeit von Strafen

Wie effektiv sind Strafen? Innerhalb des erziehungswissenschaftlichen Diskurses gelten Strafen in großen Teilen als ungeeignetes Erziehungsmittel, da sie schädlich und nicht nachhaltig sind. Natürlich – und dies haben wir auch bereits bei den Belohnungen gesehen – sind Strafen kurzfristig wirksam, wenn sie hart genug sind. Mit der richtigen Dosis kann man sofortige Verhaltensänderung erzielen. Stellen Sie sich nur vor, Sie drohen Ihrem Kind Prügel an – es wird machen, was Sie wollen. Anders als bei Belohnungen wird dies auch über einen längeren Zeitraum wirken. Wenn Kinder beispielsweise von ihren Lehrern oder Erzieherinnen Angst haben, dann werden sie sich natürlich gut benehmen und machen, was diese sagen.

Doch auch hierbei müssen wir uns wieder fragen, welches Ziel wir verfolgen: Sollen die Strafen allein den Erwachsenen in einer bestimmten Situation Ruhe verschaffen oder steht vielmehr die Absicht dahinter, dass das Kind etwas fürs Leben lernt? Der erste Grund ist unfair, es handelt sich um einen reinen Machtmissbrauch. Der zweite Grund ist unwirksam. Denn auf lange Sicht wird ein unerwünschtes Verhalten durch Strafen nicht beseitigt. Es ist ja nur nachvollziehbar, dass ein durch Strafen bewirktes bzw. unterdrücktes Verhalten nicht deshalb geändert wird, weil das Kind einsichtig ist, sondern allein deshalb, weil es Angst vor den Konsequenzen hat. Angst aber wirkt im kindlichen Gehirn wie eine Barrikade, die neues Wissen blockiert. Demnach ist es zum einen logisch, dass das unliebsame Verhalten nur so lange unterdrückt bleibt (bzw. das gewünschte Verhalten gezeigt wird), wie der Erwachsene anwesend ist bzw. sich das Kind bedroht fühlt. Spielt der Erziehende keine Rolle mehr oder ist außer Reichweite, wird das vermeintlich verschwundene Verhalten wieder auftauchen. Nun aber wird das Verhalten wahrscheinlich nicht einfach nur wieder getan bzw. unterlassen wie vorher auch, sondern ist dabei noch angstbesetzt. Das heißt, die Strafe des Erwachsenen führt nicht nur *nicht* zu einer Verhaltensänderung, sondern tut dem Kind nicht gut. Das kann kein Ziel von Erziehung sein!

Strafen bewirken aus einem weiteren Grund nicht, dass das angestrebte Verhalten nachhaltig gelernt wird. Denn Kinder denken aufgrund von Strafen nicht über ihr Fehlverhalten nach, sondern lenken ihre Aufmerksamkeit vielmehr darauf, wie sie effektiver einer Bestrafung entgehen können. Das heißt, nicht das unerwünschte Verhalten wird geändert, sondern die Umsetzung dessen – dahingehend, dass der Erwachsene besser getäuscht wird. Ist dies nicht möglich, wird eine Strafe vor allem Wut beim Kind auslösen. Denn Kinder empfinden Sanktionen *immer* als ungerecht, ganz gleich, ob sie im Grunde wissen, dass sie etwas falsch gemacht haben. Der Neurowissenschaftler Gerhard Roth drückt dies wie folgt aus:

»Bestrafung [erregt] beim Bestraften in der Regel negative Gefühle, z.B. Hass, gegenüber dem Bestrafenden, insbesondere aufgrund des meist vorhandenen Gefühls, ungerecht behandelt zu werden. Hieraus ergibt sich meist das Bedürfnis nach Rache. Aber auch ohne ein explizites Rachebedürfnis hat Strafe als negatives Ereignis den Effekt, auf den Strafenden abzufärben, selbst wenn dieser objektiv gerecht straft - ein Strafender ist immer irgendwie im Unrecht.«[11]

Statt sich also damit zu befassen, wie zukünftig ein sozial erwünschtes Verhalten gezeigt werden kann, befasst sich ein Kind häufig viel eher mit der Frage, wie es sich rächen kann — am Erwachsenen oder auch an Kleineren. Denn letztendlich wirkt Strafe immer demotivierend, da das Kind an der unerwünschten Verhaltensweise nichts mehr ändern kann.

Wie unwirksam Strafen für die Entwicklung von Kindern sind, zeigt exemplarisch die Geschichte eines unbekannten Autors: Eine Mutter befiehlt ihrem kleinen Jungen, sich hinzusetzen. Als er ihr nach mehrfacher Aufforderung weiterhin nicht gehorcht, drückt sie ihn in seinen Stuhl und droht mit Strafe. Daraufhin äußert der Junge: »Äußerlich sitze ich, aber innerlich stehe ich noch!« Die Ohnmacht gegenüber der Mutter führt letztendlich zur situativen Verhaltensänderung — mehr nicht! Da das Kind innerlich weiterhin steht, wird es — sobald die

---

11 Roth, Gerhard (2014): *Persönlichkeit, Entscheidung und Verhalten.* Stuttgart: Klett-Cotta Verlag. S. 230.

Strafandrohung hinfällig wird oder die Mutter außer Sicht ist – sofort das persönlich bevorzugte Verhalten zeigen. Denn genau wie Belohnungen dienen Strafen als externe Rechtfertigungen für das neue Verhalten. Man tut etwas, um einer Strafe zu entgehen. Sobald die Strafe aber ausbleibt, wird das Kind zu alten Verhaltensweisen zurückkehren – genau wie bei der Belohnung.

Um hingegen wirklich dauerhafte Veränderung zu erzielen, muss das Kind entweder interne Rechtfertigungsgründe finden (z.B. indem es wirklich versteht und als gut befindet, warum etwas gemacht werden muss) oder ernsthafte Reue empfinden. Doch zum einen käme es einer Gehirnwäsche gleich, würde man diesen emotionalen Aufruhr bewusst beim Kind erzeugen wollen, zum anderen ist es hirnphysiologisch erst frühestens mit sechs Jahren, eher aber im Teenageralter möglich, dass Menschen Reue in einem erwachsenen Sinne empfinden. Was also ist die Konsequenz aus den Erkenntnissen über Bestrafung?

Ein kleiner Klaps hat noch niemandem geschadet - Folgen von Strafen

Die bisherigen Ausführungen zur Wirksamkeit von Strafen kamen nicht umhin, bereits negative Folgen von Strafen mit zu erwähnen. Bevor wir uns detaillierter mit diesem Aspekt beschäftigen, sei an dieser Stelle noch einmal festgehalten: Strafen sind Belohnungen tatsächlich sehr ähnlich, denn sie bewirken ebenfalls dauerhaft keine

Verhaltensänderung, sondern schaden vielmehr auf lange Sicht, da sie die intrinsische Motivation reduzieren, indem sie das Autonomiebedürfnis des Kindes angreifen – noch mehr als Belohnungen, wie man sich denken kann. Hinzu kommt – und dies hat sich eben bereits mehrfach angedeutet –, dass Sanktionen aber anders als Belohnungen eine Reihe weiterer negativer Folgen mit sich bringen.

Allen voran verursachen Bestrafungen in der jeweiligen Situation Wut bei Kindern. Dies konnten wir bereits in der kurzen Geschichte über das Hinsetzen sehen. Kinder fühlen sich immer ungerecht behandelt, wenn sie kritisiert oder bestraft werden. Dies ist an sich nicht weiter schlimm, müssen sie doch lernen, dass Egozentrismus dauerhaft nicht tragbar ist. Doch was sie durch Strafen mitbekommen, ist die Erfahrung, dass Erwachsene ihre Macht nutzen, um das zu erhalten, was sie selbst wünschen. Dabei steht aber Aussage gegen Aussage bzw. Ansicht gegen Ansicht, denn das Kind empfindet seine Sichtweise als wahr und demnach die erwachsene als falsch. Was nun passiert, ist, dass Kinder erleben, wie ohnmächtig sie gegen selbst empfundenes Unrecht sind und dass es legitim erscheint, die Interessen anderer zu ignorieren, wenn man die Möglichkeit dazu hat. Dadurch festigt sich auf Dauer die Erkenntnis, dass letztendlich immer derjenige gewinnt, der stärker ist bzw. mehr Macht hat. Dass in der Konsequenz ein Wunsch im Kind geweckt wird, möglichst selbst viel Macht zu bekommen und diese an schwächeren Kindern (oder Tieren oder

Gegenständen) auszulassen, ist nachvollziehbar. Dadurch wird auch die eigene Hilflosigkeit kompensiert.

Doch nicht nur führt die Anwendung von Strafen zu eben jenem Wunsch beim Kind, selbst Macht zu haben und diese auch negativ gegenüber anderen anwenden zu können, auch in der unmittelbaren Beziehung zwischen Eltern und Kindern kann es zu unerwünschten Folgen kommen. Denn wenn Eltern ihre Macht gebrauchen, um Kinder zurechtzuweisen, führt dies häufig dazu, dass Kinder wiederum ihre Macht demonstrieren, um sich nichts mehr sagen zu lassen. Denn die Kinder wollen ihre Autonomie – am liebsten in Übereinstimmung mit dem Erwachsenen, notfalls aber eben ohne. Und somit sind sie auf der Suche nach einem Bereich, in dem sie der Macht der Eltern die Stirn bieten können – und finden ihn in ihrem Persönlichkeitsbereich. Das bedeutet, sie entwickeln einen ganz eisernen Willen, Dinge anders zu machen, als sie von den Erwachsenen gewünscht werden. Dass dies häufig zu einem kräftezehrenden Machtkampf führt, ist leicht zu sehen. Doch muss an dieser Stelle besonders betont werden, dass die Ursache nicht beim trotzenden oder bösen Kind liegt, sondern beim Umgang mit Macht der Erwachsenen. Solange das Kind kooperiert hat, war alles harmonisch. Nun stellt es auch Ansprüche, was seiner natürlichen Entwicklung entspricht. Doch der Erwachsene weiß sich nur mit Machtdemonstration – in der Konsequenz also Strafen – zu helfen. Es entwickeln sich mehr und mehr Konflikte, die wiederum sehr häufig mit noch mehr und noch drastischeren Strafen beantwortet werden. Ein Teufelskreis …

Eine weitere Folge, die mit der Anwendung von Strafen einhergeht, ist die Tatsache, dass Kinder dadurch erfahren – und lernen –, das zu tun, was andere ihnen sagen, weil ihnen sonst negative Konsequenzen drohen. Auch hier stecken wieder Fragen nach dem Ziel von Erziehung dahinter. Geht es wirklich nur darum, aus Kindern angepasste Ja-Sager zu machen? Sollten wir nicht vielmehr darauf abzielen, Menschen großzuziehen, die respektvoll bei zwischenmenschlichen Problemen miteinander nach Lösungen suchen bzw. *argumentativ* ihre Meinung durchsetzen? Diesen Prozess durch Drohungen zu verkürzen, ist sicherlich keine wünschenswerte Norm, die Kindern mit auf den Weg gegeben werden soll. Doch genau das tun wir, wenn wir bestrafen.

Die bisher aufgeführten Folgen von Strafen sollten logisch erscheinen. Doch kann man niemals davon ausgehen, dass der Einsatz von Strafen automatisch zu den beschriebenen Folgen führt. Eine einseitig-lineare Ursachenbeschreibungen (weil A, deshalb zwangsläufig B) ist fast nie ausreichend, um die Wirklichkeit abzubilden. Es spielen also häufig verschiedene Komponenten eine Rolle, die für eine bestimmte Verhaltensweise verantwortlich sind. Trotzdem kann davon ausgegangen werden, dass einige der beschriebenen Folgen im kindlichen Verhalten auftreten werden, kommt es regelmäßig zum Einsatz von Strafen. Dies sollte man im Hinterkopf behalten, wenn es darum geht, eine pädagogische

Grundhaltung aufzubauen, die entwicklungsfördernd für Kinder ist.

Die bisherigen Folgen von Strafen könnte man der Einfachheit halber als *pädagogische* Nachwirkungen bezeichnen. Es wird ein Verhalten vorgelebt und dann mit hoher Wahrscheinlichkeit vom Kind früher oder später nachgeahmt. Neben diesen kopierenden Folgen gibt es aber weitere Reaktionen aufseiten des Kindes, die wir als *psychologische* Nachwirkungen bezeichnen können. Hierbei geht es darum, dass Kinder aufgrund der erlebten Erziehung mit Bestrafung Symptome entwickeln können, die eindeutig negativ sind. Gehen wir einmal davon aus, dass Strafen als gewalttätig bei Kindern ankommen. Dann ist dabei interessant, dass es kaum eine Rolle spielt, ob Gewalt direkt (also unmittelbar gegen sie gerichtet) oder indirekt (passiv miterlebt bzw. beobachtet) erfahren wird. Mittel- und langfristige Folgen davon sind unter anderem[12]:

- Rückzug, Isolation
- Verlust von Urvertrauen/ innerer Zuversicht
- Verlust von Respekt und Achtung vor Mutter und Vater
- depressiver Verstimmung
- hochgradiger Furcht
- Schlafstörungen
- Schulversagen

[12] https://www.medizin.uni-halle.de/fileadmin/Bereichsordner/In-stitute/Rechtsmedizin/Medizinischer_Leitfaden_-_Stoppt_Ge-walt_gegenKinder_und_Jugendliche.pdf (Seite 13, Zugriff: 8.4.2019).

- Erhöhter Aggressivität

Nun kann man zurecht einwenden, dass die eben dargestellten Folgen sehr extrem wirken und ja aufgrund von *Gewalt* entstanden. Einem Kind aber einen Klaps auf den Po zu geben, ist ja nicht mit Gewalt gleichzusetzen. Oder doch? Eine Studie[13] zu »alltäglichen« Strafen (z.B. Klapse auf den Hinterkopf, den Po oder die Arme) konnte nachweisen, dass Kinder, die bis zu ihrem fünften Lebensjahr leichte körperliche Gewalt erfuhren, in den darauffolgenden Lebensjahren (sechstes bis achtes Lebensjahr) signifikant mehr Verhaltensauffälligkeiten zeigten. Es konnte dabei eindeutig belegt werden, dass es eben nicht erst bei harter Gewalt zu Konsequenzen für das Leben des Kindes kommt, sondern bereits bei vermeintlich harmloserem Vergehen.

Nun könnten Sie den nächsten Einwand bringen: Körperliche Gewalt mag schädlich sein, aber was ist mit Schimpfen? Das muss doch erlaubt sein! Also verlassen wir die Ebene der körperlichen Gewalt und wenden uns nichtkörperlichen Sanktionen zu. Man könnte annehmen, dass hierbei die Folgen weit weniger dramatisch sind. Doch auch das stimmt nicht, wie Wissenschaftler herausgefunden haben.[14] Verbale Strafen (also z.B.

---

[13] Gershoff, Elizabeth T., Sattler, Kierra M. P., Ansari, Arya (2017): *Strengthening Causal Estimates for Links Between Spanking and Children's Externalizing Behavior Problems.* In: Psychological Science, Volume: 29, issue: 1, page(s): 110-120.

[14] Wang, M. und Kenny, S. (2014): *Longitudinal Links Between Fathers' and Mothers' Harsh Verbal Discipline and Adolescents' Conduct Problems and Depressive Symptoms.* In: Child Development, May/June 2014, Volume 85, Number 3, Pages 908–923.

Schreien, Auslachen etc.) haben nahezu die gleichen Auswirkungen wie körperliche.

Bisher wurde deutlich, dass Strafen an sich sowohl kurz- als auch mittel- und langfristig zum Teil schwere seelische Schäden beim Kind nach sich ziehen können. Dabei macht es einen Unterschied, wie Strafen umgesetzt werden. Wenn sie beispielsweise unkontrolliert und ohne jeglichen inhaltlichen Zusammenhang zum Einsatz kommen, dann vermindert das nicht nur die nachhaltige Wirkung des pädagogischen Mittels, sondern zieht mit größerer Wahrscheinlichkeit negative Konsequenzen nach sich. Erteilt also der Vater zum Beispiel völlig emotional-überzogen eine Woche Computerverbot, weil ein Saftglas ausversehen vom Tisch gestoßen wurde, dann ist dies sehr übertrieben und schadet dem Kind. Würde der Vater hingegen ruhig und sachlich erklären, dass die Scherben aufgefegt werden müssen und es während des Essens nur noch Wasser gibt, dann bestünde ein inhaltlicher Zusammenhang, der wahrscheinlich weniger weitreichende Folgen hätte. Auch gibt es Unterschiede in der Auswirkung von Strafe je nach dem, wie groß der zeitliche Abstand zwischen der Tat und dem Aussprechen der Sanktion ist. Genauso wie es auch entscheidend ist, ob eine Strafe konsequent oder inkonsequent umgesetzt wird. Wenn das Kind also am frühen Nachmittag etwas anstellt und erst der Vater, der am Abend nach Hause kommt, die Strafe festlegt, ist dies noch kontraproduktiver als es Strafen ohnehin sind. Wenn die Mutter die Umsetzung der festgelegten Strafe am nächsten Tag von ihrer Laune abhängig macht, tut dies sein Übriges.

Sind Konsequenzen eine gute Alternative zu Strafen?

Die bisherigen Ausführungen zum Thema *Strafen* passen wahrscheinlich recht gut zum vorherrschenden Mainstream: Gerade wenn man junge und postmoderne Eltern und Erziehende befragt, werden die beschriebenen Ansichten auf große Zustimmung stoßen. Dies kann man sehr einfach überprüfen, indem man sich beispielsweise diverse Blogbeiträge im Internet zum besagten Thema ansieht. Diese Entwicklung ist sehr zu begrüßen, da sie deutlich kinderfreundlicher ist.

Mit der Ablehnung von Strafen geht aber häufig eine andere Entwicklung parallel einher: nun spricht man von *Konsequenzen*. Doch worin besteht der Unterschied? Und sind Konsequenzen eine gute Alternative zu Strafen?

Es ist nachvollziehbar, dass viele Eltern in einer inneren Zwickmühle sind: Auf der einen Seite steht ihre eigene althergebrachte Erfahrung, die sie gelehrt hat, dass Kinder Zucht und Ordnung, also Strafen, brauchen; auf der anderen Seite aber sind sie als postmoderne Eltern bemüht, das Kind keinen Strafen auszusetzen. Die Anwendung von *Konsequenzen* löst diese Spannung auf. Dadurch können sie – ich bitte die provokante Formulierung zu entschuldigen – mit gutem Gewissen strafen. Denn nun können sie ihr Kind zu etwas zwingen, was ihnen selbst sinnvoll erscheint und ihren Interessen entspricht, dieses Vorgehen aber damit begründen, dass Kinder lernen müssen, dass auf ihre Taten *unausweichlich* stets eine Konsequenz folgt. Das heißt, das Ergebnis von Konsequenzen ist im Endeffekt ein sehr ähnliches wie von Strafen, aber die beruhigende Rechtfertigung besteht darin, dass eine Konsequenz als unausweichlich interpretiert wird. Den Erziehenden sind in gewisser Weise die Hände gebunden, da die Folgen des falschen Verhaltens unumgänglich sind und in direktem Zusammenhang zur Tat stehen.

Dass Strafen aus pädagogischer Sicht einen inhaltlichen Bezug zur Tat haben sollten, haben wir im letzten Kapitel gesehen. Denn wo liegt der Zusammenhang zwischen dem umgeworfenen Glas und einem Computerverbot? In diesem Falle würde die Strafe als willkürlich empfunden werden – was niemals gut sein kann. Eine Konsequenz setzt genau hier an, indem sie so gewählt wird, dass es einen inneren Zusammenhang gibt. Im obigen Beispiel bestand er darin, dass das Kind die Scherben selbst wegfegen musste und es keinen Saft mehr bekam. Bei Konsequenzen geht es also nicht darum, das Kind schuldig zu sprechen, sondern es für sein eigenes Handeln in die Verantwortung zu nehmen, so dass es selbst Wiedergutmachung leisten kann – denn dies ist sehr häufig ein Grundbedürfnis von Menschen. Genau das scheint die Rechtfertigung vieler Erwachsener zu sein, warum Konsequenzen legitim sind.

Trotz dieses pädagogischen Vorteils sind Konsequenzen nichts anderes als besser angewandte Strafen. Dies wird aber gerne von Eltern und anderen Erziehenden übersehen, aus dem schlichten Grund, dass sie Konsequenzen mit natürlichen Konsequenzen – wie sie beispielsweise Jean-Jaques Rousseau favorisierte – verwechseln. Rousseau sprach von natürlichen Konsequenzen, die auch dann auftreten, wenn der Erwachsene nicht präsent ist (der Wind weht durch die zerbrochene Fensterscheibe, egal ob Papa da ist oder nicht). Das ist also wirklich eine natürliche Konsequenz! Die weiter oben beschriebene Situation mit dem Saftglas mag inhaltlich konsequent sein, ist es aber in ihrer Durchführung nicht. Und genau das macht die Konsequenz zur Strafe: der Erwachsene legt fest, welche Folge eine Tat hat. Es ist keine unausweichliche, natürliche Folge. Eine natürliche Konsequenz wäre es, wenn das Kind ein einziges Glas besitzen würde und dann eben keines mehr hätte oder wenn es tatsächlich nur ein Glas Saft gäbe, so dass weitere Getränke wirklich nicht möglich sind. Es dürfte deutlich werden, dass dies alles eher unrealistisch ist und nichts mit einer Konsequenz im Rousseau'schen Sinne zu tun hat.

Durch das Einmischen der Erwachsenen ist eine Konsequenz automatisch keine natürliche Konsequenz mehr. Außerdem führt es dazu, dass nicht auf die Selbstbestimmung des Kindes Rücksicht genommen wird. Diese Verletzung der Autonomie ist ja einer der Hauptfaktoren, weshalb weder Belohnungen noch Strafen nachhaltig wirken. Das Kind ist dann nämlich weder in der Position, eigene Konsequenzen aus dem Erlebten zu ziehen, da ihm durch die Strafe eigene Überlegungen abgenommen werden, noch hat es Anreiz, selbst über das falsche Verhalten nachzudenken, da es nur um die Abarbeitung und das zukünftige Verhindern der Strafe geht.

Bei allen negativen Folgen von Konsequenzen darf nicht unerwähnt bleiben, dass sie als Methode gar nicht ihren Zweck erfüllen können. Denn Kinder *müssen* nicht lernen, Kinder *werden* lernen.[15] Wir werden im achten Kapitel noch genauer darüber sprechen, weshalb hier nur eine kurze Erklärung angeführt werden soll: Kinder lernen, wenn wichtige Bezugspersonen Dinge vorleben und gegebenenfalls erklären. Ein *lernen müssen* gibt es demnach gar nicht. Wenn Kinder bei Verhaltensweisen sehen können, wie es ihre Vorbilder machen, übernehmen sie diese bei entsprechender Beziehung automatisch irgendwann. Wenn Erwachsene aber selbst das gewünschte Verhalten nicht zeigen, dann brauchen sie es auch nicht von ihren Kindern einfordern. In diesem Sinne sind Konsequenzen überflüssig.

Ein Plädoyer für Führung

Es wurde deutlich, dass Belohnungen, Strafen und Konsequenzen sich im Grunde nicht essenziell voneinander unterscheiden. Der einzige Unterschied zwischen

---

[15] Ich rede nicht von Lernstoff in der Schule, sondern von Verhaltensweisen im Alltag.

Strafen und Konsequenzen ist der Sinnzusammenhang zwischen Tun und Folge; der einzige Unterschied zwischen Belohnungen und Strafen ist, dass durch die Androhung von Strafen die Beziehung zwischen Erwachsenem und Kind geschwächt wird. Das Kind spürt deutlicher die Anwendung von Macht seitens des Erwachsenen. Das heißt, obwohl er diese Macht auch bei Belohnungen benutzt, nimmt sie das Kind bei Strafen anders wahr. Dieser Beziehungsaspekt ist einer der ganz elementaren Faktoren für Erziehung, wie wir später noch sehen werden.

Oscar Wilde sagte einmal, dass Konsequenzen die letzte Zuflucht der Fantasielosen seien. Ich würde dieses Zitat gerne um Belohnungen und Bestrafungen erweitern. Alternative, kreative und fantasievolle Methoden, die Kinder nicht in eine Ohnmachtsstellung bringen und trotzdem führen, besprechen wir im zweiten Teil des Buches. Denn genau darum geht es: Als Erwachsene müssen wir unsere Kinder führen. Häufig, wenn ich über meine pädagogische Grundhaltung spreche, bringt mindestens ein Zuhörer den Einwand – oft noch nicht einmal als bewusste Kritik, sondern vielmehr als Feststellung –, dass dies ja antiautoritäre oder Laissez-faire-Erziehung sei. Dem widerspreche ich vehement: Ich bin fest davon überzeugt, dass Kinder Führung brauchen. Sie dürfen nicht sich selbst überlassen werden. Doch sie brauchen dabei keine Regeln, Belohnungen, Strafen oder Konsequenzen. Diesen Aspekt teile ich mit einer antiautoritären Erziehung. Hingegen lehne ich das antiautoritäre

Verständnis von Erziehung an sich ab. Wir sollten mit persönlicher Autorität führen, nicht mit autoritärer Macht. Anders formuliert, könnte man sagen: Kinder brauchen einen Anführer, keinen Herrscher. Ein Herrscher bestimmt starr nach seinem Konzept. Dass im Englischen das Wort Regel (*rule*) im Herrscher (*ruler*) vorkommt, ist kein Zufall. Ein Anführer (*engl. leader*) hingegen geht ganz anders vor. Große, charismatische Führer wie beispielsweise Mahatma Ghandi zeichnete doch nicht aus, dass sie es verstanden, in besonderer Weise Regeln aufzustellen. Nein, diese Menschen hatten einen so gewinnenden Charakter, dass ihre Anhänger automatisch folgten, weil sie gar nicht anders konnten.

Führen mit persönlicher Autorität gilt im Übrigen auch für Situationen, in denen wir meinen, dass ein Kind einfach folgen müsse und bei denen anscheinend keine Rücksicht auf die Autonomie des Kindes genommen werden darf. Auch wenn sich dabei die Frage stellt, wie oft tatsächlich solche Situationen im Alltag auftreten. Geht es darum, dass das Kleinkind auf der Fensterbank vor geöffnetem Fenster steht, dann gebe ich zu, dass das erwachsene Handeln nicht autoritär genug sein kann. Wenn wir aber von Situationen sprechen, in denen sich Kinder zum Beispiel einfach beeilen sollen, weil die Erwachsenen pünktlich zur Arbeit müssen, dann gilt tatsächlich, dass es Alternativen zu klassischen Machtinstrumenten wie Bestrafungen gibt.

Wir sind am Ende von *Belohnungen* und *Bestrafungen* und ich schulde Ihnen die Erklärung dafür, warum diese beiden Erziehungsmethoden im ersten Teil des Buches beschrieben wurden und nicht im zweiten, wo wir doch erst Erziehungspraktiken betrachten werden. Grund dafür ist, dass der Einsatz von Belohnungen und Bestrafungen vor allem eine Einstellungsfrage ist. Wir haben im Kapitel über die Erziehungsprinzipien gesehen, dass ein wichtiger Baustein der erzieherischen Grundhaltung ist, wie wir gewisse Erziehungsmethoden emotional bewerten. Was fühlen Sie, wenn Sie an Strafen und Belohnungen denken? Gerade wenn Sie selbst damit groß geworden sind, ist es absolut natürlich, dass Sie diese Elemente als Bestandteil Ihrer pädagogischen Grundhaltung sehen und sie sich natürlich anfühlen. Die beiden Kapitel sollten Ihnen aber zeigen, dass es rein rational betrachtet gewichtige Gründe gibt, auf eine andere Einstellung hinzuarbeiten. Ein erster Schritt, um Ihre emotionale Bewertung zu ändern – denn das ist die Voraussetzung dafür, dass Sie auch Ihr Verhalten effektiver ändern –, besteht darin, über Belohnung und Bestrafung nachzudenken. Dazu lade ich Sie ein. Erst wenn Sie überzeugt davon sind, dass Belohnungen und vor allem Bestrafungen Ihrem Kind schaden und demnach in keinem angemessenen Verhältnis zum kurzfristigen Nutzen stehen, werden Sie anfangen, sich über Alternativen Gedanken zu machen. Nehmen Sie sich also wirklich Zeit dafür – und forschen Sie gerne selbst noch etwas weiter –, sich intensiv mit allen Bestandteilen des unsichtbaren Pfeilers Ihrer Erziehungsbrücke zu beschäftigen und dabei besonders die Einstellungen in den Fokus zu nehmen. Denn ist dieser Teil der Brücke brüchig, schief oder baufällig, kann das ganze Konstrukt nicht fest stehen.

6 Wer ist Ihr Vorbild?

Als der polnische Kinderarzt Janusz Korczak am −
vermutlich − 7. August 1942 in den Gaskammern des
Vernichtungslagers Treblinka starb, war er einer von vielen. Und doch war er jemand ganz Besonderes. Denn anders als die Menschen, die mit ihm starben, ging Janusz
Korczak freiwillig in den Todesraum. Dabei war er alles
andere als lebensmüde. Er war Leiter des nach seinen Plä-
nen 1912 neu errichteten Waisenhauses *Dom Sierot*, das
Ende 1940 ins Warschauer Ghetto umziehen musste. Die
200 Kinder, alle maximal 14 Jahre alt, wurden im August
1942 im Rahmen der *Endlösung der Judenfrage* zum Ab-
transport nach Treblinka geholt. Korczak selbst hätte
sich retten können, bestand aber darauf, die 200 Kinder
nicht im Stich zu lassen. Obwohl ihm bewusst war, dass
dies sein Todesurteil bedeutete, begleitete er zusammen
mit seiner Mitarbeiterin Stefania Wilczynska die Kinder.

Janusz Korczak fasziniert! Er fasziniert viele Menschen und er fasziniert mich. In meinem Leben gibt es
einige Personen, die mich geprägt haben und wenige, die
mich explizit pädagogisch geprägt haben. Janusz Korczak
ist ein ganz wichtiger dabei. Ja, er ist vermutlich mein
wichtigstes pädagogisches Vorbild. Dass dies so ist, liegt
nicht allein an der eingangs beschriebenen Tat, zu der er
sich freiwillig entschied, sondern vielmehr an seiner pädagogischen Grundhaltung, die sein eben beschriebenes

Ende nur zur logischen und wie selbstverständlichen Folge hatte.

Bevor ich diese Haltung etwas genauer beschreibe, möchte ich Sie bitten, eine kleine zweiteilige Aufgabe zu erfüllen: Überlegen Sie sich zuerst doch bitte einmal, welche Person Sie am meisten positiv geprägt hat! Dies kann ein Verwandter oder Freund sein, aber ebenso gut ein Lehrer oder Trainer sein oder aber auch ein Autor oder Redner, den Sie nicht persönlich kennen. Wer hat Sie in Ihrem Denken und Handeln am nachhaltigsten zum Guten geprägt? – Die Hälfte der Aufgabe haben Sie damit schon erfüllt.

Wir haben uns im ersten Teil des Buches – in dessen letztem Kapitel wir uns gerade befinden – mit der unsichtbaren Ebene von Erziehung auseinandergesetzt. Dabei ging es darum, eine Grundhaltung zu erkennen, die aus unserem Menschenbild, unseren Erziehungszielen, unseren Erziehungsprinzipien, unseren Einstellungen gegenüber speziellen Methoden und letztendlich unserem Erziehungsideal besteht. Sie haben sich viele Gedanken gemacht, in Vielem wurden Sie hoffentlich bestätigt und manche Erkenntnis ist Ihnen vielleicht wie Schuppen von den Augen gefallen. Dies alles sollen Sie nun nicht noch einmal überdenken. Denn die andere Hälfte der kleinen Aufgabe besteht darin, dass Sie sich einmal kurz überlegen, wie Ihr Vorbild all jene Bestandteile der pädagogischen Grundhaltung gefüllt hat? Was könnte sein oder ihr Menschenbild gewesen sein? Welche Erziehungsziele verfolgte die Person? Wie stand sie zu gewissen

Methoden und welche Prinzipien hatte sie? Was war ihr Ideal? – kurzum: Welche Grundhaltung hatte Ihr Vorbild?

Da Vorbilder etwas sind, an dem wir uns bewusst und unbewusst orientieren, ist es sehr naheliegend, dass sich vieles von dem, was Sie für sich im Laufe der bisherigen Kapitel festgestellt haben, auch bei Ihrem Vorbild findet. Das ist gut! Ist dem nicht so, stellt sich die Frage, ob die von Ihnen gerade eben gewählte Person wirklich die positiv prägendste war. Haben Sie aber tatsächlich Ihr Vorbild gefunden, können Sie sich an ihm orientieren, wenn Sie vielleicht noch nicht ganz genau wissen, was nun wirklich Ihre pädagogische Grundhaltung ist.

Ich möchte noch einmal auf mein Vorbild zurückkommen. Obwohl eine solche Hingabe, wie Korczak sie mit seinem Gang ins Konzentrationslager gezeigt hat, das Höchste ist, was ein Mensch für einen anderen tun kann, ist es bei Korczak nur der Gipfel einer menschlichen und pädagogischen Haltung, die in vielfältiger Weise in seinem gesamten Schaffen deutlich wird. Korczak lebte und arbeitete mit Kindern immer zu deren Vorteil. Er verfolgte eine Pädagogik »vom Kinde her« – wie es typisch ist für eine wichtige pädagogische Bewegung im 20. Jahrhundert, der Reformpädagogik.

Liest man Korczaks Schriften, so strahlt einem permanent eine Haltung entgegen, die Kinder wertschätzt, annimmt und ernst nimmt. Nirgends bevormundet er Kinder, benutzt Drohungen, um seinen Willen zu bekommen oder misstraut Kindern. Vielmehr traut er

Kindern zu, selbstständige Entscheidungen zu treffen und für diese Verantwortung zu übernehmen. Die Titel seiner pädagogischen Schriften verleihen seiner Haltung Ausdruck. Diese lauten unter anderem: *Wie man ein Kind lieben soll (1919)*, *Das Recht des Kindes auf Achtung (1928)* und *Fröhliche Pädagogik (1939)*. Doch neben der Schrifttitel sind es vor allem seine berühmten Rechte, die Korczaks Pädagogik bekannt gemacht haben. In seinem Werk *Wie man ein Kind lieben soll* schreibt Korczak:

> »Ich fordere die Magna Charta Libertatis, als ein Grundgesetz für das Kind. Vielleicht gibt es noch andere – aber diese drei Grundrechte habe ich herausgefunden:
>
> 1. Das Recht des Kindes auf seinen eigenen Tod
> 2. Das Recht des Kindes auf den heutigen Tag
> 3. Das Recht des Kindes, so zu sein, wie es ist.«[16]

Vor allem das erste Recht verstört. Korczak ging es darum, Überversorgung und Dauerbehütung anzuprangern und dem Kind das Recht einzuräumen, eigene Erfahrungen zu machen. Zu diesen gehört das Risiko, auch Schaden zu nehmen. Dieses Recht kann heute als Appell gegen Helikoptererziehung verstanden werden. Das zweite Recht wendet sich gegen eine erzieherische Haltung, die mehr das Morgen als das Heute im Blick hat. Vielleicht kennen Sie das, dass Sie das Geld, das Ihr Kind zum Geburtstag bekommt, lieber für den Führerschein sparen, als ihm ein Spielzeug zu kaufen. Wenn das Kind

---

[16] Korczak, Janusz (2005): *Wie man ein Kind lieben soll*. Göttingen: Vandenhoeck & Ruprecht. S. 40.

ein Recht auf den heutigen Tag hat, dann fordert Korczak damit, auf die Dinge zu achten, die dem Kind heute gut tun, die es erfreuen oder trösten (was meinerseits kein grundsätzliches Plädoyer gegen das Sparen oder für den Kauf jeglichen Spielzeugs ist!). Das dritte Recht ist vielleicht das wichtigste, denn es fordert, Kinder als unveränderliche Wesen zu sehen, weshalb sie nicht beliebig umerzogen werden können. Kinder dürfen so sein, wie sie sind und sollen in kein Korsett gepresst werden.

Liest man die Bücher Korczaks, springt einem zwar eine Unmenge an kreativen pädagogischen Methoden entgegen, die die beschriebenen Rechte in vielfältiger Weise umzusetzen versuchen, doch geht es ihm nicht um Handlungsanweisungen, sondern durch und durch um »eine Haltung zum Kind, ein Fragen, Suchen, Sichinfragestellen, das uns nicht belehren, sondern aufschließen will für alles das, was von Kindern ausgehen kann.«[17]

Eine solche Grundhaltung, wie sie in den Büchern Korczaks vermittelt wird, tut vor allem eins: sie denkt vom Kinde her, sucht sein Bestes und lässt das Kind wirklich so sein, wie es ist. Wahrscheinlich werden dieser Haltung viele Erziehende zustimmen. Ich erlebe das in Gesprächen mit pädagogischen Einrichtungen, dass sie diesen Grundsatz vollends unterschreiben würden. Umso erstaunlicher ist dann aber, wenn man den Erziehungsalltag betrachtet. Da wird dann mit gelben und roten Karten gearbeitet, es gibt einen Verhaltenskodex, es kommt zu einem Ampelsystem für richtiges Benehmen

---

[17] Flitner, Andreas (2001): *Reform der Erziehung*. Weinheim: Beltz. S. 53.

etc. All dies macht doch deutlich, dass das Kind eben gerade nicht sein darf, wie es ist, sondern sich erst einmal anpassen muss, bevor es vollends akzeptiert wird und erwünscht ist. Im Grunde sagen solche Einrichtungen: »Du darfst so sein, wie du bist ... Ah, warte mal! Du darfst nur so sein, wie du ohne Wut, Aggression, Spucken, Beleidigen, Zerstören, Hauen und Schreien bist.« Das bedeutet aber nicht, ein Kind anzunehmen, wie es ist!

Das im ersten Teil des Buches beschriebene Ideal von Erziehung – Kinder machen freiwillig das, was der Erziehenden möchte – hat diesen Wert zur Grundlage: Das Kind wird in keiner Weise aufgefordert oder gezwungen, sich zu verändern, sondern darf sich geben, wie es möchte. Doch nun kommt der zweite entscheidende Aspekt dieser Erziehungshaltung: Es liegt in der Verantwortung des Erziehenden – und zwar ausschließlich –, dass Veränderung auftritt. Denn natürlich funktioniert ein Miteinander nicht, wenn ein Kind andere Menschen bespuckt, stets beleidigt oder die ernsthafte Absicht hat, ein anderes Kind zu verprügeln. Gilt aber der Grundsatz, es darf so sein, wie es ist (wütend und mit der Meinung, der andere brauche jetzt mal eine Tracht Prügel) und Veränderung muss stets freiwillig geschehen (wozu das wütende Kind sicherlich nicht gerade bereit ist), dann kann das nur bedeuten, dass es gute Methoden seitens der Erziehenden braucht, damit eine Änderung des Verhaltens eintritt.

Der Pädagoge oder der Elternteil sind zu 100% dafür zuständig, dass sich Kinder entwickeln, dass

Verhaltensänderungen auftreten und dass alle zufrieden sind. Das ist ein extrem hoher Anspruch! Deshalb überrascht es nicht, dass ich manchmal in Gesprächen mit Praktikanten, die noch relativ neu in unserer Einrichtung sind, erlebe, dass sie sich über ein Kind beschweren: »Es ist ja kein Wunder, dass ich gegenüber Ben letzte Woche so ausgerastet bin, so wie der sich verhält ...« Diese Reaktion kann ich verstehen und begegne den Praktikanten mit der größtmöglichen Empathie, doch stelle ich auch irgendwann klar, dass die Ansicht nicht unseren Werten entspricht. Wenn wir Kinder annehmen, wie sie sind, dürfen sie sich noch so daneben benehmen. Es ist unsere Aufgabe, sie dahin zu bringen, dass sie sich freiwillig verändern. Im Übrigen ist mir dies nicht nur im Umgang mit den Kindern wichtig, sondern auch mit meinen Mitarbeitenden. Wenn ich merke, dass sich Mitglieder meines Teams – und dazu gehören natürlich auch Praktikanten – nicht weiterentwickeln oder schwere Fehler machen, dann führe ich keine Gespräche, die vorwurfsvoll sind, sondern hinterfrage zuerst mich selbst, wo ich hätte besser führen oder bessere Fragen stellen können und bitte dann die entsprechende Person mir zu sagen, was sie benötigt oder wo sie mehr Hilfe braucht. Denn immer da, wo Hierarchien gegeben sind – sei es aus Alters-, Reife-, Positionsgründen etc. –, ist es die volle Verantwortung des Ranghöheren, dass der Rangniedrigere sich optimal entwickelt. Natürlich scheitert dieses Konzept dann, wenn sich ein hierarchisch Untergeordneter partout gegen jede Zusammenarbeit wehrt. Aber dies soll als Ausnahme unberücksichtigt bleiben.

Doch zurück zu den Kindern: Bevor wir uns Gedanken über pädagogische Tools machen, wie Veränderung freiwillig bewirkt werden kann, lassen Sie uns noch einmal die Pädagogik Korczaks betrachten. Eine Haltung, die Kindern alle möglichen Rechte zuspricht, kann nicht besser beschrieben werden als mit der Abwandlung eines Buchtitels Korczaks: Wir müssen die Kinder lieben! Denn Liebe ist selbstlos, opfert sich auf und dient dem anderen. Genau das ist es, was ein Erziehender ist: ein Diener der Kinder. Wir dienen unseren Schützlingen mit all unserem Wissen, all unserer Kraft, all unseren Fähigkeiten – kurzum: mit unserer ganzen Persönlichkeit. Weil wir unsere Kinder lieben, dienen wir ihnen und helfen ihnen zu reifen und innere Größe zu erlangen (oder welche Ziele auch immer Sie haben). Und dieses Lieben ist in seiner Konzeption absolut einseitig. Wir dürfen nicht erwarten, dass wir etwas vom Kind zurückbekommen. Wir dürfen nicht nur dann lieben und dienen, wenn wir Erfolgsaussichten oder Belohnungserwartungen haben. Nein, wir müssen lieben auch auf die Gefahr hin, dass wir – im Extremfall! – nur Hass und Vorwürfe vom Kind ernten. Wenn wir ein Kind lieben und bereit sind, für dieses Kind die Verantwortung zu übernehmen, müssen wir damit anfangen, dem Kind zuerst zu dienen. Wir müssen mit guten Taten in Vorleistung gehen, auch auf das Risiko hin, nichts zurückzubekommen. Das heißt, wir lieben, einfach weil das Kind es wert ist und nicht, weil es sich unser Wohlwollen verdient hat. Wir gehen in Vorleistung, wir lieben zuerst, wir tragen das Risiko! Denn es geht nicht um uns, sondern um das Kind.

Doch trotz aller selbstlosen Liebe und allem einseitigen Geben brauchen wir natürlich alle auch Anerkennung, Dankbarkeit, Auftank-Oasen etc. Aber diese dürfen wir nicht vom Kind erwarten oder bei ihm suchen. Wenn wir Glück haben, bekommen wir dies alles später von den Kindern, mit denen wir zu tun haben, zurück, aber das darf nicht unsere Motivation oder Erwartung sein. Liebe ist selbstlos, sie gibt sich vollends hin ohne Gegenleistung. Und mit dieser Haltung wird klar, dass der freiwillige Gang Korczaks in die Gaskammer nichts anderes war, als die logische und letzte Konsequenz seiner Pädagogik. Genau diese Grundhaltung ist es, die mich an Korczak so fasziniert und weshalb er mein pädagogisches Denken wie kein Zweiter geprägt hat. Nicht zuletzt durch sein Vorbild bin ich inspiriert, Kindern möglichst bedingungslos zu dienen. Das ist meine Grundhaltung. In diesem Sinne stimme ich voll und ganz mit dem bekannten Pädagogen Friedrich Fröbel überein, der sagte: »Erziehung ist Beispiel und Liebe – sonst nichts.«

Wenn wir uns nun gleich im zweiten Teil des Buches mit praktischen Erziehungstools beschäftigen, dann stellen wir fest, dass es nicht nur in Sachen Liebe darum geht, in Vorleistung zu gehen, sondern auch, wenn wir Kinder freiwillig zu etwas bewegen wollen, was wir gut finden. Diese Vorleistung als Erziehungstool nenne ich *Die*

Pädagogik des ersten Schritts. Dieses Prinzip hat mit dem Lieben die Gemeinsamkeit, dass unsere Vorleistung nicht dazu führen darf, dass das Kind in der Folge gezwungen ist, uns einen Gefallen zu schulden und vielleicht sogar noch bestraft oder benachteiligt wird, wenn es unseren Erwartungen nicht gerecht wird. Allerdings unterscheidet sich die *Pädagogik des ersten Schritts* vom Lieben dahingehend, dass sie bewusst eingesetzt wird, um die Auftretenswahrscheinlichkeit eines gewünschten Verhaltens zu erhöhen. Das heißt, diese pädagogische Methode ist nicht selbstlos.

An einem Beispiel soll die *Pädagogik des ersten Schritts* bereits an dieser Stelle verdeutlicht werden: In unserer Einrichtung gibt es freitags immer eine Kinderparty. In dieser Zeit läuft laute Musik, es gibt Essen und Trinken und eine Menge Spiele. Für die Kinder ist dies wirklich eine Party. Eines Freitags leitete ich gerade ein Spiel an, bei dem alle Kinder nacheinander einen Ball aus einer größeren Entfernung in einen Eimer werfen sollten. Die Kinder stellten sich also in eine Reihe und ich stand beim Zielobjekt, dem Eimer. Neben mir saß ein etwa zwölfjähriger Junge, der – während alle anderen in der Reihe standen und warteten, dass sie drankämen – ständig blöde Kommentare brachte und wenn er den Ball zu fassen bekam, ihn wegwarf. Als alle Kinder geworfen hatten, stand der Junge auf und bestand darauf, dass er nun werfen wolle. Meine erste Reaktion war: »Vergiss es! Du stellst dich nicht in die Reihe, pöbelst nur rum und wirfst den Ball weg. Du darfst nicht mitspielen!« Er protestierte lautstark. Dann dachte ich kurz nach: *Was will ich denn mit meinem Verbot erreichen? Dass er etwas daraus lernt und sich beim nächsten Spiel besser benimmt! Aber glaube ich wirklich, dass er das jetzt in seiner Wut lernt und sich – derart emotional – ändern kann? Natürlich nicht!* Also entschied ich mich zur *Pädagogik des ersten Schritts.* Ich sagte: »Pass auf! Ich erlaube dir jetzt doch, auch einmal zu werfen. Aber ich verlasse mich darauf, dass du beim nächsten Spiel nicht wieder so aus der Reihe tanzt. Ok?« Er bejahte und warf den Ball. Bei der gesamten restlichen Kinderparty spielte er anstandslos mit oder setzte sich ruhig an die Seite. Das ist die erhoffte Wirkung: Ich gehe in Vorleistung, indem ich nachgebe, und vertraue darauf, dass eine freiwillige Verhaltensänderung eintritt.

Und damit haben wir eine perfekte Überleitung von einer liebenden Grundhaltung zu unserem zweiten Buchteil, der sich mit Erziehungsmethoden befasst.

Zweiter Teil:

Die Erziehungspraktiken

7 Wie wir Kindern begegnen – unsere sichtbare Seite

Wenn mich Menschen fragen, was ich beruflich mache, dann sage ich häufig, dass ich Berufsfußballer bin. Obwohl ich weder das Talent eines Lionel Messi noch die Fitness eines Christiano Ronaldo habe, ist das in gewisser Weise wahr. Als Leiter einer Offenen Kinder- und Jugendarbeit in Hamburg verdiene ich mein Geld unter anderem damit, täglich mit Kindern und Jugendlichen Fußball zu spielen. Doch ist das nicht alles. Mein Team und ich dürfen sozialbenachteiligte junge Menschen begleiten, ihnen Essen und Kleidung geben, ihnen Nachhilfe vermitteln und ihnen vor allem ganz viel Wertschätzung und Liebe entgegenbringen. Natürlich gehört auch dazu, manche katastrophalen Zustände Zuhause wahrzunehmen und zum Wohle der Kinder zu handeln. Letztendlich geht es darum, die Kinder, die in ihrer Freizeit zu uns kommen, bestmöglich mit ansprechenden Angeboten zu versorgen.

Interessant dabei ist, dass wirklich alle Kinder und Jugendlichen *ein* gemeinsames Lieblingsangebot haben: Ferienfahrten. Nichts begeistert die jungen Menschen mehr, als wenn wir für ein paar Tage mit ihnen wegfahren. Das müssen keine außergewöhnlichen Ziele sein; es reicht eine einstündige Distanz in die Natur. Wichtig ist, dass es Übernachtungen gibt. Womit wir beim Thema wären: Der Moment auf diesen Freizeiten, in denen es darum geht, dass die Kinder schlafen sollen, ist wahrscheinlich die größte Herausforderung, die ich in meinem gesamten Job habe. Die Kids sind müde, sehen das aber anders. Häufig lassen sie dann nicht mit sich reden, sondern wollen einfach wachbleiben – koste es, was es wolle.

So waren wir vor einigen Jahren zusammen auf einem Reiterhof eingeladen. Ein Wochenende lang durften wir mit fünf Jungen und fünf Mädchen im Alter von sieben bis zehn Jahren auf einem Pferdehof in Schleswig-Holstein gastieren. Der erste Tag war super, doch dann kam der Abend. Ich war dafür zuständig, dass die Jungs, die alle in einem Zimmer schliefen, zur Ruhe kamen. Sie hatten andere Interessen. Sie redeten noch weit nach der vereinbarten Zeit in ihren Betten, standen immer wieder auf und hatten nur wenig Lust zu schlafen. Ich hingegen war müde und wollte in mein Zimmer gehen, doch war klar, dass das erst geht, wenn die Jungs schlafen. Also legte ich los: zunächst mit mehrfacher Ermahnung, bitte leise zu sein. Das half jeweils kurz. Und immer kürzer. Irgendwann nahm meine innere Unruhe mehr und mehr zu, so dass ich kurz davor war, drakonische Strafen auszusprechen à la *Ihr dürft morgen nicht reiten.* Doch widerspricht dies – wie Sie sich mittlerweile sicher denken können – meiner pädagogischen Grundhaltung, würde dies doch die Kids in eine nicht konstruktive Ohnmachtsposition bringen. Also entschied ich mich für einen anderen Weg. Ich klopfte am Zimmer an, betrat es, ging zum Bett des lautesten Jungen und setzte mich davor. Natürlich war in diesem Moment absolute Stille im Raum. Dann sagte ich:

»Jungs, ich bin ganz ehrlich: Ich bin müde und möchte schlafen. Was sollte ich tun, damit ihr ruhig seid und ich ins Bett gehen kann?« Daraufhin sagte der Junge – ein Sohn kenianischer Eltern –, der zuvor am lautesten war: »Du musst uns einfach richtig bestrafen!«

Dieses Erlebnis brannte sich mir tief ein. Er – und anscheinend die meisten anderen auch – kannte von Zu hause, dass falsches Verhalten durch Strafen gesteuert wird. Doch das widerspricht meinen Prinzipien zutiefst, weil ich glaube, wie weiter oben besprochen, dass dies nicht nachhaltig ist. Doch was sind gute Erziehungspraktiken? Wie kann man eine solche Situation lösen, wenn nicht mit Drohungen und Sanktionen?

Im ersten Teil haben wir uns mit der Grundhaltung von Erziehung befasst. Dabei haben wir festgestellt, dass dieser erste – unsichtbare – Pfeiler aus dem Menschenbild, den Erziehungszielen und den Erziehungsprinzipien besteht. Diese Haltung wiederum bildet das Erziehungsideal heraus, Kinder freiwillig zu dem zu bewegen, was man als Erwachsener möchte. Doch kann man die schönste Theorie und die besten Annahmen haben, nur werden sie niemandem nutzen, wenn nicht Sichtbares dabei herauskommt.

Die Erziehungspraktiken sind nicht nur der zweite Pfeiler unserer Brücke, sondern sie sind auch der sichtbare Teil von Erziehung und des Erziehungsstils. Durch sie zeigen wir unser Erziehungsverhalten, das das Kind unmittelbar erlebt und spürt. Wenn sich Kinder darüber unterhalten, wessen Eltern die strengsten sind, dann beziehen sie sich nicht darauf, welche das rückständigste Menschenbild oder die utopischsten Erziehungsziele haben, sondern ganz allein, welche die autoritärsten Methoden haben. Und auch wenn wir Erwachsenen von Erziehung sprechen, beziehen wir uns nahezu komplett auf die Erziehungspraktiken.

Und dann stellt sich die Frage: Ist Ihr Handeln geprägt von liebevoller Zuneigung oder eher von ständigen Ermahnungen? Kritisieren Sie ein falsches Verhalten verbal oder greifen Sie zu körperlichen Maßregelungen? Platzt Ihnen leicht der Kragen oder reagieren Sie normalerweise ruhig, wenn Ihr Kind sich danebenbenimmt?

Der sichtbare und der unsichtbare Teil der Erziehung sind eng miteinander verbunden, weshalb die Erziehungspraktiken im Idealfall Rückschlüsse auf die pädagogische Grundhaltung zulassen. An einer Bushaltestelle konnte ich einmal beobachten, wie ein Vater seinen ca. sechsjährigen Sohn auf der Sitzbank herumklettern ließ und ihm nicht verbot, darauf zu stehen. In meiner Nähe, also außerhalb der Hörweite des Vaters mit seinem Sohn, stand ein älteres Ehepaar, das sich zwar leise, aber für mich gut verständlich, darüber echauffierte, warum dieser Mann dem Kind keine Grenzen setze. Der ältere Mann sagte: »Das ist ja wieder typisch für diese jungen Eltern. Erlaubt der dem Jungen mit seinen Dreckschuhen auf die Bank zu klettern. Bei uns hätte es das nicht gegeben, da haben Eltern noch erzogen!« Was hier passierte, war, dass nicht nur die Erziehungspraktik kritisiert wurde, sondern automatisch Rückschlüsse auf die Erziehungsprinzipien, also die erzieherische Grundhaltung gezogen wurden. So wurde vermutlich implizit angenommen, dass eine antiautoritäre Haltung des Vaters Grund dafür sei, dass er den Jungen gewähren lässt. Es wurde also unterstellt, der Vater würde – aus welchen Gründen auch immer – lieber nicht erziehen, statt durchzugreifen. Dass dieser Rückschluss – lässt seinen Sohn auf der Bank klettern, also hat er eine antiautoritäre Haltung – nicht immer stimmt, wird weiter unten deutlich. Doch wird anhand dieser Geschichte ersichtlich, wie sehr uns allen eigentlich bewusst ist, dass der unsichtbare Teil mit dem sichtbaren zusammenhängt.

Deshalb verwundert es nicht, wenn sich Ihre Grundhaltung an vielen Stellen in Ihren Praktiken ausdrückt. Oder sagen wir: Wenn sich Ihre Grundhaltung an vielen Stellen in Ihren Praktiken ausdrücken würde. Denn das ist häufig nicht so einfach, wie wir im letzten Kapitel gesehen haben. Da war die Rede davon, dass die theoretische, unsichtbare Grundhaltung sagt, dass Kinder geliebt werden, so, wie sie sind. Doch auf der praktischen, sichtbaren Ebene wurde dann deutlich, dass das Kind schon erst einmal ein paar Änderungen vornehmen muss, bevor es vollständig geliebt und akzeptiert wird. Doch trotz aller Schwierigkeiten kann man davon ausgehen, dass die unsichtbare Seite der Erziehung sehr stark die sichtbaren Handlungen prägt.

Wenn wir uns nun konkrete Erziehungspraktiken ansehen, die das beschriebene erzieherische Ideal berücksichtigen, müssen wir uns bewusst machen, dass

Erziehung nicht gleich Erziehung ist. Man unterscheidet vielmehr zwischen *intentionaler* und *funktionaler Erziehung*. Intentionale Erziehung umfasst alle bewusst eingesetzten Erziehungsmaßnahmen. Grundlage hierfür sind die im ersten Teil des Buches erarbeiteten Bestandteile Ihrer erzieherischen Grundhaltungen. Wenn Sie also Strafen und Belohnungen anwenden, dann sind dies Methoden intentionaler Erziehung, denn Sie verfolgen damit eine Intention, eine Absicht. Alle in Kapitel 9 aufgeführten Tools zählen zu dieser Form der Erziehung. Doch ist intentionale Erziehung nur eine Hälfte der Möglichkeiten, Kinder zu prägen. Die andere Hälfte ist die funktionale Erziehung. Diese umfasst alle nicht gezielten Einwirkungen aus der Umwelt, die das Kind prägen und damit ungewollt eine Erziehungsfunktion übernehmen. Hierzu zählen gesellschaftliche Einflüsse, Medien, Trends, aber auch beispielsweise die Gruppe Gleichaltriger, also die Peer-Group. Diese Dinge sind normalerweise nicht bewusst erschaffen worden, um Menschen zu erziehen, doch bewirken sie genau das. Die wohl wichtigste Form funktionaler Erziehung ist die Vorbildfunktion, die eine Bezugsperson hat. Natürlich kann die Person ihren Status bewusst einsetzen, um ein Kind zu prägen (was sehr sinnvoll ist, wie wir gleich sehen werden), aber dass sich Menschen durch Vorbilder prägen lassen, wird durch eine nicht bewusst geschaffene Funktion von Erziehung ermöglicht.

Es lässt sich nicht genau sagen, welche Form der Erziehung nun die wirksamere ist. Denn führt die

intentional gesetzte Strafe zur gewünschten Verhaltensänderung oder kommt es nur aufgrund der guten Beziehung zwischen Strafendem und Kind zur Veränderung
des Verhaltens, so dass es die Strafe gar nicht gebraucht
hätte? Obwohl also die Wirkung der beiden Erziehungs-
formen nicht abschließend gemessen werden kann, wird
zu sehen sein, dass eben jener wichtigste Vertreter der
funktionalen Erziehung – die Beziehung zwischen Bezugsperson und Kind bzw. Jugendlichem – eine unum-
gängliche Wirkgröße ist. Mit dieser beschäftigen wir uns
im folgenden Kapitel.

8 Das A und O: die Beziehung

Ich sprach einmal vor angehenden Erziehern in der Berufsschule über meine Arbeit. Dabei stellte ich unser Konzept vor und betonte mehrfach die Wichtigkeit einer guten Beziehung. Ich erzählte, dass ich davon überzeugt bin, dass es keine Regeln, Strafen, Drohungen etc. braucht, wenn eine tragfähige Beziehung vorhanden ist. Kurze Zeit später meldete sich ein Schüler und sagte, dass er sich nicht vorstellen könne, wie pädagogische Arbeit allein durch Beziehung und ohne Hilfsmittel wie ein Regelsystem ablaufen könne. Er stellte sich vor, dass es drunter und drüber gehen müsse. Daraufhin meldete sich die Lehrerin und sagte, dass sie selbst früher mit hochaggressiven Jugendlichen in einer sozialen Einrichtung gearbeitet habe. Für sie galt ebenfalls immer *Beziehung vor Erziehung*. Und dann berichtete sie, dass sie niemals Angst davor hatte, einer ihrer »schweren Jungs« könne ihr etwas antun, da eine Beziehung gewachsen war, die diese Option ausschloss. Ich verstand sehr gut, was sie sagte.

Wenn wir eine tragfähige Beziehung zu Menschen haben, dann vertrauen wir ihnen. Und wenn wir ihnen wirklich vertrauen und vertrauen können, dann lassen sie sich führen. Denn nur wenn wir ihnen vertrauen, kann es dazu kommen, dass sie uns vertrauen und glauben, dass wir es gut meinen. Dass dies nicht immer positiv sein muss, zeigen wiederum viele andere Geschichten. Hitler folgten viele Menschen ebenfalls blind, doch wusste er dieses Faktum zu seinen eigenen Gunsten auszunutzen. Auch an der Spitze vieler Terrororganisationen und Sekten stehen charismatische Persönlichkeiten, die ein solch enges Beziehungsgeflecht gewoben haben, dass ihnen Menschen blind vertrauen – die Führer aber nicht verantwortungsvoll damit umgehen.

Wenn wir im Folgenden von Beziehung und ihrer Rolle für Erziehung nachdenken, dann gehe ich immer von Vorbildern aus, die zum Wohle ihrer Nachfolger handeln und nicht ihre eigenen Interessen schamlos anstreben.

Ich möchte noch einmal daran erinnern, dass wir nach wie vor eine gute Antwort auf die Frage suchen, wie wir Kinder freiwillig zu dem bewegen können, was wir wollen – und was im Sinne der Kinder und gegebenenfalls der Gesellschaft ist! Wir haben gesehen, dass Belohnungen und Bestrafungen dieses Ideal nicht erfüllen. Nun sind wir an der Stelle im Buch angelangt, wo nachhaltige Lösungen für die besagte Herausforderung aufgezeigt werden sollen. Dabei gilt aber immer, dass wir nicht zuerst danach trachten, kindliches Verhalten »ohne Rücksicht auf Verluste« zu verändern, so wie es uns passt – auch wenn das Kind freiwillig folgt. Vielmehr impliziert das im Folgende beschriebene Vorgehen, dass wir zuerst schauen, warum sich ein Kind verhält, wie es sich verhält. Möchte es uns etwas mitteilen? Geht es ihm nicht gut und das störende Verhalten ist seine Art, dies zu kommunizieren? Erst wenn klar ist, dass kein beachtenswertes Problem vorliegt oder es wirklich keinen rational zu findenden Kompromiss gibt, dann kommen die Erziehungspraktiken zum Einsatz, die eine Verhaltensänderung bewirken wollen. Ich werde dies nicht immer wieder betonen, sondern setze es voraus.

Wenn Sie 100 Sozialarbeiter befragen würden, was der wichtigste Faktor für das Gelingen ihrer Arbeit ist, was wäre wohl die Topantwort? Klare Regeln? Konsequentes Handeln? Gute Angebote? Ich möchte eine These aufstellen: Über 90% aller Befragten würden aussagen, dass eine gute Beziehung zwischen ihnen und ihren Klienten der entscheidende Wirkfaktor ist. Die Wichtigkeit einer guten Beziehung gilt aber nicht nur für die soziale Arbeit, sondern für alle Kontexte, in denen Menschen zusammenleben und -arbeiten: zwischen Eltern und Kindern, zwischen Lehrern und Schülern, zwischen Therapeuten und Klienten und selbst im Büro zwischen Chefs und Angestellten. Stimmt die Chemie zwischen den Beteiligten, herrscht Vertrauen vor und – banal gesprochen – finden die Akteure den anderen irgendwie gut, dann ist die wichtigste Grundlage für eine erfolgreiche Zusammenarbeit gelegt. Um es in den Worten des Neuroimmunologen Prof. Dr. Schubert zu sagen: »Wenn ich alle Erkenntnisse zusammenfasse, läuft es auf eines hinaus: Menschliche Beziehungen!«[18]

Wenn Beziehung so wichtig ist, dass wir davon ausgehen können, sie als Lösungsweg zum Erreichen unseres

---

[18] Zit. n. https://www.dgsf.org/ueber-uns/jahrestagung/weitere-tagungsberichte/bundestagung-multifamilientherapie-2018 (Zugriff: 15.05.2019).

Erziehungsideals zu sehen, dann müssen wir uns intensiver damit befassen. Dies soll nun anhand einiger Fragen ausführlich geschehen.

Was bewirkt Beziehung?

Unser Gehirn ist großartig – und zwar auf sehr vielfältige Weise, wie wir im weiteren Verlauf sehen werden. Ein erster Aspekt dafür ist, dass es eine Art Zaubertrank mit dem Namen *Oxytocin* hat. Dieses zauberhafte Hormon bewirkt – ganz ähnlich wie Amors Pfeil –, dass wir andere Menschen lieben, ihnen vertrauen und uns an sie binden möchten. Bereits vor der Geburt wird das Bindungshormon im Kopf der Mutter ausgeschüttet; aber auch der Vater und natürlich das Baby selbst dürfen die Wirkung dieses »Zaubertranks« erleben. Dadurch ist von Geburt an in der Regel natürlicherweise garantiert, dass es eine Beziehung zwischen Kindern und ihren Eltern gibt. Dies ist übrigens lange Zeit so, unabhängig davon, wie die Interaktion geprägt ist: Auch in Fällen, in denen Eltern ihre Kinder schwer missbrauchen, bleibt der Bindungswunsch erhalten. Sehr häufig beschreiben Kinder im Erwachsenalter, die früher Opfer von solcherart Missbräuchen wurden, wie sie in einer inneren Zerrissenheit gefangen waren, weil sie ihre Eltern doch liebten, aber natürlich auch massiv litten. Fast immer richten sie ihre Wut letztendlich gegen sich selbst oder Unbeteiligte. Damit die Eltern verschont werden, erdulden die Kinder häufig das Martyrium still. Kinder wollen ihren Eltern gefallen!

Diese enge Bindung mag in Missbrauchsfällen destruktiv sein, weil der Selbstschutz dadurch erschwert wird, ist im Normalfall aber ein wirklicher Segen. Denn aus der neuronalen Festigkeit der Beziehung folgt eine enorm wichtige Tatsache für Erziehung: der Erwachsene wird zum Vorbild für das Kind.

Dieses Vorbildsein bewirkt, dass Kinder automatisch Dinge nachahmen, die Erwachsene tun. Es ist mitunter erschreckend, wie sehr Kinder das eigene Verhalten spiegeln. Das fängt bei der Sprache an. Unsere Tochter hat mit anderthalb Jahren schon Sätze gesagt, die uns den Spiegel vorgehalten haben, welche Floskeln oder unreflektierten Äußerungen wir anscheinend regelmäßig zum Besten geben. Doch kommt dieses Spiegeln nicht nur bei der Sprache vor, sondern auch im Verhalten. Beispielsweise haben wir festgestellt, dass unsere Tochter immer öfter Kindervideos auf Youtube sehen wollte. Dabei ist uns aufgefallen, dass wir als Eltern häufiger unsere Handys Zuhause benutzten. Da schien es – welch Wunder! – einen direkten Zusammenhang zu geben. Das Spiegeln ist natürlich nicht nur negativ, sondern wird zum Glück auch bei wünschenswerten Verhaltensweisen gezeigt. So lieben es Kinder beispielweise, im Freien zu spielen, wenn sie merken, dass ihre Eltern glücklich sind, wenn sie an der frischen Luft sein können. Sind die Eltern Stubenhocker, wird auch das Kind das Spielen im Haus bevorzugen. Kinder spiegeln das Verhalten und übernehmen es häufig – sie kooperieren also.

Eine solch intakte und vertrauensvolle Beziehung, in der Kinder den Erwachsenen nachahmen, ist nicht nur auf das Eltern-Kind-Setting beschränkt. Auch Lehrer und Erzieher in anderen Kontexten können – und sollen – eine solche Beziehung zu ihren Schützlingen haben, damit eben genau dieses Kooperieren der Kinder eintritt. Warum dies so wichtig ist, wird gut anhand eines Zitates des Neurowissenschaftlers Gerald Hüther deutlich:

> »Kinder machen nie allen Personen alles nach, sondern nur denen, die sie bewundern, die für sie besonders wichtig sind, mit denen sie sich emotional eng verbunden fühlen. Sie sind ihre Vorbilder. Alle anderen können sich anstrengen so viel sie wollen, um einem Kind, einem Jugendlichen oder einem Erwachsenen etwas beizubringen. […] Und dann wird das, was das Vorbild macht, nicht nur einfach nachgemacht, sondern auch richtig fest in Form entsprechend gedüngter und gewachsener Verschaltungsmuster im Gehirn verankert.«[19]

Warum ist Beziehung also so wichtig? Weil sie Erwachsene automatisch zu Vorbildern macht und Kinder zu Nachfolgern. Bei Eltern-Kind-Beziehungen ist dies normalerweise von Natur aus gegeben, andere erziehende Personen müssen daran arbeiten, Bezugspersonen zu werden. Deshalb werde ich mich im Folgenden, wenn

---

[19] Hüther, G. (2014): *Die Macht der inneren Bilder: Wie Visionen das Gehirn, den Menschen und die Welt verändern.* Göttingen: Vandenhoeck & Ruprecht

es um Beziehung geht, mehr auf Konstellationen im schulischen und außerschulischen Kontext beziehen, da daran besonders gearbeitet werden muss.

Wie baut man eine gute Beziehung?

Ein Konzept, das hauptsächlich auf eine gute Beziehung zwischen Erziehenden und Kindern bzw. Jugendlichen baut, hat logischerweise einen Schwerpunkt: Es muss – vor allem am Anfang – der allergrößte Teil der Zeit dafür verwendet werden, die Beziehung zu bauen. Kommen in unsere Einrichtung neue Kinder, so ist das für eine bestimmte Zeit unsere vorrangige Aufgabe. Doch wie baut man Beziehungen? Kann man dies überhaupt oder ist es nicht eher so, dass das Kind einen mag oder eben nicht?

Zunächst einmal müssen wir festhalten: Beziehung ist etwas, das zwischen zwei Personen besteht und dementsprechend auch beide Personen betrifft. Trotzdem ist sie im Erziehungssetting asymmetrisch. Das heißt, es geht vor allem darum, dass das Kind dem Erwachsenen vertraut, ihn mag etc. Dabei ist es natürlich ungemein hilfreich, wenn auch der Erwachsene Sympathie für das Kind hat. Das macht zwar nicht automatisch die Beziehung besser, aber es führt dazu, dass es dem Erziehenden deutlich leichter fällt, dem Kind wohlwollend zu begegnen. Und machen wir uns nichts vor: Als Pädagogen – egal, in welchem Kontext – haben wir immer mit Kindern zu tun, die wir mehr mögen als andere. Die Kunst ist, dass man uns diese Unterschiede nicht anmerkt. Also, im Optimalfall mögen und lieben wir alle Kinder gleich und dann ist es kein Problem, Beziehung zu bauen.

Nun zur Realität: In meinem Lesezimmer hängt ein Plakat, das mir ein Pastor und Freund, mit dem ich früher kirchliche Jugendarbeit geleitet habe, geschenkt hat. Der Titel des Posters lautet *150 Arten, wie du jungen Menschen zeigen kannst, dass sie dir wichtig sind.*[20] Es liefert eine lange Liste mit zum Teil banalen, zum Teil sehr kreativen Dingen, die man tun kann, um eine vertrauensvolle Beziehung zu jungen Menschen herzustellen. Denn indem wir Menschen zeigen, dass sie uns wichtig sind, bauen wir tragfähige Beziehungen (auch hier liegt in gewisser Weise wieder die *Pädagogik des ersten Schritts* zugrunde). Dieses Plakat war für mich mehr als einmal inspirierend. Dazu muss aber fairerweise gesagt werden, dass sich die Tipps besonders gut in außerschulischen Arbeiten eignen, für Lehrer sind sie – vor allem jene, die auf konkretes Tun verweisen – nur bedingt umsetzbar. Trotzdem soll das Plakat mir nun Grundlage sein, um zu zeigen, wie Beziehungen gebaut werden können. Obwohl ich am liebsten alle 150 Punkte wiedergeben würde, sollen einige geclusterte Beispiele genügen.

Zunächst einmal geht es wieder darum, eine grundlegende Haltung zu entwickeln, die wichtig ist, um junge Menschen für sich zu gewinnen. Das Poster benennt dabei an erster Stelle die Aufforderung: *Nimm sie wahr.* Das

---

[20] Roehlkepartain, Jeloene L. (2000): *150 Arten, wie du jungen Menschen zeigen kannst, dass sie dir wichtig sind.* Amt für Gemeinde-Jugendarbeit der Evangelischen Landeskirche des Kantons Thurgau.

mag banal klingen, ist es aber nicht. Denn wenn Sie an einem Nachmittag in einer offenen Einrichtung mit über 20 Kindern zu tun haben, ist es nicht so einfach, jedes einzelne wahrzunehmen. Es ist vielmehr eine Kunst, im Trubel des Raumes, in dem vielleicht 13 bis 15 Kinder sind, den Überblick zu behalten und zu registrieren, wer da ist und wer womit beschäftigt ist. Dabei geht es weniger um Aufsichtspflicht, sondern um Beziehungsförderung: Wer ist gut beschäftigt? Wer scheint sich zu langweilen und braucht mich? Wer fühlt sich unwohl? Natürlich kann man nicht alle Wünsche erfüllen und alle intensiv im Blick haben, aber einen groben Überblick kann man gewinnen – mit etwas Übung. Doch geht es selbstredend um mehr, als Kinder visuell wahrzunehmen. Vielmehr bedeutet dieser erste Tipp, sie als Person mit ihren Bedürfnissen und Gedanken wahrzunehmen. Deshalb ist die Forderung *(47) Benutze häufiger deine Ohren als deinen Mund* sehr wichtig. Eine weitere essenzielle Einstellung ist *(46) Lerne von ihnen.* Denn wenn wir in die pädagogische Arbeit mit der Haltung gehen, dass uns die jungen Menschen etwas zu sagen haben und nicht nur wir die Oberlehrer sind, dann knüpfen sich ganz schnell Verbindungen. Menschen reden gerne über Dinge, die sie interessieren und begeistern. Wenn wir bereit sind, uns diese Dinge nicht nur anzuhören, sondern sie auch zu lernen, ist dies beziehungsfördernd.

Aus einer grundsätzlich wohlwollenden Haltung ergeben sich zwangsläufig grundlegend gute Verhaltensweisen, die gezeigt werden sollten:

(4) Lerne ihre Namen

(2) Lache viel

(8) Schau in ihre Augen, wenn du mit ihnen sprichst

(9) Höre ihnen zu

(14) Sage oft ‚Ja'

(31) Teile ihre Begeisterung

(52) Entschuldige dich, wenn du etwas falsch gemacht hast

(55) Verabschiede dich fröhlich, wenn du weggehst.

Dies alles sollten Basics sein, die jeder erwachsene Mensch natürlicherweise zeigt. Sie sind die Grundlage dafür, dass der nächste Schritt erfolgen kann.

Nun geht es darum, in Kontakt zu treten. Dies kann sich komplizierter gestalten, als man denkt. Wenn wir neue Praktikanten in unserer Einrichtung haben, dann teilen diese häufig übereinstimmend nach ca. einer Woche mit, dass es Kinder gibt, die nicht mit ihnen reden wollen. Diese seien sehr abweisend oder sehr einsilbig in ihren Antworten. Interessanterweise aber sind es nicht immer die gleichen Kinder, sondern jeder Praktikant benennt andere. Wenn ich dann frage, was die Praktikanten konkret versucht hätten, um in Interaktion zu kommen, sagen sie meistens Sachen wie: »Ich habe gefragt, wie sie heißt« oder »Ich habe mich erkundigt, was er gerne macht«. Meist geschieht dieses Fragen zusätzlich noch sehr vorsichtig. Zunächst einmal ist es verständlich, dass auf die Frage nach dem Namen kein Roman als Antwort kommen kann. Und dass ein Kind einem Fremden nicht gleich Persönliches erzählt, kann auch positiv betrachtet werden – obwohl es grundsätzlich gut ist, *(7) Fragen über sie selbst [zu stellen].* Doch welche Fragen können wie gestellt werden, um in Kontakt zu treten? Ich rate den Praktikanten, die Führung zu übernehmen und die Kinder zu begeistern. Das geht zum Beispiel wie folgt: Statt zu fragen, wie das Kind heißt, könnte der Praktikant das Gespräch beginnen, indem er energisch sagt: »Sag mir nicht, wie du heißt – ich möchte raten. Gibt es hier ein Kind, das auch so heißt wie du?« Dadurch ist er direkt in einem Gespräch und bringt das Kind vermutlich zum Schmunzeln. Auch bei der Frage nach Hobbys ist diese Methode sehr gut. Er könnte sagen:»Ich darf dreimal raten, was du gerne machst. Und wenn das Richtige dabei ist, musst du es sagen. Ok?« Normalerweise beginnt das Kind selbst nach drei falschen Antworten zu erzählen. Es geht einfach darum, in ein Gespräch zu kommen und Kinder lieben es, wenn wir Dinge aus ihrem Leben erraten wollen. Neben den Fragen zu ihrer Person gibt es weitere gute Methoden, um Kontakt zu knüpfen:

(10) Spiel mit ihnen

(40) Lache über ihre Witze

(50) Suche ein gemeinsames Interesse

(53) Höre mit ihnen ihre Lieblingsmusik.

Ist ein erster Kontakt hergestellt, können diese Methoden mehrfach wiederholt werden, bis eine intensivere Beziehung entstanden ist. Auf dem Weg dahin, ist es gut, wenn wir daran arbeiten, zum Beispiel durch:

(71) Sei begeistert, wenn du sie siehst

(65) Habt miteinander Spaß

(101) Beteilige sie bei Gesprächen

(111) Nimm dir Zeit, um mit ihnen zusammen zu sein.

Dieser letzte Punkt ist besonders wichtig, denn wenn die Grundlagen geschaffen wurden, dann trägt jedes weitere Treffen fast automatisch dazu bei, dass die Beziehung vertrauensvoller wird. Trotzdem kommt nach kurzer Zeit der Punkt, an dem es tiefer gehen kann.

Hierfür können gemeinsame Aktionen dienen, die zusammenschweißen:

(27) Lade sie zu einem Getränk ein (das meint vor allem, gib ihnen gerne etwas aus, ohne dass dies bestechend wirkt!)

(6) Erinnere dich an ihre Geburtstage

(39) Sprich mit ihnen über ihre Träume und Alpträume

(44) Sag ihnen, wie toll sie sind

(35) Ruf sie an, um Hallo zu sagen

(49) Tauche bei ihren Konzerten, Spielen und Veranstaltungen auf

(45) Entwickle Gewohnheiten mit ihnen und halte dich daran.

Zum letzten Punkt zählt zum Beispiel ein eigenes Begrüßungsritual – also eine eigene High-five-Abfolge beispielsweise. All diese Punkte zeigen den jungen Menschen, dass sie wirklich wertvoll für uns sind. Das ist eine ganz wichtige Grundlage, um Vertrauen zu schaffen (und um ihr Selbstgefühl zu stärken, wie wir gesehen haben).

Wenn nun die Beziehung intensiver wird, gilt es wiederum, Prinzipien zu besitzen und diese umzusetzen. Gerade wenn die Kinder und Jugendlichen sich öffnen, sind diese enorm wichtig:

(5) Versuche, sie zu verstehen

(22) Nimm wahr, wenn sie sich anders verhalten

(54) Halte deine Versprechen

(15) Sage ihnen, dass ihre Gefühle in Ordnung sind

(34) Nimm wahr, wenn sie nicht da sind

(89) Applaudiere ihre Erfolge

(92) Erzähle Geschichten über sie, in denen sie die Helden sind

(114) Werde ihr Anwalt.

Diese Vorschläge sind ungemein wichtig, um tiefes Vertrauen aufzubauen, das also unter die Oberfläche reicht. Es geht hierbei nicht darum, radikal der Wahrheit oder der Gerechtigkeit nachzujagen, sondern Beziehung zu bauen, zu zeigen, dass wir immer *für* das Kind oder den Jugendlichen sind. Ich erinnere mich an eine Jugendliche, die kein gutes Standing in ihrer Peer-Group, aber auch nicht so richtig bei meinen Kollegen hatte. Das lag nicht zuletzt daran, dass sie sich mitunter sehr divenhaft geben konnte. Ich hatte (und habe) ein sehr gutes Verhältnis zu ihr und so kam es öfter vor, dass ich in Gesprächen mit anderen Jugendlichen, aber eben auch mit meinem Team, die Vorzüge der Jugendlichen betonte und vor allem sehr einseitig Partei für sie ergriff. Natürlich wusste ich, dass sie ein schwieriger Charakter ist, aber ich habe sie stets verteidigt. Ich habe heute noch sehr herzlichen Kontakt zu ihr – anders als viele andere aus der Gruppe.

Es gibt noch eine weitere Stufe, um tragfähige Beziehungen zu bauen. Diese Ebene zielt auf den Faktor *gemeinsame Erlebnisse* ab. Dieser bewirkt, dass Beziehungen auch längere Zeiten überdauern, weil er stark zusammenschweißt. Folgendes können Sie tun:

(26) Bleibe bei ihnen, wenn sie Angst haben

(67) Stelle sie deinen Freunden und deiner Familie vor

(70) Treffe [sic!] ihre Freunde

(71) Lern ihre Eltern kennen

(73) Hilf ihnen, in einem Bereich Experte zu sein

(91) Geh mit ihnen tanzen

(137) Besuche sie, wenn sie krank sind.

Eine hervorragende Möglichkeit bietet sich, wenn Sie zu einem Kindergeburtstag gehen dürfen. Dort lernen Sie Familie und Freunde kennen und werden merken, wie stolz die Kinder ein Besuch Ihrerseits macht. Um dies zu erreichen, kann es schon ausreichen, deutlich den Wunsch zu äußern, gerne bei einer Geburtstagsfeier dabei zu sein. Wenn dies nicht funktioniert, kann wieder die *Pädagogik des ersten Schritts* helfen: In meinem ersten Jahr in unserer Einrichtung habe ich alle Kinder, die irgendwie zu unseren Besuchern zählten (ca. 100 + ihre Eltern), mit einer persönlichen Einladung zu meiner Geburtstagparty in unsere Einrichtung eingeladen. Es war eine große Fete. Im Anschluss kamen signifikant mehr Kindergeburtstagseinladungen als zuvor.

Noch etwas: Möglicherweise ist Ihnen Nummer 91 aufgefallen. Warum sollten wir mit jungen Menschen tanzen gehen? Dazu eine eigene Erfahrung: Wir waren mit einer Gruppe von ca. zehn Jugendlichen im Alter von ungefähr 15 Jahren in Berlin. Die meisten der jungen Menschen waren Muslime aus sehr konservativen Häusern.

Natürlich durften sie nie tanzen gehen. Wir hatten uns als Team im Vorfeld der Ferienreise darauf verständigt, dass wir es den Teenagern ermöglichen wollen, in eine Diskothek zu gehen. Wir suchten speziell ein Angebot für Minderjährige heraus, das die Gefahren eines solchen Etablissements minimiert (kein Alkohol, keine Drogen, keine Erwachsenen mit unguten Absichten etc.). Obwohl der Besuch angesichts der sehr konservativen Elternhäuser eher im Graubereich anzusiedeln war, nahmen wir das Risiko einer späteren Beschwerde in Kauf, weil wir wussten, dass dieses Erlebnis so einschneidend für unsere Jugendlichen sein würde. Und genauso war es: Die jungen Menschen sind uns heute – fünf Jahre später – immer noch dankbar, dass wir ihnen diesen Diskobesuch ermöglicht haben. Für die Beziehung zu ihnen war dies ein Meilenstein!

Vielleicht haben Sie bei einigen der aufgeführten Punkte Bedenken, da manches grenzüberschreitend wirken kann. Dazu sei gesagt, dass ich bei allen Tipps voraussetze, dass die jungen Menschen damit einverstanden sind und auch sonst nichts dagegen spricht. Außerdem müssen alle Aktionen transparent sein und im jeweiligen Kontext stimmig. Wenn Ihnen einige Vorschläge seltsam vorkommen, dann lassen Sie diese einfach beiseite. Alles, was Sie tun, sollte letztendlich dazu beitragen, Ihre Schützlinge zu begeistern und dadurch eine gute Beziehung zu bauen. Und dabei gilt Tipp 150 als allerwichtigster: *Liebe sie, egal was passiert.*

Doch warum ist Begeisterung so wichtig für den Beziehungsaufbau? Die beiden Psychologen James Olds und Peter Milner führten vor einigen Jahrzehnten ein bemerkenswertes Experiment mit Ratten durch. Die beiden Wissenschaftler pflanzten hungrigen Ratten Elektroden ins Gehirn ein und setzten sie in ein T-Labyrinth. Am Ende des Ganges mussten sich die Ratten entscheiden, ob sie links oder rechts gehen. Auf der einen Seite bekamen sie Futter (bedenken Sie, es waren hungrige Ratten!); auf der anderen Seite gab es eine Apparatur, die die Nager durch das Drücken eines Hebels bedienen konnten. Taten sie dies, gab die Elektrode im Gehirn einen leichten Stromstoß ab, der dazu führte, dass Nervenzellen im *Nucleus accumbens* aktiviert wurden. Diese Hirnregion ist für Glücksgefühle zuständig. Durch das Drücken des Hebels wurde Dopamin im Hirn der Ratten ausgeschüttet. Sobald sie dies begriffen haben, entschieden sich die Nager ausschließlich für die Apparatur und gegen das Futter. Sie betätigten den Hebel bis zu 5000-mal pro Stunde, bis sie vor Erschöpfung starben. Auch andere Anreize wurden ignoriert, solange die manuelle Stimulation möglich war: sowohl der eigene Nachwuchs als auch Sexualpartner wurden wortwörtlich links liegengelassen. Auch andere Hindernisse wie ein elektrisches Gitter hielten die Ratten nicht auf.[21] [22]

---

[21] Vgl. Birbaumer, Niels-Peter (2015): *Dein Gehirn weiß mehr, als du denkst. Neueste Erkenntnisse aus der Gehirnforschung.* Unter Mitarbeit von Jörg Zittlau. Ungekürzte Ausg., 1. Aufl. Berlin: Ullstein. S. 248.
[22] Vgl. Rösler, Alexander; Sterzer, Philipp (2013): *29 Fenster zum Gehirn. Genial einfach erklärt, was in unserem Kopf passiert.* Unter Mitarbeit von Kai Pannen. 1. Aufl. Würzburg: Arena. S. 82 f.

Was hat nun dieses Experiment mit unserer Begeisterung zu tun? Auch wir sind ständig bestrebt, unseren Nucleus accumbens zu aktivieren. Allerdings haben wir keinen Hebel dazu, sondern müssen andere Auslöser finden. Alles, was uns Spaß macht und Lust bereitet, führt zu Dopaminausschüttung. Dies ist allerdings bei jedem Menschen individuell. Klischees besagen, dass es bei Frauen vor allem Schokolade sei, bei Männern hingegen Geld und Erfolg. Und auch Kinder haben individuelle Auslöser für Glücksgefühle. Diese gilt es herauszufinden und so häufig wie möglich einzusetzen. Dabei müssen nicht alle dasselbe bekommen. »Ungleiche Wesen gleich zu behandeln ist nicht Gerechtigkeit, sondern Gleichmacherei«[23], wie es der amerikanische Unternehmer Ken Blanchard ausdrückt. Manche Kinder lieben Zweisamkeit und sind besonders glücklich, wenn ihnen jemand zuhört – mit diesen Kindern gehen Sie am besten spazieren. Andere Kinder lieben besonders Eis, also regelmäßig ab in die Eisdiele. Wieder andere Kinder brauchen etwas mehr Entertainment, mit diesen müssen Sie ins Kino. Das mag zunächst ungerecht anmuten, führt aber dazu, dass Sie optimal das Glückszentrum im Gehirn aktivieren.

Nun gibt es aber pädagogische Settings, in denen diese Individualität nicht möglich ist. Denken Sie wieder an Schule, wo es kaum Einzeltreffen gibt oder auch an

---

[23] Blanchard, Kenneth H.; Zigarmi, Patricia; Zigarmi, Drea (1987): *Der 01-Minuten-Manager: Führungsstile. Wirkungsvolleres Management durch situationsbezogene Menschenführung.* 16. - 23. Tsd. Reinbek bei Hamburg: Rowohlt. S. 35.

eine Ferienfahrt, bei der kaum Zeit bleibt, um ausführlich in Beziehungen zu investieren. Doch auch hierbei kann – und muss – den Umständen entsprechend in Beziehung investiert werden. Vor allem geht es wieder einmal um Ihre Haltung: Kinder wahrzunehmen, ihnen zuzuhören, sie wertzuschätzen – für all dies braucht es keine gesonderte Zeit. Neben Ihrer Haltung können Sie weitere Elemente übernehmen, die beziehungsfördernd sind: Lachen, Namen lernen, sich entschuldigen etc. Hinzu kommt – wenn wir bei den Ferienfahrten bleiben –, dass es pädagogische Angebote gibt, bei denen man davon ausgehen kann, dass sie zumindest dem Großteil der Teilnehmenden gefallen. So könnte man direkt am ersten Tag ins Schwimmbad gehen oder ein besonderes Spiel spielen. Schaffen Sie es, die Gruppe zu begeistern, ist ein Grundstein für gute Beziehungsarbeit gelegt.

Doch wieso baut man mit solchen Aktionen Beziehung? Erleben Kinder dopaminauslösende Erlebnisse, speichert ihr Gehirn nicht nur, was zum Glücksgefühl führte, sondern auch den Kontext, in dem das gute Gefühl entstand. Und zu diesem Kontext gehören in diesem Falle Sie! Das heißt, indem Sie dem Kind gute Erlebnisse ermöglichen, wird automatisch die Bindung zwischen Ihnen gestärkt. Deshalb dürfen Sie Kinder und Jugendliche viel verwöhnen und – gerade in der professionellen pädagogischen Arbeit – eher als Großeltern denn als Eltern auftreten. Denn eine gute Beziehung ist absolute Grundlage für jegliches Erziehen, wie wir gleich sehen werden.

Wieso lernen wir durch Beziehungen?

Unser Gehirn ist ein soziales Organ. Das, was es bei anderen Menschen wahrnimmt, überträgt es schnell auf sich selbst. Dadurch entsteht Identität. Der amerikanische Professor für Psychiatrie Daniel Siegel und die amerikanische Coachin Tina Payne Bryson erklären diesen Prozess wie folgt: »Das ›Ich‹ entdeckt Sinn und Glück, indem es Teil eines ›Wir‹ wird und eine Zugehörigkeit zu diesem ›Wir‹ empfindet.«[24] Wir alle brauchen also enge Beziehungen und Vorbilder, um eine eigene Identität zu entwickeln. Man könnte dies in anderen Worten ausdrücken und damit eine der wichtigsten wissenschaftlichen Theorien in Bezug auf kindliches Lernen (und damit auch Erziehung) ins Spiel bringen: Kindern *lernen am Modell*. Diese Umschreibung für die sozialkognitive Lerntheorie, die von dem kanadischen Psychologen Albert Bandura formuliert wurde, geht davon aus, dass wir aufgrund von Beobachtungen des Verhaltens von Vorbildern lernen. Dabei wird Verhalten nicht einfach nachgeahmt, sondern kognitiv bearbeitet und gegebenenfalls verändert gezeigt. Bandura hat sich intensiv damit befasst, wie Kinder konkret lernen und dabei beispielsweise die verschiedenen Phasen des Lernens, Einflussfaktoren und Effekte untersucht. Dass Kinder anhand von Modellen lernen, liegt vor allem daran, dass sie in den Handlungen von für sie bedeutsamen Menschen eine Matrix zu entdecken versuchen, die sie dann wiederum für sich selbst übernehmen.

---

[24] Siegel, Daniel J.; Payne Bryson, Tina (2015): *Achtsame Kommunikation mit Kindern. Zwölf revolutionäre Strategien aus der Hirnforschung für die gesunde Entwicklung Ihres Kindes*. 3. Aufl. Freiburg, Br.: Arbor-Verlag. S. 163.

Doch was passiert im Gehirn, damit dieses Nachahmen funktioniert? Der italienische Neurophysiologe Giacomo Rizzolatti beobachtete im Laufe seiner Forschungskarriere die Gehirnfunktionen von Affen. Dabei stieß er durch Zufall Anfang der 1990er Jahre auf eine bahnbrechende Entdeckung: Er stellte fest, dass Nervenzellen, die bei gewissen Handlungen aktiv wurden, auch dann arbeiteten, wenn die Affen nur die entsprechende Tätigkeit bei anderen Affen beobachteten. Griff also ein Affe zu einer Nuss, spielte sich im Gehirn eines zuschauenden Affen das gleiche neuronale Prozedere ab wie beim ausführenden Affen selbst. Rizzolatti nannte diese Nervenzellen *Spiegelneurone*. Es dauerte bis ins Jahr 2010 bis man endlich auch beim Menschen das Vorhandensein von Spiegelneuronen nachweisen konnte. Und somit ist es also wissenschaftlich bewiesen: Wir sehen eine Handlung, verstehen die dahinter liegende Absicht und bereiten uns dann darauf vor, die Handlung zu spiegeln. Dadurch konnte endlich fundiert begründet werden, warum das Lernen am Modell funktioniert: Wir wollen das bei unseren Vorbildern gesehene Verhalten kopieren – weil unser Gehirn sozial veranlagt ist!

In welchem Verhältnis stehen Beziehung und Erziehung?

Wenn die sozialkognitive Lerntheorie eine so wichtige Erklärung für das menschliche Lernen und damit für die Wichtigkeit guter Beziehungen liefert, müssen wir uns eine sehr entscheidende und konsequenzträchtige Frage stellen: Braucht es überhaupt noch Erziehung? Denn wenn wir davon ausgehen, dass die meisten Dinge, die Kinder lernen sollen – wir sprechen nicht von *Wissen* im Sinne von Algebra, Rechtschreibung oder historischen Daten –, sowieso automatisch über das Vorleben vermittelt werden, dann braucht es eigentlich weder Strafen und Belohnungen noch Regeln und Grenzen, ja, vielleicht noch nicht einmal Worte. Ist das die Folge aus den Ergebnissen von *Lernen am Modell*?

Wahrscheinlich erscheint vor Ihrem geistigen Auge nun sofort eine Warnung: Wenn Kinder keine Grenzen gesetzt bekommen, dann finden sie sich in einer Welt voller Ordnung und Regeln nicht zurecht und werden die immer wieder beklagten Tyrannen! Ein plausibles Argument. Doch wenn wir jetzt einmal auf die wichtigsten Aspekte schauen, die wir bisher zu dieser Problematik behandelt haben, können wir Interessantes entdecken: Wir haben gesehen, dass sowohl Belohnungen als auch Strafen langfristig keine Verhaltensänderung bewirken und dass unser Gehirn vor allem von Vorbildern lernt, indem es deren Verhalten beobachtet. Nach dieser Logik braucht es für Kinder tatsächlich nichts anderes »als die Gegenwart von Erwachsenen, die sich menschlich und sozial verhalten.«[25] Und genau das stelle ich bei meiner

---

[25] Jesper Juul, zit. n.: Metzler, Gina Louisa (2019): *Kinder brauchen doch Regeln – oder?!Immer mehr Eltern weigern sich, ihre Kinder zu erziehen – die Antwort einer Mutter.* https://www.focus.de/familie/lernen/lernstoerungen/familie-immer-mehr-eltern-weigern-sich-ihre-kinder-zu-

dreijährigen Tochter immer wieder fest: Ich brauche sie weder zu zwingen noch zu bestechen noch ihr erklären, dass sie Bitte und Danke sagen soll – sie nimmt es bei uns Eltern wahr und setzt es freiwillig um. Natürlich nicht immer, doch das ist auch nicht nötig – außer für meinen Perfektionismus. Und ich brauche sie auch nicht davon zu überzeugen, dass Bücher ein wichtiges und faszinierendes Medium sind, das sie unbedingt nutzen muss (obwohl mir das sehr wichtig ist) – sie sieht meine Begeisterung dafür und lässt sich automatisch prägen. Warum? Weil wir eine sehr intakte Beziehung haben und sie mir auf kurz oder lang freiwillig folgt! Doch geht es hierbei nicht nur darum, dass alles »Erziehen« nicht sein muss, sondern letztendlich sogar darum, dass es schlichtweg nichts bringt – Vorleben reicht in den allermeisten Fällen.

Wahrscheinlich ist Ihnen dieser Gedanke recht fremd und Sie glauben nicht, dass dies funktionieren kann. Allerdings existiert eine Bewegung, die genau dieses Prinzip radikal in die Tat umsetzt: *unerzogen.* Die Maxime dieser Haltung ist, dass es im Grunde keine Erziehung braucht. Dabei geht es den Anhängern aber zunächst gar nicht so sehr darum, dass klassische Erziehungsmethoden nachhaltig wirkungslos sind, sondern darum, dass sie gewaltvoll sind. Denn durch sie nutzen Eltern ihre Machtposition, um das *Sosein* ihres Kindes zu formen. Es gehe vielmehr darum, ein gewaltfreies und gleichwürdiges

---

erziehen-experten-stimmen-ihnen-zu_id_10182106.html   (Zugriff: 20.05.2019).

Miteinander zwischen Kindern und Eltern zu schaffen. So sagt die Kinderrechtsaktivistin Aida S. de Rodriguez:

>Der Gedanke, dass ein Mensch einem anderen Menschen vorschreiben darf, wie er zu sein hat, nur weil zwischen diesen beiden Menschen ein Altersunterschied besteht, ist in unserer Gesellschaft so tief verankert, dass uns die tiefe Ungerechtigkeit darin oft gar nicht mehr auffällt.«[26]

Die weiter oben beschriebenen Überlegungen, wie eng Erziehung mit Macht verbunden ist, liegen auch dieser Bewegung zugrunde, nur unterscheidet sie nicht zwischen legitimer Macht und illegitimem Machtmissbrauch, sondern empfindet jegliche Erziehung als diskriminierend. Dabei geht es weder darum, sich nicht um Kinder zu kümmern noch darum, alles zu erlauben – die Kritik umfasst den Gedanken, dass Erziehung Kinder zu Objekten macht und ihnen nicht auf Augenhöhe begegnet.

Doch verletzen wir wirklich die Würde des Kindes, wenn wir es nach unseren Vorstellungen zu formen suchen, wie es der bereits zitierte Gerald Hüther meint?[27] In letzter Konsequenz ist das wohl so! Denn obwohl wir einem Kind sagen, dass es geliebt ist, wie es ist, kann

---

[26] Imlau, Nora (o. J.): *Erziehung ist Gewalt!* https://www.eltern.de/kleinkind/erziehung/%E2%80%9Eerziehen-ist-gewalt%E2%80%9C (Zugriff: 16.07.2019).

[27] Metzler, Gina Louisa (2019): *Kinder brauchen doch Regeln – oder?!Immer mehr Eltern weigern sich, ihre Kinder zu erziehen – die Antwort einer Mutter.* https://www.focus.de/familie/lernen/lernstoerungen/familie-immer-mehr-eltern-weigern-sich-ihre-kinder-zu-erziehen-expertenstimmen-ihnen-zu_id_10182106.html (Zugriff: 20.05.2019).

durch Erziehung der Eindruck entstehen, es müsse gewissen Erwartungen entsprechen. Ruth Abraham, Soziologin und Mutter von drei unerzogenen Kindern, bringt es auf den Punkt:

>Erziehung ist nicht so nett gemeint, wie sie klingt. Die Grundunterstellung von erzieherischem Denken ist, dass ich jemanden ändern muss, weil es so, wie er ist, nicht richtig ist. Und das ist die Definition von Gewalt.«[28]

Die Anhänger der *unerzogen*-Bewegung lehnen nicht jegliches Nein-Sagen ab. Vielmehr geht es ihnen darum, die eigene Machtposition stetig zu überdenken und auf Augenhöhe zu diskutieren. Dabei ist es entscheidend, die kindlichen Bedürfnisse zu sehen und zu erfragen und daraufhin Kompromisse mit den eigenen Wünschen zu schließen. Gerade da, wo das Wohl des Kindes aufgrund der eigenen Unreife, Folgen abzuschätzen, gefährdet ist, greifen auch *unerzogen*-Eltern ein. Und genau aus diesem Grund habe ich weiter oben davon gesprochen, dass Vorleben *in den allermeisten Fällen* ausreicht. Es gibt Momente und Situationen, wo es klare Regeln braucht. Doch sind diese wahrscheinlich viel seltener, als wir gemeinhin vermuten.

Erinnern Sie sich an die Unterscheidung von intensionaler und funktionaler Erziehung, die wir im siebten Kapitel besprochen haben? An dieser Stelle können wir nun konstatieren, dass nachhaltig nur die funktionale Erziehung wirksam ist. Und obwohl man aufgrund der

---

28 Ebd.

sozialkognitiven Lerntheorie oder im Denken der *unerzogen*-Bewegung klassische Erziehung ablehnen kann, bleibt es doch dabei, dass auch das Vorbildsein oder das Erklären auf Augenhöhe Erziehung ist. In diesem Sinne kann man nicht *nicht* erziehen. Doch auch wenn wir weiterhin von *Erziehung* sprechen werden, bleibt die Erkenntnis, dass *Willen brechen* und *Regeln aufstellen* nutzlos und gewaltvoll sind. Die eigentliche Prägung – oder *Erziehung* – findet durch das Vorleben auf Basis einer vertrauensvollen Beziehung statt. Die Fälle, in denen mehr Führung nötig ist und die auch die *unerzogen*-Befürworter kennen, sollten so gestaltet werden, dass die Gleichwürdigkeit der Kinder erhalten bleibt und sie ihre Freiheit behalten – obwohl die Eltern die Richtung vorgeben. Wie dies funktionieren kann, wird in Kapitel 9 ausführlich beschrieben. Dort geht es auch um Situationen, in denen wir Kinder führen müssen, ohne ihnen langfristig etwas beizubringen, sondern einfach, weil es in diesem Moment *sein muss* – ob aus situativen oder aus persönlichen Gründen des Erziehenden.

Warum brauchen Kinder keine Regeln?

Ein Ansatz, der die Beziehung und das Vorleben in den Fokus rückt (ganz gleich, ob er sich nun *unerzogen* nennt oder anders), impliziert, wie wir gesehen haben, einige Konsequenzen. Die wohl wichtigste dabei ist, dass Kinder keine systematischen Regeln brauchen! Damit müssen wir uns nun etwas genauer befassen.

Ich arbeite mit Kindern und Jugendlichen, die zum Teil sehr gewaltvolle Biografien haben. Da ist das 13-jährige Mädchen, das bereits viermal die Schule wechseln musste, weil keiner mit ihr zurechtkam. Da ist der zehnjährige Junge, der bisher im Leben vor allem erfahren hat, dass er durch Gewalt oder Gewaltandrohung bekommt, was er möchte. Und da sind eine ganze Menge Kinder, die Zuhause so viel Schlimmes erlebt haben, dass sie schlichtweg nicht wissen, wie ein friedliches Miteinander aussieht. All das hält uns als Team nicht davon ab, unsere Philosophie zu leben: Kinder brauchen keine Regeln. Damit meine ich nicht, dass Kinder alles dürfen und sie nicht geführt werden, sondern dass es keinen Regelkatalog braucht, den sie gepredigt, vorgesungen oder ausgehängt bekommen, in dem steht, was erlaubt ist und was nicht. Sehr viele soziale Einrichtungen arbeiten aber genau damit und schwören darauf: Je härter die Klientel, umso enger und strenger die Regeln und umso rigoroser die Umsetzung.

Obwohl wir dies unter der letzten Frage schon etwas betrachtet haben, wollen wir nun noch einmal genauer fragen: Warum brauchen Kinder keine Regeln?

Der erste Grund ist: Kinder folgen keinen abstrakten Normen! Kein Kind kommt in die Einrichtung und sagt: »Regel 6 ist meine Lieblingsregel. Und weil ich sie so liebe, deshalb beleidige ich niemanden mehr!« Nein, wenn wir eine tragfähige Beziehung zu Kindern aufgebaut haben und sie sehen, wie wir mit Konflikten umgehen, unser Miteinander gestalten und ihnen

Wertschätzung entgegenbringen, dann kann es passieren, dass sie aus Sympathie zu uns ähnliche Verhaltensweisen zeigen. Dies ist wieder *Lernen am Modell* und die *Pädagogik des ersten Schritts*. Wir werden zum Vorbild für die Kinder und gehen in Vorleistung mit guten Taten.

Damit dies wirksam gelingt, braucht es Erziehende, die sich nicht hinter Masken oder Rollen verstecken, sondern authentisch sind. Denn durch Authentizität erlangen Erwachsene das Vertrauen von Kindern und bekommen dadurch eine natürliche Autorität. Wir alle hatten vermutlich mindestens einen Lehrer, der dafür bekannt war, laut herumzuschreien, drakonische Strafen zu verteilen und unberechenbar in seinem Verhalten zu sein. Wir hatten aber sicherlich auch mindestens einen Lehrer, der sich niemals aus der Ruhe hat bringen lassen, der niemals ausfallend wurde und es nicht nötig hatte, seine Machtposition auszunutzen. Die Frage ist suggestiv, aber sie sei gestellt: Welcher Lehrer war für Sie eine größere Autorität? Wahrscheinlich hatten Sie vor dem ersten Lehrer mehr Angst, aber vor dem zweiten mehr Respekt. Und dieser Respekt ist das, was natürliche Autorität erzeugt. Wer sie hat, ist nicht darauf angewiesen zu schreien, Stärke zu zeigen oder ... Regeln festzulegen. Diesen Gedanken beschreibt auch Jesper Juul und führt uns dadurch zum zweiten Grund, weshalb Kinder keine Regeln brauchen: Der Mangel an persönlicher Autorität ist für Juul die Ursache dafür, dass Erwachsene meinen, Kinder bräuchten Grenzen – wobei er Grenzen als

Synonym für Regeln versteht.[29] Das heißt, das Aufstellen von Regeln ist nichts, was *Kinder* brauchen, sondern etwas, auf das Erwachsene zurückgreifen müssen, wenn es ihnen an natürlicher Autorität fehlt. Kurz und prägnant bedeutet das: Feste Regeln dienen Erwachsenen, nicht Kindern. Denn ohne die persönliche Autorität müssen die Erziehenden auf autoritäre Macht zurückgreifen, also Druck ausüben (drohen oder strafen) – und dies braucht immer ein System von Regeln, das die Grundlage bildet. Letztendlich schützen Erwachsene dadurch nur ihre eigene Macht.

Ein dritter Grund ist folgender: Wenn wir davon ausgehen, dass eine vertrauensvolle Beziehung genügt, um Kinder freiwillig zu dem zu bewegen, was wir möchten, dann sind Regeln nicht nur nicht hilfreich, sondern sogar kontraproduktiv. Ich spielte einmal mit einem ca. zehnjährigen Jungen Fußball. Irgendwie kam es zu einer Entscheidung meinerseits, durch die er sich stark benachteiligt fühlte und sauer wurde. Nun begann er, mich wutentbrannt zu beleidigen. Ich fand das nicht gut und auch nicht angenehm, konnte es aber völlig verstehen, weil er nun einmal richtig sauer war. Wenn man beobachtet, was ranghohe Fußballfunktionäre nach Bundesligaspielen mit Fehlentscheidungen in TV-Kameras äußern, darf man einem Zehnjährigen keine Vorwürfe machen, wie er mit Fehlentscheidungen (aus seiner Sicht) umgeht. Angenommen, wir hätten für unsere Arbeit einen Regelkatalog, der – z. B. unter Regel 6 – sagt: *Wir beleidigen einander*

---

[29] Juul, Jesper (2014): *Aggression*. Frankfurt: Fischer. S. 31.

nicht, dann hätte der Junge entweder seine Wut unterdrücken müssen (und sie wahrscheinlich in physischer Form an einem kleineren Jungen ausgelassen) oder aber er hätte eine Regel gebrochen, die ich hätte sanktionieren müssen – denn dazu sind Regeln doch da –, womit ich ihn mit seiner Wut alleine gelassen hätte. Die Tatsache aber, dass er seine Wut in verbaler Form äußerte, zeigte mir, dass er unsere Beziehung als tragfähig ansah und wusste, dass er sich darauf verlassen kann. Das mag absurd klingen, doch ich bin mir sicher, dass er dies nicht gegenüber seiner Direktorin getan hätte und auch nicht gegenüber seiner Mutter – weil er vor den beiden und ihren Konsequenzen Angst hat. Hätte ich mich nun auf eine Regel berufen (müssen), die ihm sein Verhalten verbietet, hätte er nicht so sein können, wie er ist und damit würde die Regel zwischen uns stehen. Die Regel hätte unser Miteinander gestört, weil sie die Gefühle unterbunden hätte, die er mir anvertraut hat. Das heißt in letzter Konsequenz, dass sich die Regel zwischen uns gedrängt hätte und unsere Beziehung verletzt hätte. Das soll nun nicht bedeuten, dass ich Beleidigungen gutheiße und einfach unkommentiert hinnehme. Aber ich schiebe ihnen nicht einfach einen Riegel vor, weil dies nicht meinem Erziehungsziel entspricht (innere Größe statt Angepasstsein). Wir kommen gleich noch darauf, wie ein Umgang auf Basis von Beziehung aussieht, hier nur schon einmal vorab mein Handeln in besagtem Beispiel: Ich habe dem Jungen gesagt, dass ich verstehen könne, dass er sauer sei und er dies auch sein dürfe. Ich sagte ihm aber auch, dass ich Beleidigungen nicht gut fände und ihn deshalb bitte, damit aufzuhören. Natürlich tat er dies erst einmal nicht (das konnte er aus hirnphysiologischen Gründen auch gar nicht so leicht). Doch bereits fünf Minuten später entschuldigte er sich sogar für sein Verhalten und alles war wieder in Ordnung.

Ein weiterer Grund, warum Kinder keine einheitlichen Regeln brauchen, hat mit deren Individualität zu tun. Bleiben wir bei unserer Regel 6, die Beleidigungen verbietet. Stellen Sie sich ein Kind vor, das durch seine gewaltvollen Verhaltensweisen gegenüber anderen Kindern bekannt ist. Es schlägt, kratzt, beißt, würgt etc. Nach vielen Monaten des Miteinanderarbeitens hat sich das Kind mehr und mehr dahingehend entwickelt, dass es bei Frustration oder Langeweile nicht mehr physische Gewalt anwendet, sondern »nur« noch verbale. Das heißt, statt ein anderes Kind zu schlagen, schreit es sein Opfer beleidigend an. Auch wenn Beleidigungen mitunter kein Kavaliersdelikt sind, müssen wir doch zugeben, dass sie besser als physische Gewalt sind. Würde nun Regel 6 das Miteinander regeln, müsste das verbesserte Verhalten des Kindes sanktioniert werden. Der sichtbare Entwicklungsschritt des Kindes, nicht mehr zu schlagen, sondern nur noch zu beleidigen, würde bestraft werden und dadurch vermitteln: Er ist nicht richtig. Es wird deutlich, dass Kinder individuell behandelt werden müssen, Regeln hingegen verallgemeinern.

Der letzte hier zu behandelnde Grund, weswegen Regeln überflüssig und kontraproduktiv sind, liegt in der Individualität der Erziehenden. Wenn wir davon ausgehen, dass eine authentische Erziehungsperson ausreicht, um Kinder groß zu machen, dann ist es für ein Team (und Eltern sind auch ein Team!) unmöglich, Ansichten und Empfindungen unter eine einheitliche Norm zusammenzufassen. Denn dadurch würde die individuelle Persönlichkeit des Erziehenden in ein Korsett gepresst werden, das ihn zu sehr seiner Eigenheit berauben würde. Und das wäre das genaue Gegenteil von Authentischsein: Ich muss etwas sanktionieren oder ignorieren, weil eine Regel dies vorgibt, obwohl ich es eigentlich ganz anders empfinde. Deshalb kann es vorkommen, dass ein Kind zu einem Mitarbeitenden im Freizeittreff sagt: »Du Esel« und dieser das verbietet. Zu einem anderen Mitarbeitenden sagt es genau dasselbe und der reagiert mit einem lauten »I-A« als paradoxer Intervention. Ein dritter Mitarbeitender reagiert vielleicht dahingehend, dass er kontert und sagt: »Du Schaf«. Diese Individualität berücksichtigt die Empfindungen der einzelnen Mitarbeitenden, lässt sie also als *Menschen* bei ihrer Arbeit sein, und fordert bei Kindern die Fähigkeit, sich auf ihr Gegenüber einzustellen. Das heißt, die Kinder werden gefordert, vielfältige Umgangsformen zu entwickeln und anzuwenden – was ein toller Lerneffekt ist. Manchmal wird mir vorgeworfen, dass, wenn wir Beleidigungen in unserer Einrichtung durchgehen lassen bzw. paradox darauf antworten, dies dazu führen könne, dass die Kinder sich so auch gegenüber ihren Lehrern benehmen und damit richtig Ärger bekommen. Diese Angst halte ich für absolut unbegründet. Ich glaube, dass Kinder genau wissen, was sie bei wem dürfen. Und wenn sie es nicht wissen, dann machen sie es einmal falsch, erfahren eine unangenehme Reaktion und wissen es danach besser. Ich bin fest davon überzeugt, dass die Reaktion der Mitarbeitenden auf unterschiedliche Verhaltensweisen nicht durch generelle Anweisungen gesteuert werden darf. Jeder einzelne Erwachsene muss die Freiheit haben, selbst zu entscheiden, wie er angesichts der Situation reagiert – Regeln würden ihm dafür Fesseln anlegen.

Diese fünf Gründe sollen genügen, um zu zeigen, dass feste Regeln nicht nötig bzw. sogar hinderlich sind, um Kinder zu erziehen: 1. Kinder folgen keinen abstrakten Normen, sondern authentischen Personen, 2. Regeln dienen den Erwachsenen, ihre Macht zu sichern, 3. Regeln zwängen sich zwischen die handelnden Akteure, 4. Regeln ignorieren die Individualität des Kindes, 5. Regeln legen der Individualität der Erziehenden Fesseln an.

Welche Nachteile hat das Erziehen ohne Regeln, allein auf Basis von Beziehung?

Ich vermute, dass Ihnen nach dem letzten Abschnitt einige Einwände einfallen, die gegen meine Argumentation sprechen. Natürlich kann ich nur vermuten, welche dies sind. Allerdings habe ich aufgrund diverser Vorträge und Diskussionen bereits einen gewissen Kenntnisstand darüber, welche Gegenargumente sehr beliebt sind. Einige hatten wir davon sicher bereits besprochen. Im

Folgenden möchte ich auf drei sehr häufig vorgetragene eingehen.

Soziale Einrichtungen, die mit festgelegten Regelkatalogen arbeiten, betonen: ein festgelegter Verhaltenskodex für Kinder hilft im erzieherischen Alltag ungemein. Man müsse nicht mehr jede Entscheidung diskutieren, sondern könne sich auf bestimmte Vorschriften berufen und gegebenenfalls entsprechende Sanktionen ohne schlechtes Gewissen verhängen. Das kann ich verstehen. Zu diesen Vorteilen kommt noch hinzu, dass es im Umkehrschluss bedeutet, dass das Fehlen einheitlicher Regeln dazu führt, dass der einzelne Erziehende deutlich stärker gefordert ist. Denn nun kann er sich nicht hinter Regeln verstecken und diese als Argument anführen, warum er durchgreifen müsse. Er ist in der Pflicht, eigene Grenzen bewusster wahrzunehmen und eigene, authentische Mittel zu finden, um Konflikte zu lösen. Natürlich bedeutet diese Verantwortung automatisch auch eine größere Freiheit, denn der Erziehende darf selbst entscheiden, was er möchte, und er ist nicht festgelegt, wie eine Reaktion ausfallen muss (siehe Grund Nummer Fünf, warum Regeln überflüssig sind). Trotz allem besteht die Schwierigkeit darin, keine Rolle spielen zu dürfen. Denn, wie wir gesehen haben, ist genau das ein Effekt, den Regelkataloge bewirken: Man kann Dienst nach Vorschrift machen, ohne seine Persönlichkeit zwingend einzubringen. In diesem Sinne unterscheiden sich Pädagogen beispielsweise von Kassiererinnen[30]. Von der Frau (oder dem Mann) an der Kasse erwartet man, dass sie freundlich ist, egal, wie es ihr wirklich geht. Selbstverständlich ist das nicht immer leicht und kann schnell zum Nachteil für die Kassiererin werden. Doch kann diese Erwartung auch einen großen Vorteil haben: Die Kassiererin muss sich nicht in die Karten schauen lassen, sie muss nichts von ihrem Inneren preisgeben. Sie spielt einfach die Rolle *Kassiererin* – und dies kann nach Drehbuch geschehen. Der Erzieher hingegen muss authentisch sein, damit die Kinder ihm folgen. Er steht also im Konflikt, seine Stimmung, körperliche Verfassung oder Motivationslage einerseits zu zeigen, sie aber andererseits so im Griff zu haben bzw. so zu dosieren, dass sie kindgerecht sind, den Anforderungen seines Jobs entsprechen und immer noch Privates und Dienstliches trennen. Das heißt, hat eine *Kassiererin* einen schlechten Tag, ist es sicherlich nicht leicht, trotzdem freundlich zu sein. Aber ihr Vorteil besteht darin, notfalls übertrieben freundlich zu sein und sich damit vollständig auf ihre Verhaltensebene zu konzentrieren. Hat hingegen der Mitarbeiter im Kindertreff einen schlechten Tag, kann er nicht einfach so tun, als wäre nichts. Natürlich ist es auch ausgeschlossen, die schlechte Stimmung an den Kindern auszulassen. Er muss also

---

[30] Die Beschreibung des Verhaltens einer Kassiererin mag völlig klischeehaft, undifferenziert, übertrieben und vielleicht sogar falsch sein. Dafür bitte ich um Entschuldigung. Ich nutze das Beispiel, um die Herausforderung für die pädagogische Arbeit anschaulicher zu beschreiben. Sollten auch Kassiererinnen auf ähnliche Weise herausgefordert sein, möchte ich nichts Gegenteiliges behaupten.

einen Mittelweg finden. Der Mitarbeiter begibt sich auf eine Gratwanderung: Er muss ein Stück seines inneren Befindens preisgeben, da dies für das Arbeiten mit Beziehung wichtig ist, ohne zu viel preiszugeben, weil dies dem Setting und dem Kind nicht gerecht werden würde. Dies ist eine echte Herausforderung. Ich habe einmal eine 22-jährige Praktikantin betreut, die an schlechten Tagen den zwölfjährigen Mädchen ihren Beziehungskummer detailliert beschrieben hat. Die Mädchen waren damit nicht nur inhaltlich, sondern auch emotional überfordert – denn sie hatten nun das Gefühl, sie müssten die Praktikantin aufbauen, was sie aber nicht konnten. Solch ein Verhalten ist zu viel der Authentizität. Andererseits merke ich aber immer wieder, dass, wenn man so tut, als wäre alles in Ordnung, dies aber nicht stimmt, Kinder das Gefühl bekommen, sie hätten etwas falsch gemacht, obwohl sie nichts dafür können. Das heißt, man muss mindestens sagen, dass es einem nicht gut geht, dies aber nichts mit dem Gegenüber zu tun hat.

Ein zweiter Grund, weshalb das Erziehen ohne feste Regeln schwieriger sein kann, liegt ebenfalls in der Individualität der Erziehenden. Wenn Mitarbeitende Freiheit haben, in dem wie sie erziehen, was sie erlauben, was sie verbieten, kann es schnell dazu kommen, dass Kinder einzelne Mitarbeitende mehr mögen als andere. Aber nicht nur in professionellen Teams ist dies eine Gefahr – auch Eltern sind ein Team, das mit individueller Authentizität die größten Erfolge haben wird. Demnach kann die landläufige Meinung, dass Eltern optimalerweise immer einer Meinung sein sollten, um damit stärker aufzutreten, nicht der Weisheit letzter Schluss sein. Natürlich wäre es perfekt, wenn Eltern tatsächlich immer einer Meinung wären, aber nur, wenn dies nicht durch Kompromisse und damit auf Kosten der authentischen Individualität geschieht. Da diese Homogenität in der Realität selten vorkommt, besteht auch bei Eltern die Gefahr, dass sich Mama zum good cop und Papa zum bad cop (oder andersherum) entwickelt.

Nun stellt sich aber die Frage, wie groß tatsächlich die Gefahr ist, dass es zu einem deutlichen Gefälle innerhalb der Positionen kommt. Und wir müssen uns auch fragen, ob ein mögliches Gefälle eigentlich wirklich so schlimm ist.

Aus meiner Erfahrung mit diesem Konzept kann ich sagen, dass die Gefahr des *good cop, bad cop* viel kleiner ist, als man theoretisch annimmt. Dies liegt vor allem daran, dass kein Mitarbeitender, aber auch kein Elternteil, *immer* der Strengere oder *immer* der Lockerere ist. Vielmehr ist es so, dass Papa vielleicht fordernder in schulischen Angelegenheiten ist, Mama aber ohne Murren schlechte Noten unterschreibt, Papa ist hingegen viel großzügiger in Sachen Taschengeld, Mama eher pingelig, wenn es um Geld geht. Das heißt, statt dass es eine grundlegende Tendenz zu *beliebter Erwachsener* und *unbeliebter Erwachsener* gibt, wird es eher darum gehen, dass ein Erziehender in Angelegenheit X beliebter ist und ein anderer in Angelegenheit Y.

Doch nehmen wir einmal an, es käme zu einem allgemeinen *good-cop-bad-cop*-Status, wäre dies überhaupt so schlimm? Wenn wir davon ausgehen, dass jeder Mensch individuell ist, dann kann es doch auch sein, dass Kinder besser mit der autoritären Art von Mama bzw. Mitarbeiter A zurechtkommen, wohingegen andere Kinder eher den legeren Stil von Papa bzw. Mitarbeiter B mögen. Außerdem kann es sein, dass manche Erziehende sich wiederum nicht wohlfühlen in einer zu freundlichen und engen Beziehung zum Kind, so dass sie gar nicht der *good cop* sein wollen. Es ist also schwierig, allgemein davon auszugehen, dass eine Rollenzuschreibung automatisch negativ und änderungsbedürftig ist. Ein weiterer Aspekt ist, dass es gerade bei Eltern auch sehr bereichernd sein kann, wenn Kinder erleben, dass verschiedene Optionen und Meinungen existieren. Nicht nur, dass das Kind dadurch mehr Vielfalt erlebt, es bekommt bestenfalls auch vorgelebt, wie mit unterschiedlichen Ansichten harmonisch (oder zumindest authentisch) umgegangen werden kann. Außerdem bemerken Kinder, dass sie es mit echten, individuellen Persönlichkeiten zu tun haben und nicht mit Robotern, die Dienst nach Vorschrift machen.

Noch einmal: Eine natürliche Homogenität zwischen den Erziehenden ist optimal. Was ich zu zeigen versucht habe, ist, dass auch Differenzen gute Seiten haben können. Trotzdem bleibt die Heterogenität eine Gefahr, da sie leicht in Machtspiele und Streitereien ausarten kann, was nicht selten auf die emotionalen Kosten der Kinder geht. Außerdem kann es sein – und vermutlich ist das Ihr wichtigstes Argument –, dass Kinder maßlos die uneinigen Eltern oder Mitarbeitenden gegeneinander ausspielen können. Da diese Gefahren auf der Hand liegen, ist es wichtig, ihnen konstruktiv zu begegnen – ohne dass die Lösung eben darin besteht, immer die eigene Meinung an die des anderen anzupassen. Dies gelingt – wie so oft – vor allem mit viel Gelassenheit, Flexibilität und dem regelmäßigen Austausch der Erziehenden. Entwickelt sich wirklich eine Konstellation, in der eine Partei zunehmend in eine Außenseiterposition gerät und dies schwer aushält, kann besprochen werden, welche Situationen geschaffen werden könnten, die es dem strengen Erzieher ermöglichen, lockerer aufzutreten. Beispielsweise sollte in positiven Momenten (Gute-Nacht-Geschichte, Taschengeldausgabe, Freizeitparkbesuch) bewusst der eher als *bad cop* empfundene Erziehende auftreten. Es kann natürlich dazu kommen, dass Eltern oder Teammitglieder Entscheidungen treffen, die dem Verhalten bzw. der Einstellung des anderen essenziell widersprechen. Dies kann als Herausforderung angenommen werden, ausnahmsweise einen Konsens nach gegenseitiger Anpassung und Korrektur zu finden. Dieser sollte so allgemein wie möglich ausfallen, um viel individuellen Spielraum zu lassen, da jeder Erziehende weiterhin eigene Erziehungsziele und Prinzipien hat. Doch häufig geht es um situative Entscheidungen, die keinen langen Austausch zulassen: Papa entscheidet, dass es heute Abend kein Fernsehen mehr gibt. Obwohl Mama nichts dagegen hätte, dass noch eine Stunde geschaut wird, darf sie dann natürlich nicht widersprechen. Denn sonst werden die Eltern vermutlich gegeneinander ausgespielt. Allerdings ist auch hier möglich, sich im Anschluss darüber auszutauschen und für den nächsten Abend etwas anderes zu vereinbaren. Wichtig ist, mit solchen Erlebnissen gelassen umzugehen, auch in dem Wissen, dass es beim nächsten Mal ja anders gemacht werden kann.

Lassen Sie mich die bisherigen Nachteile einer Erziehung ohne feste Regeln zusammenfassen: Wir haben bisher als ersten Nachteil ausgemacht, dass Erziehende ohne festen Regelkatalog viel mehr gefordert sind, als authentische Persönlichkeit individuelle Entscheidungen zu treffen und sich nicht hinter festen Normen zu verstecken. Das strengt an, weil es auch immer beinhaltet, eine Balance zu finden, wie viel sie von sich selbst preisgeben. Der zweite Nachteil bei der Arbeit ohne allgemeine Regeln besteht darin, dass sich die Erziehenden möglicherweise widersprechen und entweder zu Lasten der Kinder streiten oder aber von diesen ausgespielt werden. Leben alle Beteiligten die Art der Erziehung, die ihnen entspricht und verschanzen sich nicht hinter festgelegten Regeln, braucht es viel mehr Kommunikation zwischen ihnen, um Kompromisse zu finden. Womit diese Form der Erziehung wiederum einen Mehraufwand bedeutet. Ein dritter und letzter Grund, warum die Arbeit ohne festes Regelwerk schwieriger sein kann, liegt im Tempo der Wirksamkeit. Diesen möchte ich nun beschreiben.

In Hamburg gibt es Skiferien. Diese sind meistens im Februar oder März. Es liegt zwar selten Schnee und Berge haben wir auch nicht, aber wir haben Skiferien. In diesen Ferien gibt es für mich berufsbedingt eine Pflichtveranstaltung: Wir fahren mit ca. zehn bis zwölf Jungen im Alter von sieben bis zwölf Jahren für vier Tage in die Lüneburger Heide. Dort beziehen wir ein Haus mitten in der Natur. Es gibt viel Wald, eine große Anzahl an Pferdehöfen und einen Teich. Nicht viel mehr. In dieser Zeit machen wir dann einmal einen Ausflug in ein Schwimmbad, spielen viel Fußball und es gibt eine Nachtwanderung. Einfaches Programm. So viel zur Vorgeschichte. Über viele Jahre – bevor ich anfing, dort zu arbeiten – war es Tradition, auf diesen Reisen Punktesysteme zu benutzen. Jedes Zimmer konnte Punkte sammeln oder verlieren. Direkt bei der Ankunft wurden die Regeln erklärt und ausgiebig beschrieben, wofür es wie viele Punkte gab. Punkte gab es unter anderem, wenn man beim Kochen, Tischdecken, Ab- oder Aufräumen half, aber auch, wenn das Zimmer ordentlich war, man früh einschlief oder einem Mitarbeitenden irgendwie half. Punktabzüge gab es für schlechtes Verhalten wie Beleidigungen oder Schlagen, spätes Einschlafen oder wenn man seinen Müll nicht weggeräumt hatte. Die Punkte wurden übersichtlich auf einer Tafel erfasst und waren stets für alle einsehbar. Am Ende der Reise bekam das Zimmer mit den meisten Punkten viele Süßigkeiten. Dieses System funktionierte über Jahre super, vor allem, wenn die Kinder jünger als zehn Jahre waren. In meinen ersten beiden Jahren in der Einrichtung lief das System weiterhin wie beschrieben. Doch irgendwann hinterfragten wir als Team dieses

System und beschlossen, es abzuschaffen – aus den weiter oben immer wieder beschriebenen Gründen. Plötzlich gab es kein Punktesystem mehr, aber auch keine Belehrung mehr darüber, was erlaubt sei und was nicht. Wir waren fest davon überzeugt, dass die Kinder sowieso wüssten, was gut und gewünscht sei und was nicht. Warum es ihnen also immer wieder erklären?

Für die meisten Kinder, die Ferienfahrten bisher nur mit dem Punktesystem und dem Regelkatalog kannten, war die erste Reise ohne diese Sachen äußerst verwirrend. Sie konnten es nicht glauben, dass sie plötzlich frei waren. Deshalb fragten sie mehrfach nach, wie das denn funktionieren solle. Es war erschreckend zu sehen, wie sehr dieses Bewertungssystem in ihnen verankert war – natürlich nicht nur aufgrund unserer Reisen, sondern vor allem aufgrund ihrer Erziehung zuhause. Doch es dauerte nicht lange, bis sie die Vorteile verstanden und ausnutzten. Die ersten Reisen »in Freiheit« waren für uns Mitarbeitende natürlich viel anstrengender. Wollte man Hilfe in der Küche, fand sich kaum ein Helfer. Das Zu-Bett-Gehen wurde die schlimmste Zeit des Tages. Und das Saubermachen am Ende der Reise lohnte sich plötzlich wirklich. Exemplarisch war für mich eine konkrete Situation: Wir wollten gerade mit allen Jungs Fußballspielen gehen, doch der Ball lag am anderen Ende des Geländes. Also bat ich: »Könnte mir bitte jemand den Ball holen?« Keiner rührte sich. Da ich ziemlich gereizt war in diesem Moment, griff ich – nach einer kurzen Schimpftirade – auf die alten, wirksamen Methoden zurück und sagte: »Wer mir den Ball bringt, bekommt ein Bonbon.« Dreiviertel der ganzen Gruppe rannte los, um als erster am Ball zu sein. Während dieser Freizeit haderten wir immer wieder, ob wir nicht doch wieder das alte System etablieren sollten. Denn die Arbeit mit Regeln und entsprechenden Sanktionen ist schlichtweg deutlich effizienter – kurzfristig! Die Arbeit allein auf Basis von Beziehung dauert deutlich länger. Dies ist ein gewichtiger Nachteil – der immer wieder eine Versuchung darstellt, Regeln (und Strafen) als Hilfskonstrukt anzuwenden. Dass dies allerdings langfristig weniger effizient und mitunter sogar schädigend ist, haben wir weiter oben besprochen. Uns als Team war letztendlich die langfristige Vision wichtiger als unsere Vorteile im Hier und Jetzt – weshalb wir das Punktesystem nicht wieder einführten.

Wie sieht die Arbeit ohne Regeln konkret aus?

Lassen Sie uns noch kurz bei unserem Beispiel *Freizeitfahrten* verweilen. Denn daran lässt sich gut erklären, wie die Arbeit im Konkreten aussieht, wenn man sich nicht an feste Regeln hält, sondern Beziehung das Geschehen bestimmen lässt.

Als wir das Punktesystem auf Freizeiten abschafften und allein auf Beziehung zurückgriffen, war uns natürlich von vornherein klar, dass es längere Zeit dauern würde, ehe das neue Modell Früchte trägt und dass es anstrengend werden würde – wenngleich wir nicht erwarteten, dass es *so* anstrengend werden würde. Wir stellten uns darauf ein, dass es mehrere Freizeiten braucht, bis erste Erfolge sichtbar werden. Doch wir hatten das große Ziel vor Augen, die Kinder zu sozialer Verantwortlichkeit und damit innerer Größe zu führen – immerhin geht es um das Wohl der Kinder, nicht um unseres.

Zunächst führte unser neues Modell dazu, dass wir Bitten, Aufträge und Anweisungen nicht mehr mit möglichen Verstärkern oder Drohungen formulierten, sondern einfach ohne Begründung äußerten. Wir sagten also nicht mehr: »Kannst du mir bitte in der Küche helfen, du hast dann auch etwas bei mir gut?« oder »Du hilfst mir bitte in der Küche, sonst ist heute 21 Uhr Nachtruhe!«, sondern einfach: »Hilfst du mir bitte in der Küche?« Das mag banal klingen, doch uns wurde bewusst, wie sehr wir selbst in diesem Belohnungssystem gefangen waren und automatisch dachten, wir müssten Bitten reizvoller machen. Doch stellen Sie sich einmal vor, Sie würden mit Ihrem Partner sprechen und müssten zu jeder Bitte eine Gegenleistung formulieren? Das wäre keine gesunde Beziehung. Doch gegenüber den Kindern scheinen wir so geprägt zu sein. Und die Reaktionen der Kinder bestätigten uns darin, dass es ohne Drohung oder Belohnung nicht zu gehen schien. Denn eine der häufigsten Reaktionen der Kinder war: »Und was, wenn nicht?« Hieran erkannten wir, wie sehr auch die Kinder in ihrem Belohnung-Bestrafungs-System gefangen waren. Ihnen war eingeimpft wurden, dass Nichtbefolgen eine negative Konsequenz nach sich zieht. Da sie nun aber wussten, dass wir darauf verzichten, stellte sich die Frage: Was passiert denn eigentlich, wenn ich nun nicht folge? Für uns war klar, dass wir genau dieses eingefahrene Denken durchbrechen müssen. Also gaben wir ihnen bei jeder einzelnen Situation wieder zu verstehen, dass es keine negativen Folgen hat, wenn sie unsere Bitten abschlagen und selbst wenn sie unsere Anweisungen nicht befolgen, gibt es keine Strafen. Für die Kids war dies völlig unlogisch und sie sahen zunächst keinen Grund, weshalb sie dann etwas machen sollten. Doch dann spielten wir die Beziehungskarte aus. Wir sagten ihnen, dass es ihnen wirklich freigestellt sei, uns zu helfen oder nicht, aber wir sie einfach darum bitten. Nur die allerwenigsten Kinder – und dann vor allem jene, die weder ganz neu noch sehr lange dabei waren – brachten es fertig, sich umzudrehen und zu gehen. Die allermeisten schienen sich in diesen Momenten daran zu erinnern, dass wir eine gute Beziehung hatten und halfen uns – wenngleich manche dabei hörbar murrend. Es schien fast so, als würde ihr Gewissen sie dazu zwingen. In diesen Face-to-Face-Situationen funktionierte es also ziemlich schnell, dass wir auf Anreize oder Drohungen verzichten konnten und trotzdem unseren Willen bekamen. Dies gelang aber nur, weil wir wirklich eine intensive Beziehung zu den Kindern hatten und sie die *Pädagogik des ersten Schritts* erlebten.

Diese beiden Komponenten – Beziehung und *Pädagogik des ersten Schritts* – waren es auch, die nach einiger Zeit immer wieder dazu führten, dass uns Kinder von sich aus halfen. Ob dies nun intrinsisch motiviert war oder aus

Pflichtgefühl, kann ich nicht beurteilen. Fakt ist: Das Verhalten wurde ohne äußere Anreize unsererseits gezeigt. Durch solche Taten merkten wir erst richtig, wie befreiend es ist, wenn keine Regeln oder Drohungen zwischen einem stehen, sondern einfach aufgrund einer wohlwollenden Beziehung gegenseitige Unterstützung geschieht.

Doch ist die Geschichte unserer Freizeiten kein Märchen: Natürlich gibt es auch heute noch Kinder, die unser Konzept schamlos ausnutzen. Solange diese Kinder keinen Druck verspüren oder merken, dass sie Vorteile aus guten Taten haben, krümmen sie keinen Finger. Für die Erziehung solcher Kinder gibt es Anregungen im nächsten Kapitel. Natürlich sind auch wir nicht immer geduldig, sondern sagen nicht kooperierenden Kindern mitunter auch sehr deutlich, dass wir das nicht gut finden. Mitunter ist die Konsequenz, dass wir ihre Weigerung nicht hinnehmen, sondern sie doch wieder »zwingen«. So sollte es nicht sein, es kommt aber vor. Doch selbst in diesen Momenten des Zwingens müssen wir nicht auf Drohungen zurückgreifen, sondern unsere natürliche Autorität genügt, sie zu einer Handlung zu bewegen – auch wenn sie leider nicht freiwillig geschieht. Das heißt, wir beschließen einfach, dass sie uns helfen sollen (negativer formuliert könnte man auch sagen: wir befehlen es ihnen) – mehr nicht. Das wirkt tatsächlich in 99% der Fälle.

Letztendlich versuchen wir, idealerweise nichts zu machen, was der Beziehung zum Kind schadet. Das bedeutet aber nicht, dass wir nur wohlwollende Angebote machen oder den ganzen Tag Süßes verteilen. Nein, es heißt auch, dass wir sie in die Schranken weisen und Dinge verbieten – nur eben nicht per se[31] (aus Prinzip oder weil es die Regeln besagen) und nicht so, dass sie unsere Beziehung verletzen. Viel ist gewonnen, wenn wir einen demütigen Umgang mit unserer Macht finden, diese freundlich und humorvoll vermitteln und darauf achten, dass das Kind nicht bloßgestellt oder kleingemacht wird, sondern trotz Zurechtweisung seine Würde behält. Diese Haltung ist im Übrigen altersunabhängig. Natürlich brauchen kleinere Kinder bis fünf oder sechs Jahre deutlich mehr Führung im Sinne von Ansagen. Wenn bei ihnen bewusstes und kontrolliertes Handeln beginnt, ist eine Erziehung zu Eigenverantwortlichkeit leichter und ratsamer. Doch egal, wie alt die Kinder sind: Unsere Erziehung sollte sie nie kleinmachen oder die Beziehung verletzen.

Grundsätzlich ist zu sagen: Es lassen sich viel mehr Situationen mithilfe der Beziehungskarte lösen, als man meinen mag. Ich erinnere noch einmal an das Beispiel mit dem Jungen beim Fußball. Als er mich in seiner Wut beleidigte, hätte ich auch einfach drohen können, seine Mutter anzurufen. Das hätte bei ihm schlagartig dazu geführt, dass er aufgehört hätte. Somit wäre das Ziel erreicht gewesen. Aber es hätte unserer Beziehung

---

[31] Eine Ausnahme hierbei ist die körperbetonte Arbeit in unserem Toberaum. Dieser mit Matten ausgestattete Raum erlaubt es den Kindern, zu toben und vor allem zu kämpfen. Hier gelten fest definierte Regeln: es wird nur gegen andere gekämpft, die das auch wollen, Würgen und Treten sind verboten und sobald jemand aufgibt, lässt der andere von ihm ab.

geschadet, da ich seine Mutter zwischen uns gezogen hätte. Indem ich meinen Wunsch äußerte, er möge bitte das Beleidigen unterlassen, habe ich eine klare, aber nicht drohende Ansage getätigt, die ihm die Möglichkeit gab, freiwillig sein Verhalten zu verändern. Und dies geschah auf Basis unserer Beziehung und trug gleichzeitig dazu bei, dass sie sogar noch gestärkt wurde.

Gibt es Ausnahmen?

In jedem menschlichen Verhältnis ist die Qualität der Beziehung der größte Wirkfaktor für alle weiteren Maßnahmen. In diesem Sinne ist die Wichtigkeit von Beziehungen universell. Es kann allerdings sein, dass die Konsequenz aus dieser Tatsache in verschiedenen Konstellationen und Kontexten unterschiedlich ist. Wie ich beschrieben habe, brauchen Kinder im Grunde keine festen Regeln, da die Beziehung das Miteinander steuert. Mit dieser Methode führt der Erwachsene auf eine Weise, die dem Kind viel Freiheit gewährt, indem sie viel Eigenverantwortlichkeit abverlangt. Dies ist in der Regel das optimale Vorgehen. Allerdings gibt es eine Reihe von Ausnahmen, bei denen es neben der Freiheit, die aus der Arbeit auf Basis einer tragfähigen Beziehung entsteht, etwas anderes – zusätzlich! – braucht. Diese Ausnahmen sollen nicht unerwähnt bleiben.

Vor einigen Jahren waren mein Team und ich mit acht männlichen jungen Erwachsenen für eine Ferienreise in Barcelona. Wir Mitarbeitenden kannten die Jungs schon einige Jahre, so dass eine enge Beziehung zu allen gewachsen war. Die Truppe war bunt gemischt, vom Studenten bis zum Hauptschulabbrecher war alles dabei. Wie immer bauten wir auf unsere gute Beziehung zu den jungen Menschen, so dass wir ihnen sehr viele Freiheiten ließen und darauf vertrauten, dass sie uns nicht enttäuschten. Das funktionierte die ersten beiden Tage sehr gut und wir als Team hatten fast schon bezahlten Urlaub. Doch ab dem dritten Tag begannen die Probleme. Ein Jugendlicher, der eine Reihe schwerwiegender Probleme hatte (Drogensucht, phasenweise hochgradige Aggressivität, längeres Vorstrafen-register, Gefängniserfahrung etc.), zeigte plötzlich diverse beunruhigende Symptome. Bis dahin wussten wir natürlich von seiner Vergangenheit und hatten auch immer wieder Videos darüber gesehen, wie er sich mit Polizisten prügelt usw. Doch wenn er in unserer Einrichtung war oder mit uns auf Ferienfahrten fuhr, hatten wir ihn ausnahmslos als sehr sozialen und netten jungen Menschen erlebt. Nun in Barcelona begann er erstmals, sein anderes Gesicht zu zeigen. Er fing an, uns zu belügen, wegzulaufen, Wutanfälle zu bekommen und wie in Trance zu agieren. Ohne eine abschließende Diagnose zu stellen, hatten wir den Eindruck, dass wir Zeugen einer multiplen Persönlichkeitsspaltung wurden, die mehrmals genauso schnell wieder verschwand, wie sie auftauchte. Dann wusste der junge Mann nichts mehr von dem, was er noch zehn Minuten vorher gemacht hatte. Es war beängstigend. Wir als Team vereinbarten, dass es bei ihm nicht mehr zu gewährleisten sei, ihm die Freiheit zu lassen, die wir ihm und den anderen immer zugestanden hatten. Uns war klar, dass er klarere Vorgaben und enge Begleitung brauchte. Natürlich war auch hierfür unsere über Jahre gewachsene Beziehung unbedingt hilfreich, aber es brauchte noch engere Führung. Dies war für mich eine wichtige Erkenntnis: Das Konzept der alleinigen Beziehungserziehung funktioniert nicht, wenn gewisse psychische Krankheiten vorliegen, die es den betroffenen Personen nicht erlauben, für sich selbst Verantwortung zu übernehmen. Dies gilt natürlich, wie weiter oben bereits erwähnt, im gleichen Maße für kleine Kinder bis fünf, sechs oder sieben Jahre. Denn auch sie können noch keine Verantwortung für sich übernehmen. Auch spielt die Persönlichkeit von Kindern (und Menschen im Allgemeinen) eine wichtige Rolle: Es gibt Kinder, die können früher und leichter mit Freiheit umgehen als andere. Dies gilt es zu berücksichtigen und ein Feingefühl dafür zu entwickeln. Das heißt, die eigenverantwortliche Erziehung nimmt in dem Maße zu, wie die geistigen Fähigkeiten zunehmen. Im Falle meiner Barcelona-Reise nahmen die Fähigkeiten des Jugendlichen rapide ab, sodass auch der Grad der Freiheit rapide abnehmen musste.

Wenn das in diesem Kapitel beschriebene Erziehungskonzept auf einer vertrauensvollen Beziehung basiert, dann wird es natürlich scheitern, wenn diese Beziehung nicht zustande kommt. Wir sind davon ausgegangen, dass diese Beziehung natürlicherweise zwischen Eltern und Kindern von Anfang an vorhanden ist. Gerade aber in außerfamiliären Institutionen wie Schule oder der

Nachmittagsbetreuung kann es natürlich dazu kommen, dass eine solche Beziehung trotz allem Bemühen nicht wächst. Ich habe vor einigen Jahren Jugendliche während ihres Freiwilligen Sozialen Jahres betreut. Dabei erinnere ich mich an einen jungen Mann, der mich durch sein dominantes Auftreten ungewöhnlich unsicher gemacht hat. Ihm konnte ich schlichtweg nicht so frei begegnen, wie ich sonst Menschen begegne. Mit ihm gelang es mir deshalb einfach nicht, eine tragfähige Beziehung aufzubauen. Das führte dazu, dass ich mich intuitiv viel mehr hinter einer Rolle versteckte, statt authentisch zu sein. Dieses Verstecken trug sicherlich weiter dazu bei, dass die Beziehung nicht wuchs. Ich war froh, dass ich nur ein Jahr für ihn verantwortlich war.

Doch nicht nur Kinder und Jugendliche können etwas in den Erwachsenen auslösen, das einer vertrauensvollen Beziehung hinderlich ist, sondern auch andersherum. Wenn Kinder beispielsweise Opfer sexueller Gewalt wurden und haben dann mit Erziehenden zu tun, die sie an den Täter erinnern, werden sie sich wohl verständlicherweise gegen eine enge Beziehung wehren. Es kann weiterhin vorkommen, dass etwas am Anfang einer Zusammenarbeit vorgefallen ist, was die weitere Zeit belastet. So hatte ich einmal einen Kollegen, der am Anfang seines Dienstes aufgrund von Unsicherheit sehr streng auftrat. Noch Jahre später gab es ein paar wenige Jugendliche, die ein sehr negatives Bild von diesem Kollegen hatten, obwohl er sich mittlerweile geändert hatte. Doch sie konnten ihm den ersten Eindruck nicht verzeihen und dann begann eine Spirale: alles, was er tat, wurde negativ attribuiert; dies wiederum führte dazu, dass er gegenüber diesen Kindern auch nach Jahren noch eine gewisse Unsicherheit ausstrahlte. Es gibt gewiss noch weitere Gründe, die den Aufbau einer tragfähigen Beziehung zu Kindern und Jugendlichen erschweren und gegebenenfalls sogar unmöglich machen. Doch ist dadurch ein Scheitern der Arbeit nicht vorprogrammiert – sie wird nur erschwert. Trotzdem kann auch dann mit dem besprochenen Ideal – Kinder freiwillig zu dem zu bewegen, was man selbst möchte – gearbeitet werden, allerdings braucht es hierbei leider wiederum mehr Regeln und Vorgaben. Der primäre Fokus sollte in einer solchen Situation darauf liegen, alles dafür zu tun, dass die Beziehung verbessert oder repariert wird. In der Zwischenzeit müssen aber Alternativen zu dem beschriebenen Konzept gefunden werden.

Nun haben wir zwei Ausnahmen besprochen, die wirklich Ausnahmen sind. Doch gibt es auch im Alltag einer jeden Familie Situationen, die das alleinige Ausspielen der Beziehungskarte unmöglich machen. Vermutlich fällt Ihnen hierzu sofort eine ganze Reihe an Beispielen ein. Denken Sie einmal an einen stressigen Montagmorgen: Sie müssen zur Arbeit, aber die Kinder lassen sich gaaaaaanz viel Zeit. Da kommen Sie mit Bitten und Motivieren wahrscheinlich nicht sehr weit. Oder stellen Sie sich vor, dass sich Ihre Kinder die Köpfe einschlagen wollen. Natürlich müssen Sie dazwischengehen und nicht einfach nur gut zureden. Und nicht zuletzt gibt es Kinder, die nicht nur in ihrer »Trotzphase« einen ganz starken

Eigenwillen zeigen, der kaum Kompromisse zulässt. Oft hat es gar nichts mit Boshaftigkeit zu tun, wie wir gesehen haben und noch vertieft sehen werden. Für diese alltäglichen besonderen Situationen ist das nächste Kapitel geschrieben. Hier schauen wir uns an, wie erzieherische Praktiken aussehen und angewandt werden können, um Kinder schnell freiwillig zu dem zu bewegen, was wir möchten – wenn sie eigentlich etwas ganz anderes möchten.

Bevor wir dies tun, sei noch abschließend etwas zur Arbeit mit Beziehungen gesagt: Es kann sein, dass Sie denken, dass das ja ein ganz nettes Konzept sei, aber für die allermeisten Alltagssituationen in Familie, Schule oder Jugendarbeitseinrichtung ungeeignet. Das kann sein, das kann aber auch nicht sein. Ich beobachte immer wieder, wie schnell sich Eltern und Pädagogen hinter Regeln verstecken, ihr Vorgehen aber damit begründen, dass es *für die Kinder* nötig sei. Wie wir weiter oben bereits gesehen haben, sind es hingegen sehr häufig die Erziehenden, die von den Regeln profitieren – nicht zuletzt, weil ihnen persönliche Autorität fehlt. Im Anschluss eines Vortrags meldete sich einmal eine Mutter einiger Pflegekinder. Sie war überhaupt nicht damit einverstanden, dass Regeln normalerweise überflüssig seien. Als sie dann verschiedene Alltagssituationen beschrieb, fragte ich sie zu einzelnen Beispielen, ob nicht auch anders hätte reagiert werden können. Zunächst bestritt sie das. Als ich ihr Alternativen vorschlug, war sie sich nicht mehr ganz so sicher. Ich möchte nicht behaupten, dass meine Sichtweise richtiger war als ihre. Aber ich möchte darauf hinweisen, dass es im Alltag möglicherweise viel seltener Regeln braucht, als wir gemeinhin annehmen. Eventuell ist dies mit mehr Anstrengung verbunden, doch wenn der Ertrag auf lange Sicht deutlich größer ist, sollten wir überlegen, wo wir eine Planänderung vornehmen könnten.

9 Tools für den Erziehungsalltag

Verschiedene Konfliktlevel

Wenn wir von langfristiger Erziehung sprechen, ist nichts effektiver, als das Vorbildsein in Form eines Modells. Es braucht weder Strafen noch Belohnungen – ja, diese Mittel helfen schlichtweg nicht, um langfristige Verhaltensänderungen zu bewirken. Allein eine intakte Beziehung mit entsprechendem Vorleben beschert die gewünschten Erfolge. Zusätzlich hilft diese gute Verbindung zum Kind auch, in vielen Situationen Lösungen zu schaffen, die das Kind freiwillig zu dem bewegen, was der Erziehende möchte. In diesem Sinne kann es sinnvoll sein, sich selbst zu fragen: Lebe *ich* eigentlich ausreichend gut das vor, was ich von meinem Kind wünsche und habe ich genügend in unsere Beziehung investiert?

Doch wir haben bereits am Ende des letzten Kapitels gesehen, dass es Ausnahmen gibt, die das Arbeiten mit der Beziehungskarte scheitern lassen. Die Unmenge an Alltagssituationen, in denen schnelle Ergebnisse nötig sind, lehren uns, dass gutes Zureden auf der Beziehungsebene nicht immer ausreicht. Denken Sie nur an äußerst brenzlige Situationen, in denen der Erwachsene schnell z.B. für Ruhe sorgen muss, oder alltägliche lästige Aufgaben wie Zähneputzen, die es zu bewerkstelligen gilt – auch wenn hierbei sicherlich mitunter die Beziehungskarte hilft, reicht sie doch nicht immer aus. Es braucht also konkrete andere pädagogische Tools, die deutlich schneller und effektiver sind.

Allerdings sollen diese schnell wirksamen Methoden nicht billigend in Kauf nehmen, die unsichtbaren Teile von Erziehung zu übergehen. Das heißt, die Tools müssen berücksichtigen, Kinder möglichst nicht in Ohnmachtsstellungen zu bringen, sondern optimalerweise Win-win-Situationen zu schaffen. Dadurch nehmen diese kurzfristigen pädagogischen Praktiken auch das langfristige Ziel in den Fokus (in meinem Fall: Kinder innerlich groß machen). Wenn wir also Eins und Eins zusammenzählen, kommen wir zu folgendem Ergebnis: Alle in diesem Kapitel beschriebenen Methoden müssen das Kind *freiwillig* zu einer Verhaltensänderung führen und dabei die Beziehung zwischen Erwachsenem und Kind nicht beschädigen, sondern sie optimalerweise sogar stärken. Das heißt, mein Anspruch ist tatsächlich, selbst in den heikelsten Situationen so aufzutreten, dass die Beziehung nicht belastet wird und der Erwachsene trotzdem seinen Willen bekommt. Diesen Anspruch dürfen Sie im Hinterkopf behalten, wenn wir nun endlich ganz konkretes Handwerkszeug besprechen.

Die in diesem Kapitel vorgestellten Tools sollen den Zweck erfüllen, Sie in konkreten konflikthaften Alltagssituationen zu befähigen, Lösungen zu finden, mit denen Sie und Ihr Kind zufrieden sind. Dafür möchte ich Ihnen sechs mögliche Szenarien vorstellen und sehr konkrete Lösungsansätze präsentieren. Wie im ersten Kapitel bereits beschrieben, werden wir nicht auf spezielle

Verhaltensweisen zurückgreifen, die Ihnen nur dann helfen, wenn alles nach Drehbuch verläuft, sondern universellere Maßnahmen, durch die Sie hoffentlich inspiriert werden, eigene kreative Lösungen zu entwickeln. Denn es bleibt dabei: Erziehung ist eine individuelle Angelegenheit, die zwischen Unikaten stattfindet. Doch ich verspreche Ihnen, dass Sie sich nach diesem Kapitel gewappneter und sicherer fühlen, um die nächsten Konflikte positiv zu gestalten.

Wenn wir konflikthafte Alltagssituationen besprechen und passende Tools aufzeigen, müssen wir zwei Aspekte berücksichtigen: den *Eigenwillen des Kindes* und die *Strategien des Erwachsenen*.

Der Eigenwille des Kindes kann unterschiedlich stark ausgeprägt sein. Es kann sein, dass dieser bei gewissen Themen oder in bestimmten Situationen überhaupt nicht vorliegt. Das bedeutet aber nicht, dass es dann nicht zu Konflikten kommen kann. So ist es Ihrem Kind vielleicht im Grunde egal, ob die Klobrille heruntergeklappt ist oder nicht, aber es lässt sie trotzdem immer aufgeklappt – was Sie rasend macht. Das heißt, nur weil Ihr Kind keine explizite Meinung hat, zeigt es nicht automatisch das von Ihnen gewünschte Verhalten. Es kann aus anderen Gründen Dinge tun, die Ihnen nicht gefallen. Wie wir sehen werden, kann in vielen Fällen schlichtweg Unwissenheit die Ursache dafür sein, dass Sie das kindliche Verhalten als kritisch bewerten. Das heißt, der Eigenwille des Kindes ist in diesen Situationen dahingehend nicht vorhanden, dass es darauf bestehen würde, dieses Verhalten unbedingt zeigen zu müssen, sondern es sind Ursachen, an denen das Kind vermutlich viel weniger festhalten würde, wenn es wüsste, dass das Verhalten unerwünscht ist oder wenn es dieses Benehmen leicht ändern könnte.

Wenn es Situationen und Anlässe gibt, bei denen Kinder keinen ursächlichen Eigenwillen haben, so gibt es natürlich auch Momente, in denen der Eigenwille besonders stark ist. Geht es beispielsweise darum, am Abend die Zähne zu putzen oder die Hausaufgaben zu machen, weiß Ihr Kind ganz genau, was es möchte bzw. nicht möchte. Das heißt, aufgrund von Erfahrungen entwickelte es eine ganz klare Überzeugung, was ihm gefällt und was nicht und diese Vorlieben werden mit aller Kraft verteidigt.

Irgendwo zwischen diesen beiden Extremen – kein Eigenwille und starker Eigenwille – wird sich alles, was Ihnen im Alltag mit dem Kind begegnet, einordnen lassen. Stellen wir uns dies einmal grafisch vor, erhalten wir einen Strahl, an dessen linkem Ende sich *Kein Eigenwille* befindet und an dessen rechtem Ende *Starker Eigenwille* steht (Abbildung 1). Natürlich kann man nicht immer genau sagen, wie stark nun die kindliche Meinung genau ist, aber ich gehe davon aus, dass Sie intuitiv erahnen, ob der Diskussionsgegenstand eher links oder eher rechts einzuordnen ist. Da die beiden Enden Extreme sind, soll an dieser Stelle noch eine dritte Option in der Mitte eingefügt werden. Ich nenne sie *Schwacher Eigenwille*. Das meint Situationen, in denen Ihr Kind zwar eine eigene Meinung hat, es aber keinen Wutausbruch bekommt, wenn es eine

Alternative erhält. Man könnte sagen, dass das Kind verhandlungsbereit ist. Wenn ich mit meiner Tochter auf einem Rummel bin und sie möchte unbedingt Ponyreiten, ich dies aber ethisch nicht vertretbar finde, dann kann ich sie meist damit überzeugen, dass wir auf dem Karussell, das 50 Meter weiter steht, fahren. Meistens lässt sie sich überreden. Hierbei könnte man von schwachem Eigenwillen sprechen. Somit ergibt sich für den *Eigenwillen des Kindes* folgende Grafik:

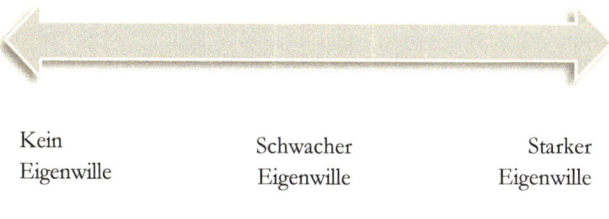

Kein
Eigenwille

Schwacher
Eigenwille

Starker
Eigenwille

Abbildung 1: Eigenwille des Kindes

Je nach Tagesform, Laune etc. können gleiche Situationen heute eher links und morgen schon weiter rechts eingestuft werden. Es geht nicht darum, die exakte Position zu finden, sondern darum, eine Idee davon zu haben, ob das Kind eher keinen Willen oder einen sehr starken Willen oder irgendetwas dazwischen hat. Es kann im Übrigen auch gut sein, dass beispielsweise aufgrund von Müdigkeit innerhalb einer Situation das Kind plötzlich eine Meinung zu Dingen entwickelt, zu denen es bisher nie eine hatte: auf einmal möchte es gar keine Windel mehr tragen, obwohl dies sonst nie Thema war.

Die Strategien des Erwachsenen beschreiben nun die Möglichkeiten, wie Sie auf den Grad des Eigenwillens des Kindes reagieren können. Da wir es mit individuellen Menschen in individuellen Situationen zu tun haben, gäbe es natürlich unendlich viele Optionen, wie auf kindliches Verhalten reagiert werden kann. Deshalb wäre es absurd, wenn wir ausschließlich einzelne Beispiele heranziehen würden, um pädagogisches Vorgehen zu vermitteln. Vielmehr geht es darum, größer zu denken. Dabei kann man feststellen, dass Erwachsene im Grunde zwischen zwei möglichen Strategien wählen können: *passive* oder *aktive*. Mit passiven Strategien meine ich Methoden, durch die Sie etwas anstoßen, das beim Kind zu einer Verhaltensänderung führt, ohne dass dies dem Kind so richtig bewusst wird. Das ganze Prozedere läuft also in der Regel ohne Konfrontation oder Thematisierung des Konflikts ab und führt dazu, dass Sie das erreichen, was Sie wollen – und Ihr Kind trotzdem glücklich ist. Da Ihr Kind von Ihren Methoden quasi nichts mitbekommt, umgehen Sie automatisch einen möglichen Widerstand des Kindes – ohne Kampf.

Das Pendant zu diesen passiven Strategien sind aktive Methoden, die Sie anwenden können. Durch diese setzen Sie sich aktiv mit dem Kind auseinander und es bekommt offen mit, dass Sie Vorstellungen haben, die möglicherweise konträr zu den kindlichen sind. Dadurch kommt es mitunter zu einer direkteren Auseinandersetzung und gegebenenfalls Konfrontation. Auch wenn dies per se nach mehr Konflikt klingt, geht es auch hierbei darum, dass alle Beteiligten am Ende zufrieden sind.

Wenn wir die nun beschriebenen Faktoren zusammensetzen, ergibt sich folgende Tabelle, die unsere sechs Tools zeigt, welche wir im weiteren Verlauf ausführlich betrachten wollen:

Eigenwille des Kindes / Strategien des Erwachsenen	KEIN EIGENWILLE	SCHWACHER EIGENWILLE	STARKER EIGENWILLE
PASSIV	I – DARF ES NOCH EIN BISSCHEN NUDGE SEIN?	III – DIE PSYCHOLOGIE DES ÜBERZEUGENS	V - Ablenkung
AKTIV	II – ERKLÄRUNG UND GEWOHNHEIT	IV – SPIELERISCHE ERZIEHUNG	VI -AKTION-REAKTION

Nun könnte man meinen, dass es äußerst erstrebenswert wäre, vor allem passive Handlungsweisen zu benutzen, da diese möglichen Konfrontationen aus dem Weg gehen. Zwar sind passive Methoden in der Regel tatsächlich angenehmer, doch braucht es ebenso die aktiven Strategien, da mit diesen beispielsweise ein viel größerer Lerneffekt für die Kinder einhergeht; auch erlebt das Kind durch aktive Maßnahmen bei starkem Eigenwillen, dass es ernstgenommen wird und erfährt, wie es selbst Verantwortung übernehmen kann. Konfrontationen immer zu umschiffen, würde die kindliche Entwicklung hemmen. Hingegen gibt es eine Unzahl von Situationen, in denen keine Zeit bleibt, um sich lernförderlich mit Kindern auseinanderzusetzen – da müssen sie schlichtweg funktionieren. Hierfür sind passive Strategien wie gemacht, da sie Diskussionen vermeiden und schneller den gewünschten Erfolg bringen. Sie werden allerdings bemerken, dass es nicht immer eine scharfe Trennung zwischen aktiv und passiv gibt. Mitunter haben aktive Strategien eine passive, dem Kind unbewusste Komponente und passive Strategien wiederum begegnen dem Kind auch zum Teil bewusst. Das Modell dient der Übersichtlichkeit und stellt eine Tendenz dar.

Es ist gut, eine ganze Palette an Handlungsweisen zu kennen, um flexibel auf Situationen zu reagieren. Wie bereits gesagt, ändert sich die kindliche Position auch mitunter rasch, sodass Sie gezwungen sind, spontan andere Methoden anzuwenden.

Doch noch aus einem ganz entscheidenden weiteren Grund ist es ratsam, mehrere Strategien in petto zu haben. Vielleicht haben Sie Situationen in Ihrem Erziehungsalltag, die immer wieder zu Konflikten führen. Wenn Sie darüber nachdenken, müssen Sie sich eventuell eingestehen, dass diese Momente auch immer ähnlich ablaufen: Ihr Kind möchte nicht, Sie erklären es ruhig, das Kind rennt weg, Sie werden wütend und fangen an zu schreien, das Kind weint, ... Vielfältige Methoden im Repertoire zu haben, ermöglicht Ihnen, Teufelskreise zu durchbrechen. In Coachingsitzungen zu

Erziehungsfragen arbeite ich gerne mit Methoden der lösungsfokussierten Kurztherapie. Eine geniale Idee dieser Beratungsschule greift das Ziel, Teufelskreis zu durchbrechen, folgendermaßen auf: »Machen Sie einfach einmal etwas ganz anders als sonst in so einer Situation. Irgendetwas. Ganz egal, wie absurd oder peinlich es ist.« Wir werden darauf später noch einmal zurückkommen, aber an dieser Stelle sei schon einmal der Hinweis erlaubt: Wenn Sie sich anders verhalten, als es das tägliche Drehbuch vorgibt, ist Ihr Kind gezwungen, auch etwas anders zu machen. Wählen Sie beispielsweise, wie eben gesehen, in einem immer wiederkehrenden Konflikt immer wieder die Erklärung (Feld II) als pädagogische Maßnahme, diese führt aber letztendlich immer zu Geschrei, dann könnten Sie doch stattdessen einmal eine spielerische Lösung wählen (Feld IV). Was haben Sie schon zu verlieren?

In diesem Kapitel wollen wir uns nun die sechs verschiedenen Felder anschauen und jeweils eine pädagogische Herangehensweise betrachten, die optimal zu dieser Kategorie passt und dabei das Ideal berücksichtig, das Kind freiwillig zu dem zu bewegen, was man selbst möchte. Dabei betone ich noch einmal, dass die Verantwortung immer bei den Erwachsenen liegt – und dies berücksichtigen alle angeführten Methoden. Ich halte es für falsch und unfair, dem Kind die Zuständigkeit für das Gelingen einer Situation zuzuschieben, die *Sie* geändert haben möchten. Vielmehr muss der Erziehende kreative Wege finden, um das Verhalten des Kindes dahingehend zu ändern, dass er – und das Kind – zufrieden damit ist.

Werfen wir nun endlichen einen Blick in den pädagogischen Werkzeugkasten!

Kein Eigenwille

Situationen, in denen Kinder keinen Eigenwillen – oder anders gesagt: keinen Widerwillen – zeigen, sind doch genau genommen überhaupt keine Konfliktsituationen … könnte man meinen. Doch lassen Sie uns einmal ein wohl nicht seltenes Beispiel betrachten: Vielleicht kostet es Sie unendlich viele Nerven, wenn Ihr Kind seine Straßenschuhe im Haus nicht auszieht, obwohl Sie es ihm schon tausendmal erklärt haben. Dabei ist davon auszugehen, dass dies nicht aufgrund böser Absichten geschieht. Das heißt, obwohl Ihr Kind nicht auf Krawall gebürstet ist, gelingt es nicht, die Schuhe auszuziehen – was Sie in Rage bringt. Nun besteht eine grundlegende Annahme dieses Buches darin, dass Sie als Erwachsener dafür zuständig sind, dass sich Ihr Kind ändert. Also liegt es in Ihrer Verantwortung, für diese Situationen optimale Lösungen zu finden. Da Ihr Kind ja gar nicht krampfhaft an seinem Verhalten festhalten möchte, haben Sie gute Chancen, die Situation friedlich zu bewältigen. Und tatsächlich finden sich in diesen Kategorien (Felder I und II) die am einfachsten umzusetzenden Lösungsstrategien. Sowohl die vorgeschlagene passive Strategie (*Darf es noch ein bisschen Nudge sein?*) als auch die aktive Strategie (*Erklärung und Gewohnheit*) haben den enormen Vorteil, dass sie nicht innerhalb einer brenzligen, emotionalen und mitunter extrem stressigen Situation umgesetzt werden müssen, sondern in Ruhe konzipiert und in einem bewusst gewählten Moment angewandt werden können. Da das Kind ja sowieso keinen Widerwillen der entsprechenden Angelegenheit gegenüber hat, muss noch nicht einmal besonders darauf geachtet werden, welchen Moment man wählt. Schauen wir uns also mögliche Situationen ohne Eigenwillen und die entsprechende passive und aktive Lösungsstrategie an.

Passive Strategie: Darf es noch ein bisschen Nudge sein? (Feld I)

Die perfiden Tricks meiner Großmutter

Als Kind verbrachte ich viele Wochenenden bei meinen Großeltern, die ein Dorf weiter wohnten. Ich liebte es, mit meinem Großvater spazieren zu gehen, im Garten zu spielen und abends fernzusehen. Was ich aber wie nichts anderes mit meinem Opa verbinde, ist *Spielen*. Kein Besuch lief ohne eine Runde Skat, Kniffel oder Mensch-ärgere-dich-nicht ab – genaugenommen ist das heute auch noch so. Was meine Großeltern neben der Spielfreudigkeit meines Opas noch auszeichnete, ist die Tatsache, dass sie sehr auf gesunde Ernährung achteten. So war es vor allem meiner Oma wichtig, dass wir Enkel regelmäßig Obst aßen. Mir schmeckte Obst, aber ich hätte nicht als Erster *hier* geschrien, wenn es angeboten wurde. Ich hatte zwar also an sich keinen Widerwillen gegen Früchte, besaß aber auch keine Motivation, sie freiwillig zu essen. Wie konnte nun meine Oma erreichen, dass ich die Apfelspalten oder geschnittenen Bananen aß? Ihr Trick – ich weiß nicht, ob meine Großmutter dies gezielt so machte – bestand darin, einen Teller mit Obst immer am Samstagvormittag auf den Tisch zu stellen. Das war nicht irgendein Tisch, sondern der Tisch, an dem zu dieser Zeit mit Opa gespielt wurde. Sie stellte den Teller also ab, ohne etwas dazu zu sagen. Oft bemerkte ich gar nicht, dass sie den Teller brachte. Nach spätestens zwei Spielrunden war der Teller von mir leergegessen, ebenfalls ohne, dass ich es bemerkte. Meine Oma war zufrieden und ich war es auch – eine Win-Win-Situation.

Was meine Großmutter hier tat, lässt sich am besten mit einem Begriff aus der Verhaltensökonomie beschreiben: *Nudge*. *Nudge* bedeutet *Stups* oder *Schubs* und wurde durch das Buch *Nudge. Wie man kluge Entscheidungen anstößt* (2008, dt. 2009) des Wirtschaftswissenschaftlers Richard Thaler und des Juristen Cass Sunstein eingeführt. Dabei geht es um Mechanismen, die durch Regierungen, Vorstände oder ähnliche Institutionen veranlasst werden, um Menschen unterschwellig so zu beeinflussen bzw. anzustupsen, dass sie ein gewünschtes Verhalten zeigen. Das Entscheidende an Nudges ist, dass diese Verhaltensänderung ganz sanft geschieht, oft unbemerkt. Es kommen dabei weder Belohnungsanreize noch Sanktionsandrohungen zum Einsatz. Meine Oma hielt mir keinen Vortrag über die Wichtigkeit gesunden Essens oder sagte, ich bekäme Süßigkeiten, wenn ich das Obst esse – sie platzierte die Früchte einfach taktisch so geschickt, dass ich das gewünschte Verhalten zeigte – ganz freiwillig und unbewusst. Mit anderen Worten: Sie ging nicht in eine aktive Diskussion mit mir, sondern ließ passiv das Obst seine Arbeit machen.

Formen von Nudge

Nudges, wie sie von Thaler und Sunstein beschrieben werden, finden keine Anwendung in klassischer Erziehung, sondern auf gesellschaftlicher und gewerblicher Ebene. Eine beliebte Methode dafür sind sogenannte *Default-Nudges*. *Default* bedeutet *Standard* und meint zum Beispiel im technischen Bereich, dass gewünschte Optionen als Standard voreingestellt sind. Möchte beispielsweise eine Firma, dass weniger Papier verbraucht wird, könnte sie die Standardeinstellung ihrer Drucker auf doppelseitigen Druck setzen. Jedem Mitarbeitenden steht dabei natürlich weiterhin frei, auf einseitigen Druck umzustellen, doch erfordert dies nun einen gewissen Aufwand. Es ist deshalb sehr wahrscheinlich, dass dieser zusätzliche Mausklick, der nötig ist, um einseitig zu drucken, seltener getätigt wird. Dies wiederum führt dazu, dass ganz automatisch weniger Papier verbraucht wird, ohne dass dies dem einzelnen Mitarbeitenden vorgeschrieben wird. Default-Nudges kommen immer dort zum Tragen, wo man einen Mehraufwand hat, um etwas zu wählen, was gesellschaftlich, firmenpolitisch, vonseiten der Erziehenden etc. weniger gewünscht ist. Ein hochaktuelles Beispiel hierfür ist der kontrovers diskutierte Vorschlag des aktuellen Gesundheitsministers Jens Spahn beim Thema Organspende. Spahn plädiert für die doppelte

Widerspruchlösung und meint damit, dass per se erst einmal jeder der eigenen Organspende nach dem Ableben zustimmt – es sei denn, er bzw. seine Angehörigen widersprechen. Da bisher ausdrücklich die eigene Zustimmung erforderlich ist, um Organspender zu werden, müsste mit diesem Vorschlag nun ein Eigenaufwand erbracht werden, um kein Spender zu werden. Dies wird ganz automatisch die Spenderzahlen erhöhen, obwohl nach wie vor niemand gezwungen wird.

Innerhalb unserer Gesellschaft gibt es eine Unmenge an Nudges, denen wir tagtäglich ausgesetzt sind, die wir aber normalerweise überhaupt nicht registrieren. Wenn wir im Supermarkt einkaufen, stehen in der Regel die teureren Produkte so im Regal, dass sie auf unserer Augenhöhe sind. Natürlich sind auch die billigeren Alternativen nicht weit entfernt, doch durch die bessere Positionierung werden die kostspieligeren Waren häufiger gekauft. Ein anderes Beispiel findet sich in Urinalen auf Herren-Toiletten. Durch das Anbringen eines Fliegen-Aufklebers im Pissoir verringert sich die Menge an Urin, die auf dem Boden landet, um bis zu 80%. Warum? Weil offensichtlich schon ein Sticker genügt, den männlichen Ehrgeiz anzustacheln, ins Schwarze zu treffen.

Ich möchte von einem besonders beeindruckenden Beispiel aus England berichten. Eines der Leibgerichte unserer Nachbarn ist *fish and chips*. Gesundheitsexperten beunruhigt daran nicht die hohe Verbreitung dieses Fast-Food-Produkts, sondern der damit verbundene Salzkonsum. Denn durch zu viel Salz erhöht sich nachweislich der Blutdruck und es steigt das Herzinfarktrisiko. Mitarbeitende einer regionalen Bezirksverwaltung entdeckten vor einigen Jahren, dass viele Imbissbuden Mehl-Streuer für das Hinzufügen von Salz verwendeten – zum Teil 17-löchig. Die Regierung wendete nun einen Nudge an: Sie verschenkte fünflöchige Salzstreuer an die Imbissbuden. Da die allermeisten Kunden nicht darauf achteten, wie viel Salz auf ihr Essen kommt, sondern intuitiv beispielsweise fünfmal schütteln, verringerte sich der Salzkonsum dramatisch, da weniger Löcher nicht automatisch zu mehr Schütteln führten. Dies ist ein weiteres Beispiel dafür, wie ohne Klagen oder Autonomieverlust Verhaltensweisen erzielt werden können, die gesellschaftlichen bzw. politischen Interessen entsprechen.

Nudges vs. Manipulation

Nun mag man einwenden, dass es sich bei diesen Methoden um klassische Manipulation handle, werden die Adressaten doch verführt, gegen ihren eigentlichen Willen etwas zu tun oder zu lassen. Zwar befinden wir uns in der weiter oben aufgeführten Tabelle gerade in Feld I, also dort, wo kein Eigenwille vorliegt, doch hat jeder Mensch intuitiv Vorlieben, die anscheinend anders sind, als die des Anstupsers – sonst bräuchte es ja keinen Nudge. Und diese intuitive Präferenz wird nun scheinbar manipulativ verändert – so zumindest könnte der Vorwurf lauten. Es besteht aber eine wichtige Eigenschaft von Manipulation darin, dass sie undurchschaubar ist, da das Vorgehen auf falschen, fehlenden oder verwirrenden

Informationen basiert. Beim Nudging hingegen sind alle relevanten Informationen zugänglich, nur werden sie so präsentiert, dass es einen Mehraufwand bedeutet, sich dagegen zu entscheiden. Das mag zwar eine Beeinflussung hin zu einem bestimmten Verhalten sein, hat aber mit Manipulation im klassischen Sinne nichts zu tun. Denn beispielsweise wird niemandem in der Firma verheimlicht, dass doppelseitig gedruckt wird – es muss nur jeder selbst aktiv werden, wenn einseitig gedruckt werden soll. Es findet also keine Manipulation statt, sondern maximal ein sanftes Drängen dahin, umweltbewusster zu sein.

Dies ist vergleichbar mit einem Besuch in der Bäckerei. Sie bestellen, kriegen Ihre Ware und bezahlen. Wenn Ihnen nun der Verkäufer das Wechselgeld geben möchte, streckt er seinen Arm zu Ihnen aus. Sein Verhalten löst bei Ihnen intuitiv eine Reaktion aus: Sie strecken ihm Ihre geöffnete Hand entgegen. Würden Sie an dieser Stelle von Manipulation sprechen? Sicher nicht! Aber im Grunde passiert das gleiche wie bei einem Nudge: Der Verkäufer »zwingt« Sie zu einem Verhalten, das er erreichen möchte. Sie haben natürlich keinen großen Widerwillen, weshalb Sie gerne folgen. Doch würden Sie ohne sein Verhalten nicht die geöffnete Hand ausstrecken. Er benutzt in gewisser Weise einen Nudge.

Richard Thaler, einer der beiden Autoren des erwähnten Buches über Nudges, betont, dass es drei Grundsätze bei der Verwendung von ethischen Nudges gibt:

1. Nudges müssen transparent und nicht irreführend sein: Hierbei wird deutlich, dass sie also

gerade nicht manipulativ sein sollen, sondern Menschen eine freie Wahl lassen müssen.

2. Es sollte so einfach wie möglich sein, sich gegen Nudges zu entscheiden: Dies ist geradezu das Gegenteil von manipulativen Methoden, da offensichtlich ist, wie leicht eine Alternative gewählt werden kann.

3. Das von Nudges erwirkte Verhalten gilt gemeinhin als positiv für die Gesellschaft: Manipulation dient hingegen nahezu immer den Bedürfnissen und Interessen einzelner Personen.

Möglicherweise empfinden Sie Nudges trotz aller Ausführungen zum Teil oder gänzlich als manipulativ. Hierbei gilt einmal mehr: Es ist *Ihre* Erziehung. Wenn Sie einen Widerstand gegen dieses Erziehungsmittel haben, dann ändern Sie es einfach so, dass es für Sie passt oder wählen Sie eine andere Methode.

Warum Nudges so geeignet sind

Nudges erscheinen als eine hervorragende Antwort auf die Frage, wie man Menschen freiwillig zu dem bewegen kann, was man selbst möchte, vor allem dann, wenn es den betroffenen Personen im Grunde nicht so wichtig ist, wie sie in der jeweiligen Situation agieren. Denn anders als Sanktionen bringen Nudges den Adressaten nicht in eine Ohnmachtsstellung. Wie wir gesehen haben, stellt die Androhung von Strafen keine echte Alternative zum eigenen Wunschverhalten dar, sondern lässt im Grunde – bei entsprechender Härte – keine Wahl: man muss widerwillig folgen. Denn wenn die Alternative zum Nichtaufräumen des eigenen Zimmers zwei Wochen Hausarrest ist, dann hat das Kind eigentlich keine Wahl. Bei Nudges hingegen ist zwar auch die vielleicht ungewünschtere Alternative leichter zu wählen als die eigentlich präferierte, aber die Entscheidungsgewalt liegt dennoch in den Händen des Adressaten. So hätte ich mich als Kind natürlich gegen das Obst wehren können, wenn es mir wirklich wichtig gewesen wäre, doch letztendlich war es mir eigentlich egal.

Damit sind Nudges eher mit Belohnungen zu vergleichen. Denn, wie wir gesehen haben, fungieren Belohnungen als positive Anreize, die dazu führen, dass ein nicht bevorzugtes Verhalten doch gezeigt wird. Obwohl der Junge also eigentlich keine Hausaufgaben machen möchte, ist das versprochene Eis so lukrativ, dass er die lästigen Schularbeiten schnell hinter sich bringt. Der Unterschied zwischen Belohnungen und Nudges besteht aber eben darin, dass Entscheidungen, die durch die Stupser bewirkt werden, normalerweise keine sind, die den betroffenen Personen besonders wichtig sind. Für die meisten Männer ist es wahrscheinlich kein essenzielles Bedürfnis, *neben* ein Pissoir zu urinieren. Die aufgeklebte Fliege sanktioniert nun weder das Wasserlassen *neben* noch belohnt sie das Wasserlassen *in* das Urinal. Doch bestärkt sie die freiwillige Motivation der Männer, sich für das Urinieren *in* die Vorrichtung zu entscheiden. Das heißt, es geht vielmehr darum, ein aus Unwissenheit gezeigtes, unerwünschtes Verhalten zu unterbinden.

Demnach wird – anders als bei Belohnungen – das Autonomiebedürfnis nicht verletzt.

Und somit überrascht es nicht, dass Nudges – anders als Sanktionen und Belohnungen – in einer Vielzahl von Studien bestätigt haben, dass sie dauerhaft wirksam sind. Dabei muss man natürlich sagen, dass sie vor allem auf politischer und damit gesellschaftlicher Ebene zum Einsatz kommen. Hier belegen die Forschungen, dass die Häufigkeit von gewünschtem bzw. das Ausbleiben von unerwünschtem Verhalten signifikant steigt. Dadurch lässt sich aber nicht sicher sagen, inwiefern Nudges beim Einzelnen wirklich für Verhaltensänderungen zuständig sind oder inwiefern andere Aspekte eine Rolle spielen. Dies soll an dieser Stelle auch nicht weiter untersucht werden. Vielmehr geht es nun darum, die Idee des Nudging auf Erziehung zu übertragen – war sie doch ursprünglich für politische Interessen konzipiert.

Nudges als Erziehungsmethode

Wie bereits gesagt, halte ich den Grundgedanken von Nudges für die perfekte Antwort auf die Frage: Wie kann ich einen Menschen freiwillig zu dem bewegen, was *ich* möchte? Gerade weil es bei Nudges häufig darum geht, Entscheidungen zu beeinflussen, bei denen das Kind an sich keinen Widerwillen zeigt, also vielleicht viel eher aus Unwissenheit oder intuitiv aus Sicht des Anstupsenden falsch handelt, ist es für das Kind keine unangenehme Erfahrung. Sein Wille wird nicht gebrochen, weil es diesbezüglich keinen hat. Vielmehr wird das Kind dahingehend geführt, sich in einer Sache, die ihm im Grunde egal ist, so zu entscheiden, wie es für eine andere Person oder die Gemeinschaft gut ist – ohne dadurch einen Nachteil zu erfahren. Das macht den Einsatz von Nudges so angenehm, da es wenig Widerspruch geben wird, findet er doch für das Kind hauptsächlich unbewusst statt. Der Erwachsene muss also nicht aktiv in eine Konfrontation gehen, sondern lässt passiv das anstupsende Element für sich arbeiten. Das Obstessen machte das deutlich: Durch das Spielen war ich so im Flow, dass ich gar nicht mitbekam, wie ich sanft zum Essen gedrängt wurde. Und das Ganze stellte sich ganz offensichtlich nicht als nachteilig für mich heraus.

Die Anwendung von Nudges ist fantastisch für Erziehungsfragen, da sie auf harmonische Weise zum Wohl des Kindes führt. Doch liegt es nun wie immer an Ihnen selbst, sich kreative Nudges zu überlegen, die zu Ihnen, Ihrem Kind und der jeweiligen Situation passen.

Zum Ende dieses Kapitels möchte ich Ihnen noch drei Beispiele von Nudges beschreiben, die Sie inspirieren sollen, eigene Ideen zu entwickeln. Wie Sie vor allem am ersten Beispiel sehen werden, sind Nudges zum Teil sehr alltäglich.

Zu Ostern ist es bei uns üblich, dass ein Osternest mit Süßigkeiten auf dem Tisch steht. Meine dreijährige Tochter kann natürlich noch nicht einschätzen, wie viele Süßigkeiten auf einmal gesund sind, weshalb wir für sie die Rolle des präfrontalen Kortex übernehmen und ihr dosiert Süßes geben. So kommt es in der Osterzeit mehrmals täglich vor, dass unsere Tochter das Körbchen sieht und darum bittet (oder schreiend fordert), sie möge etwas Schokolade bekommen. Um Süßigkeiten bittet sie natürlich das ganze Jahr und wir sind stets bemüht, den Konsum zu limitieren. Allerdings gelingt dies in der österlichen Zeit eher schwer. Warum? Ganz offensichtlich, weil sie die Süßigkeiten permanent vor Augen hat und somit ständig daran erinnert wird, dass sie ja mal wieder etwas Süßes essen könnte. Ein ganz simpler Nudge in diesem Falle ist es, die süßen Köstlichkeiten in einem Schrank aufzubewahren. Das herkömmliche *Aus den Augen, aus dem Sinn* funktioniert hier tatsächlich sehr gut. Theoretisch könnte sie weiterhin genauso oft Schokolade fordern, tut es aber nicht, weil sie viel weniger daran erinnert wird. Manchmal kann es so einfach sein.

Ein weiterer Nudge: Meine Tochter liebte es, als sie fast zwei Jahre alt war, Bücher aus meinem gut sortierten Bücherregal herauszuziehen. Dabei ging es ihr ganz offensichtlich nicht darum, mich zu ärgern oder unbedingt pädagogische Fachbücher zu entwenden, sondern darum, dass es Spaß machte, die unterschiedlich großen und farbenfrohen Werke zu bewegen. Das heißt, ihr war egal, um welche Bücher es sich handelte, solange es Bücher waren. Also kauften wir ihr ein eigenes Bücherregal – Bücher hatte sie sowieso zur Genüge. Nun konnte sie dort Bücher ein- und ausräumen, was erstaunlich gut funktionierte. Natürlich kam es auch weiterhin gelegentlich vor, dass sie sich an meinen Büchern zu schaffen machen wollte, doch war dies spürbar seltener. Und für diese wenigen Fälle füllte ich ein Regalfach mit Büchern, die nicht geordnet waren, und erlaubte ihr, sich dort zu bedienen. Es funktionierte in den allermeisten Fällen.

Doch sind Nudges nicht nur für die eigenen Kinder von Bedeutung, sondern auch für alle anderen pädagogischen Situationen. Vielleicht hadern Sie als Lehrerin häufig damit, dass Müll im Klassenzimmer liegengelassen wird, statt in den vorgesehenen Papierkorb befördert zu werden. Sie könnten – was sicherlich mehrfach vorgekommen ist – auf der bewussten Ebene die Kinder ermahnen, ihren Müll ordnungsgemäß zu entsorgen. Da Sie immer noch hadern, scheint diese Methode wenig Erfolg gehabt zu haben. Eine wahrscheinlich deutlich vielversprechendere Variante wäre ein Nudge, der beispielsweise Fußabdrücke auf den Boden in Richtung Mülleimer klebt. Dies ermutigt Menschen, signifikant öfter Müll tatsächlich in die vorgesehenen Behälter zu werfen.

Wie schon einmal gesagt, besteht ein großer Vorteil von Nudges darin, dass Sie sich diese in ruhigen Situationen überlegen können und nicht erst in den brenzligen Konfliktsituationen. So gesehen, können Sie also zum Strategen für Ihren eigenen Erfolg werden – ohne dass das Kind mitbekommt, was da eigentlich vor sich geht. Diesen Vorteil hat der passive Nudge mit seinem aktiven Pendant gemeinsam.

Aktive Strategie: Erklärung und Gewohnheit (Feld II)

Wenn ein Mensch auf die Welt kommt, gelingen ihm Dinge, über die ein Erwachsener nur staunen kann! Babys können beispielsweise gleichzeitig schlucken und atmen, weshalb sie sehr lange trinken können, ohne abzusetzen (laut Studien probieren 75% aller Erwachsener, die diese Information lesen, es direkt bei sich aus). Aufgrund des Greifreflexes können Neugeborene direkt nach der Geburt ihr komplettes Körpergewicht halten – eine Fähigkeit, von der manch ein Erwachsener ein paar Kilo entfernt ist. Apropos Körpergewicht: Würde das Körpergewicht im ersten Monat proportional zum Gewicht des Gehirns steigen, würde ein Baby nach 30 Tagen sagenhafte 80 Kilogramm wiegen!

Die Natur gibt uns also eine Menge Fähigkeiten und Potenziale mit, die einen erfolgreichen Start ins Leben ermöglichen. Trotz aller Geschenke müssen wir uns aber natürlich auch eine enorme Bandbreite an Wissen selbst aneignen. Dafür sind wir von Anfang an auf andere Menschen angewiesen. Doch ist Lernen nicht gleich Lernen. Es gibt bessere und schlechtere Voraussetzungen, Bedingungen und Situationen, um sich Neues anzueignen. Lassen Sie uns deshalb einmal schauen, wie Lernen grundsätzlich bei Babys und Kindern funktioniert. Dafür müssen wir einen Exkurs zur Neurowissenschaft machen, der uns auch später noch viel Nutzen bringen wird.

Die Heilige Dreieinigkeit – Unser Gehirn

Unser Gehirn ist ein fantastisches Gebilde, das noch viele unerforschte Geheimnisse birgt. Und es wäre ja auch seltsam, wenn wir schon alles darüber wüssten, denn, um es mit E. Pugh zu sagen: »Das Gehirn ist zu kompliziert, als dass wir es verstehen können, wäre es weniger kompliziert, könnten wir es allerdings noch weniger verstehen.«[32] Deshalb soll nun anhand eines etwas vereinfachenden Modells dargestellt werden, was für unsere Thematik relevant ist. Das Konzept stammt von dem US-amerikanischen Hirnforscher Paul D. MacLean und ist unter dem Titel *Triune Brain* (deutsch *Dreieiniges Gehirn*) bekannt.[33] Dieses alte Modell ist vor allem aus evolutionstheoretischer Sicht umstritten, da es durch seine Begrifflichkeiten eine fehlerhafte Funktionalität der Gehirnanatomie annimmt. Doch das soll uns nicht weiter stören, denn es soll uns nur grob zur Veranschaulichung gewisser Prozesse dienen. MacLean geht davon aus, dass das Gehirn im Grunde aus drei Gehirnen besteht. Der älteste Teil wird *Reptiliengehirn* genannt, weil das Gehirn von Reptilien, aber auch das vieler Vögel, genau so funktioniert, wie unser Hirnstamm, der zu diesem Teil gehört. Funktionen, die hierdurch gesteuert werden, sind zum Beispiel Atmen, Herzschlag, Schlafen, Gleichgewicht.

---

[32] Zit. n.: Schmitt-Voss, Thomas (2008): Das soziale Gehirn. Eine Einführung in die Neurobiologie für psychosoziale Berufe. 1. Aufl. Bonn: Psychiatrie-Verl.
[33] Paul D. MacLean (1970): *The triune brain, emotion and scientific bias.* In: Francis Otto Schmitt (Hrsg.): *The Neurosciences: Second study program,* Band 2, Rockefeller University Press, New York 1970, S. 336–349.

Das Reptiliengehirn funktioniert bei gesunden Menschen von Anfang an perfekt und kann im ganzen Leben nichts hinzulernen.

Über dem Hirnstamm liegt, ähnlich einem Saum, ein Gebilde, das sich *Limbisches System* nennt (*limbus* bedeutet *Saum*). Dieser Teil des Gehirns wird auch *Altsäugerhirn* genannt, weil die meisten Säugetiere, z.B. Katzen, ebenfalls diesen Gehirnabschnitt haben. Durch das Limbische System können wir unser biologisches Überleben sichern. John Medina beschreibt das Limbische System wie folgt: »Zu seinen wesentlichen Aufgaben gehören die gerne als 4 F bezeichnet Tätigkeiten - Fighten, Fressen, Flüchten und F... ortpflanzung.«[34] Auch dieser Teil des Gehirns funktioniert grundsätzlich automatisch, doch können diese Automatismen gelernt und beeinflusst werden. Und diese Art des Lernens geschieht bereits, bevor unser für bewusste Erinnerungen zuständiges Gedächtnis überhaupt ausgebildet ist. Das limbische – oder emotionale – Gedächtnis speichert von Anfang an Handlungsweisen nach gut und schlecht, lustvoll und schmerzhaft oder angenehm und unangenehm ab. Wenn das Kind also auf die heiße Herdplatte fasst, dann wird sich diese Erfahrung vor allem im limbischen System einspeichern, so dass *intuitiv* in Zukunft nicht mehr auf die Herdplatte gefasst wird. Das bedeutet, das Kind muss sich daran nicht bewusst erinnern, sondern wird ganz *automatisch* daran »erinnert«. Dafür zuständig ist unter anderem die Amygdala,

---

[34] Medina, John (2009): Gehirn und Erfolg. 12 Regeln für Schule, Beruf und Alltag. Berlin, Heidelberg: Springer Berlin Heidelberg.

jener Mandelkern, der auch – wie wir noch sehen werden – für Wutausbrüche zuständig ist. Sie und das mesolimbische System bilden zusammen das unbewusste Erfahrungsgedächtnis. Dabei vermittelt die Amygdala eher die negativen und stark bewegenden Erlebnisse zur Erinnerung bei, wohingegen das mesolimbische System eher die positiven und motivierenden Erlebnisse liefert.[35]

Der dritte und letzte Teil des menschlichen Gehirns ist das *Neusäugerhirn*. Er umfasst das Großhirn bzw. die Großhirnrinde. Dieser Teil ermöglicht es uns, nicht mehr einfach nur zu überleben, sondern zu lernen, zu sprechen, vernünftig, mitfühlend, verantwortungsbewusst, vorausschauend, rational zu sein – und zwar ganz *bewusst*. All diese Aspekte sind nicht einfach von Natur aus gegeben, sondern werden durch genetische Aspekte gebildet und vor allem im Leben gelernt. An der Großhirnrinde arbeiten wir also, wenn wir erziehen. Sie ist der einzige Teil des Gehirns, dessen Mechanismen wir bewusst erleben und somit steuern können.

Erkläre mir die Welt!

Die »unteren« Teile des Gehirns – Hirnstamm und Limbisches System – sind mit ihren Funktionen zum Großteil angeboren. Die Liste der Dinge, die Neugeborene, aber auch ältere Kinder einfach von Natur aus können, ist sehr lang. Diese natürlichen Fähigkeiten sind es wahrscheinlich nicht, die Sie als Erziehende regelmäßig

---

[35] Vgl. Roth, Gerhard (2014): *Persönlichkeit, Entscheidung und Verhalten.* Stuttgart: Klett-Cotta Verlag. S. 146 f.

in Rage bringen. Falls doch, wäre es sehr kompliziert, an diesen Funktionen etwas zu ändern, so dass wir uns hier nicht damit beschäftigen wollen. Doch es gibt auch eine sehr lange Reihe an Dingen, die Kinder eben nicht von sich aus können, weil sie zum Überleben nicht notwendig sind. Diese Verhaltensweisen müssen sie um der Kultur willen lernen: wie man Zähne putzt, dass man sich bei anderen zuhause »zu benehmen hat« (was auch immer Sie sich darunter vorstellen) oder eben, dass die Straßenschuhe im Haus auszuziehen sind – all das muss dem Kind erklärt werden! Denn das sind klassische Beispiele für Verhalten, das kulturell bedingt ist.

Solche Verhaltensweisen sind also nicht angeboren, was zum Vorteil hat, dass Sie sie nach Ihren Wünschen prägen können. Ihr Kind soll immer brav *Danke* sagen – nur eine Frage Ihres Einflusses. Ihr Kind soll Fan von Werder Bremen werden – die Chancen stehen nicht schlecht, wenn Sie Werder-Fan sind. Ihr Kind soll seinen Teller in die Spülmaschine räumen – unmöglich! Kleiner Scherz: auch das ist möglich. Es gäbe tausende Beispiele dafür, was Sie Ihr Kind alles lehren können. Alle Dinge, die Ihnen wichtig sind, die Sie für sinnvoll erachten, worin Sie einen Wert sehen usw. können Sie theoretisch in die Persönlichkeit Ihres Kindes einpflanzen. Das ist großartig! Aber es ist natürlich zugleich eine große Verantwortung, denn die Gefahr besteht, die eigenen Kinder als Projektionsfläche oder gar Projekt für eigene (nicht erfüllte) Wünsche zu benutzen. Da wird der Nachwuchs zum Musikschulunterricht gedrängt, weil man selbst nie die Chance hatte, ein Instrument zu lernen, oder ein Nachhilfelehrer nach dem anderen engagiert, damit das Medizinstudium auch gegen den Willen des Kindes möglich wird, da einem selbst dieser Weg verwehrt wurde. Ja, da das menschliche Gehirn lernfähig ist, können Menschen geprägt werden – was ein großer Vorteil ist –, doch ist es eben auch ein schmaler Grat zwischen Erziehung und Freiheit.

Das alles bedeutet, dass eine Art des Lernens darin besteht, als Erwachsener Informationen zu geben, die die Kinder dann zunächst bewusst umsetzen können. Dies meint *Erklären*. Wenn wir Kindern beibringen, wie man einen Teller wegräumt, dann sprechen wir ihr Großhirn an, das die Informationen aufnimmt und verarbeitet. Wenn das Kind dabei keine gewichtigen Gründe hat, es anders oder nicht zu machen, dann wird es sich daran *erinnern*, wie die Erklärung lautete und danach handeln. Wenn wir das Verhalten lange genug verfolgen, kann es sein, dass die Faulheit des kindlichen Gehirns für uns arbeitet. Denn jedes Gehirn strebt danach, so wenig wie möglich Energie zu verwenden. Deshalb stellt es, sobald es eine Aktivität oft genug ausgeführt hat, auf Autopilot um. Damit verlagert sich die Steuerung aus dem Großhirn in die Basalganglien (unser »Handlungsgedächtnis« mit Sitz im Limbischen System), so dass wir Dinge tun, ohne darüber nachzudenken – wie das weiter oben beschriebene Autofahren. Wir handeln dann einfach, ohne darüber nachzudenken. Haben wir Handlungen irgendwann so verinnerlicht, dass sie automatisch ablaufen, kann es sogar sein, dass wir sie nicht mehr fehlerfrei hinbekommen, wenn wir sie bewusst machen wollen: Versuchen Sie einmal, beim Autofahren jeden Schritt bewusst zu machen – besser Sie üben das auf einem Parkplatz! Erklären wir unseren Kindern also, was zu tun ist, und achten darauf, dass sie die Dinge oft genug trainieren, kann es sein, dass sie zur Gewohnheit werden und ganz von allein funktionieren. In diesem Sinne läuft Lernen also sehr bewusst ab und entwickelt sich im Optimalfall zu einer unbewusst-automatischen Tätigkeit.

Unser Gehirn ist enorm lernfähig und lernwillig, so dass es Unmengen solcher Erklärungen speichern und umsetzen kann. Das macht Erziehung so reizvoll und aussichtsreich. Doch wie so oft hat die Medaille zwei Seiten, so dass die Lernfähigkeit des »oberen Gehirns« auch Nachteile hat, die jene Teile unseres Gehirns, welche allein durch Instinkte bzw. Automatismen funktionieren, nicht haben. Die erste ungünstige Konsequenz aus der Lernfähigkeit ist, dass Sie nicht die einzige Person sind, die Ihr Kind formt. Immer wieder stelle ich fest, dass meine Tochter Verhaltensweisen zeigt, die eindeutig auf Menschen zurückzuführen sind, mit denen sie viel zu tun hat, deren Prinzipien und Tun mir aber nicht sonderlich gut gefallen. Auch wenn ich mich mitunter darüber ärgere, zeigt es doch nur, dass meine Tochter natürlich nicht allein von meiner Frau und mir geprägt wird, sondern eben auch von anderen Bezugspersonen (und wenn ich ehrlich bin, ist das auch ganz gut so). Wer sich also ein komplett konditioniertes Kind im Sinne John B.

Watsons (siehe Kapitel 2.1) wünscht, braucht dafür wirklich eine vollständig künstliche Welt. Nicht umsonst hat Rousseau seinen Émile aus der Gesellschaft in die Natur gebracht ... Dass sich unsere Kinder nicht zu 100 Prozent nach unseren Vorstellungen entwickeln, liegt aber nicht nur an anderen Bezugspersonen oder später an der Peergroup, sondern auch an diversen weiteren Einflüssen, die als Sozialisationsfaktoren auf das Kind einwirken: Fernsehen, Youtuber, Werbung, Vorbilder etc. Diese Einflüsse haben wir weiter oben als *funktionale Erziehung* beschrieben. Dies führt zu einem weiteren Nachteil.

Denn wir sind nicht nur gegenüber dem Einfluss anderer ziemlich ohnmächtig, sondern auch gegenüber den kindlichen Entscheidungen. Ob unser Nachwuchs nun freundlich *Guten Tag* sagt, wenn Besuch kommt, Hausaufgaben pflichtbewusst erledigt oder doch Fan vom HSV wird, bleibt im Letzten seine freie Entscheidung. Wir können noch so gut erziehen – es liegt schlussendlich nicht in unserer Hand, was in der Großhirnrinde unserer Kinder hängen bleibt und wie diese Dinge umgesetzt werden. Dadurch, dass mit Informationen in der Großhirnrinde frei umgegangen werden kann, kann sich unser Kind dagegen entscheiden. Diese Ohnmacht müssen wir akzeptieren. Doch bevor wir uns diesem Thema widmen, gehen wir noch einmal einen Schritt zurück.

Wenn wir darauf schauen, was von unserer Erziehung bei unseren Kindern ankommt, dann blicken wir auf das Ziel. Wir sehen, welches unliebsame Verhalten bei Kindern vorhanden ist bzw. welches wünschenswerte

Verhalten noch fehlt. Daraus ergibt sich, was wir im Kind verankern wollen und darauf steuern wir zu. So funktioniert Erziehung. Doch lassen Sie uns jetzt erst noch einmal umdrehen und die Anfänge in den Fokus nehmen. Je jünger ein Kind ist, desto mehr muss es lernen. Natürlich müssen alle Menschen bis ins hohe Alter viele Dinge lernen, aber Kinder müssen vor allem alltägliche Dinge lernen, die für Erwachsene normal und selbstverständlich sind. Deshalb verwundert es nicht, dass gerade besonders junge Kinder oft scheinbar einfache Dinge falsch machen – schlichtweg aus Unwissenheit. Das heißt, falsche oder ärgerliche Verhaltensweisen (nach unserer Bewertung) geschehen in der Regel nicht aus bösem Willen heraus, sondern aus Unkenntnis. In diesem Sinne sind Kinder wirklich wie ein weißes Blatt Papier, denn am Anfang ihres Lebens wissen sie nicht, dass man nicht auf das Tischtuch malt, seine dreckigen Hände nicht an der weißen Wand abwischt und zu Besuch freundlich *Guten Tag* sagt. Bleiben wir bei der Begrüßung: Im besten Falle sehen Kinder dieses Verhalten bei Ihnen, aber das bedeutet noch nicht, dass sie darauf schließen können, dass man das generell so macht. Möglicherweise denken sie sich, dass das nur Erwachsene machen. Deshalb ist es ungemein wichtig, dass Sie sich ausreichend Zeit nehmen, um Ihren Kindern die Welt zu erklären: wie benutzt man ein Handtuch, wie funktioniert ein Wasserhahn, wie trinkt man richtig aus einer Tasse, warum sollte man keine Seiten aus Büchern reißen oder sie vollmalen, woran erkennt man einen Freund, wodurch wird es in der Wohnung hell

… Auch hier gibt es tausende Beispiele, was alles erklärungsbedürftig ist. Das Schöne am Erklären ist, dass Kinder – wie wir gesehen haben – in der Regel und bei einer entsprechend guten Beziehung kooperieren wollen. Das bedeutet, dass die Wahrscheinlichkeit recht hoch ist, dass Ihre Erklärungen im Großhirn Ihres Kindes eingespeichert und dann auch umgesetzt werden – wenngleich das im Letzten eben nicht mit Sicherheit gesagt werden kann. Gerade im Alter von zwei und drei Jahren sind Kinder extrem wissbegierig und werden Ihre Instruktionen aufsaugen wie ein Schwamm.

Viele Erwachsene sind hierbei aber ungeduldig oder rücksichtslos: Sie erwarten, dass Kinder gewisse Verhaltensweisen von sich aus an den Tag legen, weil sie aus Erwachsenensicht logisch und sinnvoll erscheinen. Doch das ist einfach nicht möglich. Eine Studentin in meiner Vorlesung, die selbst dreifache Mutter ist, sagte einmal: »Mit sechs Jahren beginnen die Kinder langsam, ihr Gehirn zu benutzen.« Was sie meinte, war das Großhirn und damit hatte sie nicht so ganz Unrecht. Denn der »untere« Teil unseres Gehirns (Reptiliengehirn und der »untere« Teil des limbischen Systems) ist früher entwickelt als der »obere«. Dies ist für die Emotionalität sehr entscheidend, aber eben auch für das Denken und Wissen. Denn alles, was außerhalb des Großhirns passiert, ist im Grunde unbewusst. Die Kontrolle über das Großhirn entwickeln Kinder aber eben erst langsam mit sechs Jahren und es dauert gut 15 Jahre, ehe dieser Prozess abgeschlossen ist. Das heißt, natürlich können Kinder in ihrem Großhirn

Dinge lernen, aber sie können nicht antizipieren, strategisch planen und sich im Vorhinein überlegen, was man wohl *sinnvollerweise* mit Stiften zum Beispiel anfangen kann. Nein, die Gegenstände werden fantasievoll so benutzt, wie es gerade passt – ohne Rücksicht auf Konsequenzen. Und genau dafür braucht es Erklärungen. Dinge aber einfach bei Kindern zu erwarten, die sie hirnphysiologisch überhaupt nicht vollbringen können, ist äußerst unfair.

Doch selbst wenn Sie alles liebevoll und ausdauernd erklären, ist das nur die halbe Miete. Es ist nötig, wie wir gesehen haben, dass Sie die Dinge genauso vorleben, wie Sie sie von Ihrem Kind wünschen. Das ist ganz entscheidend für die Nachhaltigkeit jeglicher Erklärungen. Dabei kommt es nicht selten zu absurden Situationen: Wahrscheinlich kennen Sie Eltern, die *lautstark* ihren Kindern erklären, diese mögen ihre kleinen Geschwister nicht *anschreien*! Solch ein Verhalten ist menschlich und geschieht häufig aufgrund der Annahme, dass man als Erwachsener das Recht habe, auch lautstark seinen Kindern zu begegnen, wohingegen diese sich zu fügen haben. Dies soll nun gar nicht ethisch bewertet werden, sondern rein pädagogisch: Sie können sich die Erklärung sparen! Da Kinder vor allem Ihrem Beispiel folgen und weniger dem, was Sie sagen, kommt hauptsächlich an: Unzufriedenheit kann man wegschreien – also genau das, was Sie nicht sagen wollten.

Fassen wir bis hierher zusammen: Das kindliche Großhirn möchte die Welt verstehen und dafür braucht es Erklärungen. Diese helfen dem Kind, (alltägliche) Dinge so zu machen bzw. zu benutzen, wie es dem Erwachsenen gefällt. Ob sich das Kind daranhält, wird sich zeigen, hängt aber wesentlich damit zusammen, ob Sie ein entsprechendes Vorbild sind. Macht das Kind nicht das, was Sie wollen, müssen Sie einen Schritt weitergehen, wie wir gleich sehen werden. Doch muss zuvor wirklich die gute Erklärung stehen.

Lassen Sie mich noch einen letzten Aspekt zur Erklärung sagen: Bitte erklären Sie nicht, wie sich Ihr Kind *fühlen* soll! Klingt absurd? Machen wir aber ständig. Wenn ich mit meiner Tochter auf dem Spielplatz bin, ist es obligatorisch, dass wir Sandspielzeug mitnehmen. Genauso obligatorisch ist es, dass dann andere Kinder kommen und damit spielen wollen. Es gibt Tage, da ist es für meine Tochter kein Problem, aber es gibt auch die rund 360 anderen Tage im Jahr, an denen sie nicht teilen möchte. Ich ermutige sie dann, doch zu teilen und gewähre ihr die Sicherheit, dass sie die Spielsachen zurückbekommen wird. Eine schlechte Erklärung aber wäre folgende: »Gib doch bitte etwas ab, denn *teilen macht Spaß*!« Damit erkläre ich ihr ein Gefühl. Letztendlich sage ich: »Dein Spielzeug abzugeben, löst in dir ein gutes Gefühl aus.« Sie aber spürt dieses Gefühl überhaupt nicht. Sie empfindet Wut oder Angst oder Unlust. Was ist die Konsequenz? Entweder sie kommt zu dem Schluss, dass ich nicht vertrauenswürdig bin, weil sie dieses Gefühl nicht hat und ich deshalb lüge. Oder sie schlussfolgert, dass mit ihr etwas nicht stimmt, da sie das Gefühl nicht hat, das ihr ihr vertrauenswürdiger Papa beschreibt. Deshalb: Keine Gefühle einreden!

Hilf mir, es selbst zu tun – die Gewohnheitsschleife

Nun gehen wir einen Schritt weiter: Sie haben alltägliche Dinge erklärt, Sie sind sich sicher, dass Ihr Kind Sie verstanden hat und dass es auch nichts dagegen hat. Und sie leben die Dinge selbst vor. Trotzdem funktionieren gewisse Abläufe nicht! Beispielsweise haben Sie hunderte Male mit den besten Argumenten erklärt, dass die Straßenschuhe im Haus auszuziehen sind – am fehlenden Wissen kann es also wirklich nicht liegen, dass Sie immer noch Schuhabdrücke im Wohnzimmer haben! Was also ist zu tun, um das gewünschte Verhalten zu bekommen? Viele Eltern greifen an dieser Stelle auf ein absurdes Mittel zurück: sie *erklären*, dass die Schuhe ausgezogen werden sollen. Das heißt, sie wiederholen zum tausendsten Mal, was zu tun ist. Doch die Ursache für das Ignorieren des gewünschten Verhaltens ist ja eben nicht die Unwissenheit – wie es bei einem zweijährigen Kind wäre –, sondern ganz offensichtlich etwas anderes. Das wird anscheinend übersehen – oder es ist ein Akt völliger Ratlosigkeit. Doch das ist ein ganz entscheidender Punkt: Ihr Kind *weiß* (Großhirn!), was richtig ist, aber es handelt *automatisch* (Basalganglien – Limbisches System!) anders. Das heißt, wir sprechen nicht von bewusster Rebellion (das wäre Feld V und VI) – Ihr Kind lässt die Schuhe also nicht an, weil es Sie ärgern möchte. Wenn Sie der Meinung sind, dass Ihr Kind aber genau aus diesem Grund so handelt, dann müssen Sie in einem späteren Feld Ihre Lösung finden. Hier geht es jetzt um ein Verhalten, das aus anderen Gründen gezeigt wird.

So könnte es zwar sein, dass Ihr Kind aus Bequemlichkeit handelt – was auch schon einmal keine Boshaftigkeit wäre; ich vermute aber, dass der eigentliche Grund ein anderer ist: Das Kind zeigt einen Automatismus! Wahrscheinlich gibt es beim Nach-Hause-Kommen eine Routine, die sich mehr und mehr entwickelt hat. Die Tür geht auf, der Fernseher, Computer oder das Essen ist im Blick – und durch die Ablenkung wird automatisch vergessen, die Schuhe auszuziehen. Das heißt, Sie können zu allen Zeiten am Tag Ihr Kind fragen, welche Vorgaben es bezüglich Schuhen im Haus gibt – Ihr Kind wird Ihnen immer die richtige Lösung sagen können, weil es sie *weiß*! Das Problem liegt auf der Handlungsebene, nicht auf der Wissensebene. Das heißt, jegliche Erklärungen nutzen nichts, sie müssen dem Kind helfen, richtig zu handeln. Und dies bedeutet, dass Sie das Kind führen müssen. Der Vorteil ist, dass es nichts dagegen haben wird, sich führen zu lassen – genau wie ich beim Obstessen.

Noch einmal: Was bei Ihrem Kind abläuft, ist, dass die Basalganglien das tägliche Prozedere steuern. Ihr Kind ist so häufig nach Hause gekommen, dass es sich nicht mehr darauf konzentriert, was es zu tun hat. Genauso wie Sie sich nicht mehr bewusst darauf konzentrieren müssen, wann Sie beim Autofahren das Gas- oder Bremspedal drücken müssen, weil Sie es häufig genug gemacht haben. Das Gehirn spart Energie und geht in den Autopilot-Modus.

Man kann diesen Prozess *Gewohnheit* nennen. Das Kind ist routiniert darin, nach Hause zu kommen und zu essen – alles, was dazwischen ist (*Hallo* sagen, Rucksack ablegen, Jacke ausziehen etc.) läuft automatisch ab. Das Problem ist: Der Akt des Schuhcausziehens wurde irgendwie nicht in das automatische Prozedere mit aufgenommen. Deshalb wird er vergessen. Soweit die Analyse. Nun die gute Nachricht: Fast genauso leicht, wie sich Gewohnheiten einüben, können sie auch verändert werden – wenn man jemanden hat, der einem hilft. Denn Gewohnheitsabläufe sind sehr störungsanfällig. Sobald ein gewohnter Ablauf auch nur minimal verändert wird, ist das Gehirn gezwungen, wieder bewusst zu funktionieren, weil die Gefahr zu groß ist, dass Unheil droht. Das heißt, Gewohnheiten lassen sich relativ leicht umformen, wenn man mit ihren einzelnen Elementen spielt.

Eine Gewohnheit bzw. Gewohnheitsschleife besteht aus drei Elementen. Zuerst gibt es einen Auslösereiz, der das Gehirn auffordert, in einen automatischen Modus umzuschalten, und ihm dabei direkt sagt, welche Gewohnheit es starten soll. Als nächstes kommt die Routine zu Tage, die körperlicher, mentaler oder emotionaler Natur sein kann. Zuletzt folgt eine Belohnung fürs Gehirn, die diesem sagt, dass es sich lohnt, sich die Gewohnheitsschleife zu merken. Wiederholt sich diese Abfolge – Auslösereiz, Routine, Belohnung – oft genug, automatisiert sie sich zunehmend. Dabei werden der Auslösereiz und die Belohnung immer enger miteinander verwoben, bis ein mächtiges Gefühl der Antizipation und des Verlangens entsteht. Das heißt, sobald das Gehirn den Auslösereiz registriert, schaltet es in den Autopiloten, um ja die Belohnung zu bekommen. Das nennen wir Gewohnheit.

Bevor wir uns damit beschäftigen, wie Sie mit den Gewohnheiten Ihres Kindes arbeiten können, lassen Sie mich ein alltägliches Beispiel anführen, durch das deutlich wird, wie das Unterbrechen und Neuprogrammieren einer Gewohnheit vonstattengehen. In Ihrer Küche gibt es vermutlich eine Schublade, in der Sie Ihr Besteck lagern. Wenn Sie den Tisch decken, gehen Sie mit großer Wahrscheinlichkeit häufig unbewusst zu dieser Schublade und nehmen, ohne nachzudenken, Messer, Gabel oder Löffel heraus. Der Ablauf ist dabei wie folgt: Das Tischdecken löst den Impuls aus, Messer und Gabel zu holen (Auslösereiz) – daraufhin schaltet Ihr Gehirn auf Autopilot (Routine) – weil es weiß, dass Sie am Ende das bekommen, was Sie suchen (Belohnung). Nehmen wir nun einmal an, Sie räumen Ihre Küche um, so dass Messer, Gabeln und Löffel in einer anderen Schublade sind. Kurz nach dem Umräumen möchte Ihr Gehirn die bekannte Gewohnheitsschleife anwenden: Tischdecken als Auslöser, automatischer Gang zur gewohnten Schublade als Routine – doch dann erwartet Sie dort keine Belohnung, da das Besteck ja nicht mehr hier ist. Sie werden in den nächsten Tagen noch manches Mal zur alten Schublade gehen, aber mehr und mehr werden Sie bewusst daran denken, dass Sie nun zu einem neuen Ort gehen müssen.

Nach ca. einer Woche ist Ihre Gewohnheitsschleife so umprogrammiert, dass Sie automatisch zum neuen Lagerort gehen, weil Ihr Gehirn dann oft genug eine Belohnung durch diesen erfahren hat. Das heißt, durch eine veränderte Belohnung ist es Ihnen gelungen, ein altes Muster umzuändern. Dieser Prozess, der in unserem Beispiel ganz automatisch passierte, kann bezogen auf Ihr Kind und seine Schuhe von Ihnen gesteuert werden.

Bei der Umprogrammierung von Gewohnheitsschleifen haben Sie immer drei Optionen: 1. Sie verhindern, dass das Gehirn den entscheidenden Auslösereiz bekommt. 2. Sie stören den Automatisierungsprozess, also die Routine. 3. Sie verändern die Belohnung. Was auch immer Sie tun, es gilt: Es liegt an Ihnen, die automatische Prozedur zu unterbrechen und dadurch das Kind aus dem Autopiloten ins bewusste Handeln zu bringen.

Wie könnten Sie nun den Auslösereiz im Beispiel der Schuhe im Haus verhindern? Dafür müssen Sie natürlich erst einmal herausfinden, welcher der eigentliche Auslöser ist. Ist der Prozess, wenn Ihr Kind klingelt der Auslöser oder schon das Betreten der Auffahrt oder erst Ihre Begrüßung? Testen Sie das, indem Sie beobachten, welche Abläufe jeden Tag identisch sind und welche variieren. Haben Sie den wichtigen Auslöser gefunden, überlegen Sie sich irgendeine Aktion, um diesen Auslöser zu verhindern. Bleiben wir im Beispiel: Mit Betätigung der Klingel startet die Gewohnheitsschleife. Stellen Sie einen anderen Klingelton ein – das wird den Trigger verändern. Oder öffnen Sie extrem schnell und stürmisch die Tür.

Oder falls der Auslöser das eigene Öffnen per Schlüssel ist, legen Sie etwas hinter die Tür (z.B. ein Buch), so dass Ihr Kind irritiert ist. Daraus könnten Sie auch ein Spiel machen: Was wird wohl heute hinter der Tür liegen? Sie dürfen kreativ sein ...

Wie könnten Sie den Automatisierungsprozess stören? Letztendlich gerät Ihr Kind nach dem Einsatz des Auslösereizes in Trance: Sein Gehirn gibt das Bewusstsein ab und handelt gesteuert von den Basalganglien. Nun geht es darum, das Kind aus seiner Trance aufzuwecken. Das heißt, Sie müssen den detailliert festgelegten Ablauf einfach ein klein bisschen unterbrechen. Es muss also ein Stolperstein vorhanden sein, der nicht geplant ist. Am einfachsten wäre es, wenn Sie sich in den Weg stellen. Das hätte den Vorteil, dass Sie Ihr Kind gleich noch an die Schuhe erinnern könnten. Allerdings ist dies natürlich nicht das Ziel, denn Sie wollen ja, dass Ihr Kind von sich aus daran »denkt«. Möglicherweise hängen Sie ein großes Schild in den Flur, auf dem Schuhe durchgestrichen sind. Sie können natürlich auch wirkliche Stolpersteine in den Weg legen, also beispielsweise Spielsachen oder Bücher, so dass sich Ihr Kind konzentrieren muss, nicht zu stolpern. Dafür muss es sein Bewusstsein bemühen (wenn die Dinge nicht jeden Tag an derselben Stelle liegen). Probieren Sie verschiedene Dinge aus!

Sie können aber auch die Belohnung verändern. Bleiben wir in dem besprochenen Beispiel, löst das Klingeln die Erwartung aus, dass es gleich Essen gibt. Läuft alles normal ab, sitzt Ihr Kind wenige Sekunden später am

Tisch und isst – und denkt schlichtweg nicht mehr an die Schuhe, da die Aufgabe *Ausziehen* bzw. *Ankommen* nach dem Essen längst als abgeschlossen gilt. Wenn es Ihnen also gelingt, das Essen etwas hinauszuzögern, z.B. indem Sie einen Zettel auf dem Tisch liegen haben, auf dem steht *Essen bitte selbst warm machen* oder der Tisch noch nicht gedeckt ist, wird die Belohnung etwas hinausgeschoben, weil sie nicht unmittelbar erhältlich ist. Somit ist das Essen keine direkte Belohnung mehr in dieser Gewohnheitsschleife, sondern bedarf gesonderter Bemühungen.

Anhand des Vorgehens wird deutlich, dass die drei Elemente nicht eindeutig zu trennen sind. Ein Buch hinter der Tür kann zwar den Auslösereiz verhindern, ist aber vielleicht auch schon ein Stolperstein. Und der auffordernde Zettel auf dem Tisch verhindert zwar die Belohnung, ist aber ebenfalls ein Stolperstein. Deutlich wird, dass alle Maßnahmen dazu dienen, ihr Kind aus seiner Trance zu wecken, um es zu zwingen, bewusst zu handeln. Denn aus dem bewussten Gedächtnis ist abrufbar, dass die Schuhe auszuziehen sind – immerhin haben Sie das oft genug erklärt.

Schwacher Eigenwille

Mein kleiner Sohn, der ein halbes Jahr alt ist, kennt keine Kompromisse: Entweder er ist zufrieden und glücklich oder er schreit. Es ist schlichtweg nicht möglich, mit ihm zu verhandeln oder ihn erfolgreich abzulenken. Wenn er Hunger hat, schreit er. Punkt. Meine dreijährige Tochter ist da anders: Für sie gibt es nicht nur Extreme. Wenn sie mit etwas unzufrieden ist, kann es auch passieren, dass sie schreit, aber es kann genauso gut sein, dass sie Alternativen akzeptiert. Denn anders als bei meinem Sohn hat sie bereits eine gewisse Reife erlangt, die sie verstehen lässt, dass nicht immer alles Überlebenskampf ist. Das heißt, für meine Tochter ist es möglich zu zeigen, was sie möchte, ohne dass dies kompromisslos ist. In diesem Sinne hat sie einen schwachen Eigenwillen. Ihr ist mitunter wichtig, dass sie etwas bekommt, ohne dass sie festgelegt ist, dass es genau das oder genau jetzt sein muss. Wenn wir im Folgenden über diese Form kindlichen Verhaltens sprechen, geht es nicht darum, exakt zu definieren, wie stark der Eigenwille nun ausgeprägt ist, sondern darum, einen vagen Eindruck dessen zu haben, wie die Haltung des Kindes ist: weder völlig egal noch völlig fixiert.

Passive Strategie: Die Psychologie des Überzeugens (Feld III)

Elf Millionen Pfund in drei Wochen – Nudge 2.0

Nur die wenigsten Menschen zählen das Verfassen einer Steuererklärung zu ihren Leidenschaften. Das liegt häufig nicht nur an der Angst, eine Menge Geld zahlen zu müssen, sondern auch an der Unlust, sich diesem nervigen Prozedere zu widmen – bestehend aus Unterlagen zusammensuchen, Fragen richtig beantworten, nach Schlupflöchern schauen und schlichtweg einer Menge

Papierkram. Da die Regierung aber ein monetäres Interesse daran hat, Steuererklärungen zu bekommen, muss sie die Bürger dazu bringen, diese lästige Pflicht zu erledigen. Dies ist natürlich kein ausschließlich deutsches Problem, sondern beispielsweise auch eines der britischen Regierung.[36] Diese wählte Anfang der 2010er Jahre eine Strategie, die auf sehr passive, verborgene Weise innerhalb von drei Wochen Mehreinnahmen von elf Millionen Pfund brachte. Dabei muss betont werden: ohne Drohungen! Nun stellt sich die alles entscheidende Frage: Wie hat die Regierung das geschafft? Die Antwort ist so einfach wie verblüffend: mit zwei zusätzlichen Sätzen am Anfang des Standardmahnbriefs. Die Schreiben begannen wie folgt: »Neun von zehn Bürgern in Großbritannien zahlen ihre Steuern rechtzeitig. Im Moment gehören Sie zu einer kleinen Minderheit, die noch nicht bezahlt hat.« Diese beiden Sätze führten dazu, dass viele Menschen bewegt wurden, ihre Steuererklärung innerhalb von drei Wochen abzugeben und insgesamt eine große Summe Steuern zu zahlen. Faszinierend.

Zwei Sätze, die Menschen ohne Druck zu etwas bewegen, was die Regierung möchte: Das klingt sehr nach den im Feld I beschriebenen Nudges. Und in der Tat handelt es sich um einen Anstupser, der von der eigens von David Cameron gegründeten *Nudge United*, einer Sonderabteilung, die ihm helfen sollte, wirksamer dank

---

[36] Das komplette Beispiel vgl. Metzger, Jochen (2015): *Wirksam regieren. Regierungen nutzen psychologische Erkenntnisse, um Bürger unterschwellig zu beeinflussen.* In: Psychologie Heute, 08/2015: S. 35-36.

psychologischen Fachwissens zu regieren, initiiert wurde. Zwei Unterschiede aber bestehen zwischen den im Feld I beschriebenen Nudges und dem bei der Steuereintreibung benutzten Nudge:

1. Die Voraussetzung. In Feld I ging es darum, dass kein Widerwille vorhanden ist, sondern der zu beeinflussenden Person im Grunde egal ist, wie sie handelt. Dass sie bisher noch nicht das gewünschte Verhalten zeigte, war vor allem mit Unwissenheit, Trägheit oder Gewohnheit zu begründen, nicht mit Widerwillen. Die Steuererklärung hingegen wurde vermutlich größtenteils nicht aufgrund von Versäumnis oder Unwissenheit zurückgehalten. Vielmehr darf man annehmen, dass ein Sträuben gegen die Bürokratie oder aber die Angst vor Nachzahlungen Grund für das Aufschieben waren. Es lag also ein Widerwille vor, wenngleich es keiner war, weswegen sich ein Aufstand lohnte.

2. Die Grundlage des Nudge. Da der Grat zwischen *keinem Eigenwillen* und *schwachem Eigenwillen* fließend ist, verwundert es nicht, dass bei beiden Fällen Nudges effektiv sind. Allerdings sollen in diesem Abschnitt, also in Feld III, Strategien beleuchtet werden, die eine andere Wirkungsursache haben als die Nudges in Feld I. Ging es bei den zuerst beschriebenen Nudges vor allem darum, die

Gleichgültigkeit des Kindes zu nutzen, so dass sich die Anstupser vor allem die alltägliche Gewohnheit zunutze machten, soll es im Feld III etwas mehr in die Tiefe gehen. Da ein leichter Widerstand vorausgesetzt wird (den Bürgern war es an sich nicht egal, ob sie eine Steuererklärung machen oder nicht), wird auf differenzierte psychologische Erkenntnisse zurückgegriffen. Die gewählten Methoden können – wie bei dem Beispiel der Steuererklärung – klassische Nudges sein, es können aber auch andere gewählt werden. Der Fokus liegt daher mehr auf den unterschiedlichen Hintergründen.

Der ehemalige Psychologieprofessor an der Arizona State University Robert Cialdini hat in seinem Bestseller-Buch *Die Psychologie des Überzeugens* sechs Grundprinzipien herausgearbeitet, die dazu beitragen, dass sich Menschen unbewusst beeinflussen lassen. Diese zentralen Faktoren, die der Autor vor allem durch eine dreijährige »Undercover-Recherche« bei stark beeinflussenden Berufsgruppen (z. B. Autoverkäufer, Vertreter, Werbeleute) erwarb, sollen die Grundlage für unser Anliegen bilden: Kinder freiwillig zu etwas zu bewegen, wogegen sie einen leichten Widerwillen haben. Wie auch bei den im Feld I beschriebenen Nudges geht es nicht darum zu manipulieren. Niemand wird einer Gehirnwäsche unterzogen oder in eine Ohnmachtsstellung gebracht – vielmehr geht es darum, sich grundlegende psychologische Mechanismen zunutze zu machen, denen jeder Mensch von Natur aus folgt. Dabei müssen wir jeweils einen Transfer zu Kindern machen, denn Cialdini bezog seine Faktoren auf Erwachsene.[37] Die vier für unser Anliegen relevantesten der sechs Faktoren sollen genauer betrachtet werden: Reziprozität, Soziale Bewährtheit, Commitment/ Konsistenz und Autorität. Im Anschluss sollen noch einige wenige andere Tricks der Überzeugung erläutert werden.

Reziprozität

Stellen Sie sich vor, Sie schlendern durch eine Großstadt und plötzlich spricht Sie ein Losverkäufer an. Normalerweise würden Sie wahrscheinlich schnell das Weite suchen, doch passiert dieses Mal etwas Unerwartetes: Statt etwas von Ihnen zu wollen, schenkt der Losverkäufer Ihnen eine Dose Coca-Cola. Was glauben Sie: Wie wirkt sich das Geschenk auf Ihr Verhalten aus? In einer Studie, die genau dieses Design hatte, kauften daraufhin die Beschenkten zweimal mehr Lose als Teilnehmende, die keine Dose bekamen. Nun mag das ziemlich naheliegend sein, fühlt es sich doch nicht gut an, etwas geschenkt zu bekommen und dann zu knauserig zu sein, etwas zurückzugeben. Interessanterweise blieb das gesteigerte Kaufverhalten auch bestehen, wenn zwischen dem

---

[37] Einführung zu Cialdini und die Beschreibung der sechs Faktoren vgl. Schäfer, Annette (2015): Kleine Kniffe, große Wirkung. In: Psychologie Heute, 08/2015, S. 30-33.

Geschenk und dem Loskauf ein gewisser zeitlicher Abstand lag und der Verkäufer die Dose nicht wieder erwähnte.[38]

Das für dieses Verhalten zugrundeliegende Phänomen nennt Cialdini *Reziprozität* oder *Gegenseitigkeit*. Es macht sich zunutze, dass die meisten Menschen ein Bedürfnis haben, sich für eine Gefälligkeit zu revanchieren. Wenn Menschen also jemand hilft, etwas schenkt oder sonst wie etwas Gutes tut, dann drängt es sie dazu, in ähnlicher Weise darauf zu reagieren.

Dieses menschliche Grundbedürfnis finden Sie auch bei Kindern – wenngleich nicht immer! Und wir haben sogar bereits ausführlich darüber gesprochen. Die *Pädagogik des ersten Schritts* hat nämlich genau dieses Prinzip zur Grundlage: Dienen Sie Ihren Kindern, schenken Sie, verwöhnen Sie, erfüllen Sie Wünsche – und hoffen Sie darauf, dass sich das Kind daraufhin bewegt, ebenfalls Gutes zu tun. Dabei dürfen Sie natürlich auch Erinnerungshilfen geben. Das heißt, Sie können betonen, dass Sie X oder Y gemacht haben und deshalb jetzt hoffen, dass das Kind auch Ihren Wunsch erfüllt. Dies sollte nicht in einem Zwang oder unter psychischem Druck geschehen. Das Kind muss nach wie vor die Möglichkeit haben, sich dagegen zu entscheiden, ohne schmerzhafte Nachteile zu erfahren. Doch der psychologische Mechanismus der

---

[38] Goldstein, Noah J.; Martin, Steve J.; Cialdini, Robert B. (2018): *Yes! Andere überzeugen - 60 wissenschaftlich gesicherte Geheimrezepte*. 2., überarbeitete und erweiterte Auflage. Bern: Hogrefe.

Reziprozität wird dazu führen, dass sich die Wahrscheinlichkeit des Entgegenkommens deutlich erhöht.

Dass das Prinzip der Reziprozität funktioniert, kann ich regelmäßig sowohl mit meiner dreijährigen Tochter als auch mit acht- bis zwölfjährigen Kindern in unserer Einrichtung erleben. So kommt es mit meiner Tochter vor, dass ich ihr auf unserer Zimmerschaukel lange Anschwung gebe – was sie liebt. Möchte ich im Anschluss, dass sie beispielsweise ihre Puppen wegräumt, reicht oft die schlichte Bitte, ohne dass ich das Schaukeln explizit erwähnen muss. Sie scheint tatsächlich zu spüren, dass das Aufräumen aufgrund von Gegenseitigkeit nun dran ist. Bei den acht- bis zwölfjährigen Kindern muss ich manchmal etwas mehr nachhelfen. Hier kann es sein, dass ich bereits beim Ausführen einer guten Tat beiläufig erwähne, dass es doch selbstverständlich ist, dass man sich unter *Freunden*, *Kollegen*, *Bros* – je nach Kontext sind eigene Worte zu finden – hilft. Hilfreich, so schlägt Schäfer vor[39], könne es auch sein, dass man betone, man wisse, wenn man selbst einmal Hilfe brauche, dass der andere ebenfalls Gutes tun würde. Doch mitunter helfen auch diese beiläufigen Stupser nichts. Wenn wir beispielsweise auf Freizeitreisen sind und ich Kinder bitte, mir beim Abräumen des Essens zu helfen, sie sich aber weigern, frage ich manchmal, ob das *vorbereitete* und *kostenlose* Essen geschmeckt habe. Ja, dies ist ein Wink mit dem

---

[39] Einführung zu Cialdini und die Beschreibung der sechs Faktoren vgl. Schäfer, Annette (2015): Kleine Kniffe, große Wirkung. In: Psychologie Heute, 08/2015, S. 30-33.

Zaunpfahl — dass die Kinder dann aber meist das gewünschte Verhalten zeigen, macht deutlich, dass sie spüren, was richtig ist. Wenn sie sich trotzdem weigern, muss ich das hinnehmen.

Wie immer gilt auch beim Prinzip der Reziprozität: Es gelingt nicht immer und wirkt vor allem da, wo an sich wenig Widerstand vorhanden ist. Das heißt, wenn Ihr Kind im Supermarkt einen Wutanfall hat, wird es wenig nutzen, es daran zu erinnern, dass Sie ihm vorhin erlaubt haben, im Auto vorn zu sitzen.

Ganz wichtig ist auch, dass die richtige Reihenfolge eingehalten wird: Das Prinzip der Gegenseitigkeit setzt voraus, dass Sie zuerst liefern und das Kind die Möglichkeit hat, darauf zu reagieren. Es bedeutet nicht, dass Sie dem Kind in Aussicht stellen, Sie werden ihm später ein Eis kaufen, wenn es nur jetzt sein Zimmer aufräumt. Das wäre eine Belohnung. Nein, Sie müssen den ersten Schritt machen und hoffen, dass das Kind *freiwillig* reagiert. Und noch einmal: Nur weil Sie in Vorleistung gehen, ist das Kind nicht mehr als sonst verpflichtet, sich richtig zu verhalten. Das besagte Prinzip geht nur davon aus, dass die Wahrscheinlichkeit erhöht wird, dass sich das Kind für Ihren Willen entscheidet. Im Übrigen wird die Wahrscheinlich am stärksten erhöht, wenn Sie mit Ihrem ersten Schritt eine Leistung erbringen, die dem Kind besonders wichtig ist. Auch hier gilt es also wieder, durch eine gut erarbeitete Beziehung das Gegenüber zu kennen.

Ich schulde Ihnen noch eine Erklärung: Wieso zahlten britische Bürger innerhalb von drei Wochen elf Millionen Pfund Steuern, aufgrund zwei kleiner Sätze? Die Antwort ist: soziale Bewährtheit. Menschen haben den inneren Wunsch dazuzugehören. Dieser Wunsch ist evolutionsgeschichtlich äußerst plausibel, sicherte doch die Zugehörigkeit zu einer Herde das Überleben. Weil wir diese Tendenz nach wie vor haben, wollen wir – bewusst und unbewusst – unser Verhalten an unsere Umgebung und speziell an jene Menschen anpassen, mit denen wir uns identifizieren. Der Hinweis der britischen Regierung, dass bereits neun von zehn Bürgern Steuern bezahlt hatten, löste offensichtlich bei vielen Empfängern den Wunsch aus, ihr Verhalten an das der Masse anzupassen und deshalb ebenfalls zügig die Steuererklärung abzugeben. Wie stark die soziale Bewährtheit gerade gegenüber Menschen ist, mit denen wir uns identifizieren, zeigt die zweite Stufe des britischen Regierungsvorgehens: Es folgte ein zweiter Brief mit dem Hinweis, dass ein Großteil der Leute mit derselben Postleitzahl bereits Steuern gezahlt habe. Dieser Hinweis führte noch einmal zu einem deutlich größeren Rücklauf.[40]

Wir Menschen sind Gemeinschaftswesen und deshalb wollen wir dazugehören. Doch steckt hinter den Verhaltensänderungen aufgrund der sozialen Bewährtheit nicht

---

[40] Goldstein, Noah J.; Martin, Steve J.; Cialdini, Robert B. (2018): *Yes! Andere überzeugen - 60 wissenschaftlich gesicherte Geheimrezepte.* 2., überarbeitete und erweiterte Auflage. Bern: Hogrefe. S. 26.

nur der Wunsch nach Zugehörigkeit und Anerkennung, sondern zwei weitere Motive. Laut Cialdini und seinen Kollegen wollen wir

a) Entscheidungen so akkurat und effizient wie nur möglich treffen und

b) uns selbst in einem guten Licht sehen.[41]

Alle drei Faktoren können Sie sich für die erzieherische Arbeit ungemein zunutze machen. Wenn ich mit acht- bis zehnjährigen Kindern arbeite, dann erzähle ich ihnen mitunter von Dingen, die Teilnehmende aus der Teenager- bzw. Junge-Erwachsenen-Gruppe machen. Die Kinder kennen viele der Älteren, teilweise sind es Geschwister, Cousins, Cousinen oder Nachbarn. Gerade in sehr hierarchischen Familienstrukturen sind ältere Verwandte wichtige Vorbilder. Wenn wir nun den Kindern beispielsweise erzählen, dass wir auf einer Reise mit den Älteren waren und diese sich sehr bereitwillig um die Küche gekümmert haben, dann ist dies ein wichtiger Faktor, der häufig dazu führt, dass auch die Kinder aktiver werden. Grund hierfür ist der Wunsch, so zu sein, wie die Großen, und sich deshalb so zu verhalten, dass dieses Ziel möglichst effizient erreicht wird. Das Benehmen der Älteren ist in diesem Falle Vorbild für das Verhalten der Jüngeren. Sie erfahren durch unser Erzählen davon, welches Verhalten gut ist und indem sie sich daran orientieren, stellen sie sich selbst in ein günstiges Licht. Denn anscheinend helfen coole Leute auf Reisen in der Küche

---

[41] Schäfer, Annette (2015): Kleine Kniffe, große Wirkung. In: Psychologie Heute, 08/2015, S. 31 f.

mit, so dass Helfen per se auf Reisen cool ist. Natürlich ist das, was wir erzählen, wahr. Wir denken uns keine Geschichten aus und beschönigen auch nicht die Tatsachen. All das wäre moralisch nicht korrekt. Doch ausgeschmückte Lügen sind auch gar nicht vonnöten, denn schon die bloße Erwähnung des Verhaltens der Größeren reicht häufig aus, die Wahrscheinlichkeit zu erhöhen, dass Kinder Dinge freiwillig tun, die wir wollen.

Das Prinzip der sozialen Bewährtheit funktioniert aber auch bei meiner kleinen Tochter. Möchte sie abends nicht ins Bett, hilft es mitunter, ihr zu erzählen, dass ihre besten Freunde bereits im Bett liegen (ich weiß, dass diese wirklich alle früher ins Bett gehen!). Auch dieses Berichten führt häufig dazu, dass sie sich auf den Schritt Richtung Bett einlässt.

Sofern es Ihnen möglich ist, finden Sie beispielhaftes Verhalten von Menschen, die für Ihre Kinder wichtig sind und erzählen Sie davon. Haben Sie solche Beispiele, können Sie Appelle stets so formulieren, dass nicht die Sache an sich im Vordergrund steht, sondern die Menschen, mit denen sich Ihre Schützlinge identifizieren. Wahrscheinlich passt sich dann das Verhalten der Kinder automatisch an.

Commitment und Konsistenz

In unserer Einrichtung ist der Donnerstag ein besonderer Tag. An diesem Tag finden Einzeltreffen statt. An jedem anderen Tag ist jeder willkommen, es gibt ein offenes Angebot, niemand wird verstoßen. Doch der

Donnerstag ist anders: An dem Tag ist nicht für die breite Masse geöffnet, sondern man muss sich anmelden. Doch sind die Plätze rar. Es kommen pro Donnerstag nur vier bis maximal sechs Kinder zum Zug, da unsere Kapazitäten natürlich limitiert sind. Man muss sich also bei einem Mitarbeitenden rechtzeitig anmelden, um einen der begehrten Plätze zu bekommen. Und begehrt sind sie wirklich, denn das Kind selbst darf sich etwas wünschen. So kann es mit einem Mitarbeitenden Döner essen gehen, ins Kino gehen oder einfach nur in Ruhe sprechen. Oft fehlen den Kindern auch die Ideen, dann schlagen die Mitarbeitenden ein Programm vor. Eine tolle Sache!

Nun ist es leider so, dass es häufig dazu kommt, dass Kinder trotz großer Anreize die Termine vergessen oder aus anderen Gründen nicht wahrnehmen. Das ist für alle Beteiligten ärgerlich, da eben die Kapazitäten so begrenzt sind, doch die Nachfrage so groß. Unsere Mitarbeitenden haben schon Manches versucht, um mehr Verbindlichkeit herzustellen, doch hat Vieles wenig Nutzen gebracht. Die Psychologie der Überzeugung schlägt einen kleinen Trick vor, der statistisch wirklich Besserung verspricht: Wenn man einen Termin mit jemandem vereinbart, sollte man am Ende nicht einfach sagen: »Bitte ruf mich rechtzeitig an, wenn du doch nicht kannst.«, sondern die gleiche Aufforderung wie folgt formulieren: »Kannst du mich bitte anrufen, wenn du doch nicht kannst?«. Formulieren wir unseren Wunsch als Frage, muss der andere darauf antworten – und mit großer Sicherheit wird er *ja* sagen. Dieses Ja ist ein Commitment: Der andere sagt zu, sich an etwas zu halten. Warum dies so wichtig ist, beschreibt Annette Schäfer: »Menschen wollen sich im Einklang mit ihren einmal gegebenen Verpflichtungen verhalten.«[42]

Doch ist das Commitment nicht nur für Termine relevant, sondern auch für andere pädagogische Situationen. Möchte Ihr Kind einmal wieder nicht aufräumen oder macht etwas, das Ihnen überhaupt nicht gefällt, steigt die Wahrscheinlichkeit einer Verhaltensänderung, wenn Sie es an eine früher gegebene Zusage erinnern – sofern es diese gegeben hat: »Du hast mir versprochen, dass du keinen Ausraster mehr haben wirst« oder »Darf ich dich daran erinnern, dass du gesagt hast, dass du dein Zimmer aufräumen wirst?!«

Ein ganz ähnlicher Wirkmechanismus wie beim Commitment-Prinzip läuft bei der Etikettierungstechnik ab. Hierbei gibt man seinem Gegenüber ein Etikett – oder lässt es ihn selbst tun – und steuert dadurch unbewusst sein Verhalten. So konnten Lehrer ihre Schüler dazu bringen, ihre Handschrift signifikant öfter zu üben, einfach dadurch, dass sie ihnen sagten: »Du wirkst wie ein Kind, das Wert darauflegt, eine gute Handschrift zu haben.« Diese Kinder übten tatsächlich in ihrer Freizeit häufiger das Schreiben, selbst dann, wenn sie sich unbeobachtet fühlten.[43] Menschen wollen sich nicht nur im Einklang

---

[42] Schäfer, Annette (2015): Kleine Kniffe, große Wirkung. In: Psychologie Heute, 08/2015, S. 32.

[43] Goldstein, Noah J.; Martin, Steve J.; Cialdini, Robert B. (2018): *Yes! Andere überzeugen - 60 wissenschaftlich gesicherte Geheimrezepte.* 2., überarbeitete und erweiterte Auflage. Bern: Hogrefe. S. 77.

mit ihren einmal gegebenen Versprechungen befinden, sondern auch mit dem Bild, das sie zeigen. Das gilt im Übrigen umso stärker, wenn sich die Person selbst das Etikett gibt. So zeigte wiederum eine Studie des Kommunikationsprofessors San Bolkan und seines Kollegen Peter Andersen, dass sich die Erfüllungsrate einer Bitte von 29% auf 77% erhöht, wenn man die Menschen vorher fragt, ob sie sich für eine hilfsbereite Person halten.[44] Sobald sie sich selbst die Etikettierung gegeben haben, möchten sie diese konsistent aufrechterhalten.

Was können wir nun pädagogisch mit der Etikettierungstechnik anfangen? Es kommt in meinem Alltag sehr häufig vor, dass Kinder ein negatives Verhalten ankündigen. So kann es sein, dass ein zehnjähriger Junge sagt, er werde gleich den achtjährigen Jungen verprügeln. Nun könnte man es ihm auszureden versuchen oder ihn ablenken etc. Was aber viel schneller und einfacher wirkt, ist die Etikettierungstechnik: »Ich weiß, dass du ein Ehrenmann bist und deshalb wirst du es nicht tun.« Diese Methode wirkt Wunder! Noch stärker ist der Effekt, wenn man die Beziehungsebene mit einfließen lässt. Die elfjährige Aylin stand mit ein paar Freundinnen in einem unserer Räume. Als ich den Raum betrat, sagte eine ihrer Freundinnen: »Aylin möchte gleich mit Lippenstift an den Spiegel schreiben.« Meine Reaktion setzte eine Etikettierung ein: »Aylin macht das nicht. Ich vertraue ihr.« Als ich das gesagt hatte, drehte ich mich sofort um und verließ den Raum. Es wurde nichts an den Spiegel gemalt,

---

[44] Ebd., S. 78.

denn damit hätte Aylin nicht nur mein Vertrauen verletzt, sondern vor allem hätte sie das Bild, das ich von ihr hatte, zerstört. Probieren Sie diese einfache Technik unbedingt aus. Sie ist unglaublich effektiv, wenn Sie ein Verhalten auf freiwilliger Basis verändern wollen.

Ein weiterer Effekt, der aufgrund des menschlichen Wunsches nach Konsistenz existiert, ist die Fuß-in-der-Tür-Technik. Hierbei geht es darum, zunächst um einen kleinen Gefallen zu bitten, den das Gegenüber wahrscheinlich nicht ablehnen wird. Sobald der *Fuß* einmal in der *Tür* ist, ist es deutlich leichter, seinen eigentlichen, viel größeren Wunsch zu formulieren und damit Erfolg zu haben. Denn auch hierbei geht es wieder darum, dass Menschen konsistent erscheinen wollen, weshalb sie dem großen Wunsch ebenfalls nachgeben. Diese Technik ist perfekt geeignet, wenn es darum geht, Hausaufgaben zu machen oder das Zimmer aufzuräumen. So könnte man die Kinder zunächst einmal damit beauftragen, nur 15 Minuten lang Hausaufgaben zu machen oder eben nur ein einziges Spielzeug in die Kiste zu räumen. Ist dies geschehen, fällt es deutlich leichter, die Kinder dazu zu motivieren, noch ein klein bisschen mehr zu machen. Letztendlich wird eine deutlich größere Bereitschaft bestehen, auch noch den Rest der Aufgabe zu erledigen.[45]

---

[45] Ebd., S. 75.

Von einem meiner absoluten Lieblingsautoren – Albert Camus – stammt ein bekanntes Zitat: »Alles, was ich über Moral und Pflicht weiß, verdanke ich dem Fußball.« Nun weiß ich nicht, ob Sie etwas mit Fußball anfangen können, für mich und meine Arbeit ist es ein essenzieller Bestandteil. Es vergeht kaum ein Arbeitstag, an dem ich nicht mit Kindern oder Jugendlichen auf dem Bolzplatz stehe und mit ihnen das mache, was für sie das Liebste im Leben ist. Genau wie Camus stelle auch ich immer wieder fest, dass Fußball eine wichtige pädagogische Wirkung hat. Beim Fußballspiel geht es um Werte wie Disziplin, Fair-Play, Kameradschaft, Selbstlosigkeit, Selbstkontrolle, Aufopferung etc. Diese Werte werden natürlich bis zu einem gewissen Grad automatisch vermittelt, doch ist es besser, wenn ein Trainer regelmäßig darauf aufmerksam macht. So ist es wichtig, dass man acht- bis zehnjährige Kinder daran erinnert, abzuspielen oder sich nach einem Foul per Handschlag zu entschuldigen. Was hat das nun mit Autorität zu tun? Würde man als Erwachsener nur am Spielfeldrand stehen und Anweisungen geben, ohne jemals den Nachweis erbracht zu haben, dass man selbst gut spielen kann, hätte man wenig Überzeugungskraft. Spielt man hingegen mit den Kindern und beweist gelegentlich, dass man wirklich etwas vom Spielen versteht, bekommt man schnell einen Profi-Status. Wenn man dann auf der einen Seite Werte wie Fair-Play, Kameradschaft etc. auf dem Platz vorlebt, auf der anderen Seite aber auch taktische Anweisungen gibt oder Stellungsspiel erklärt, werden die Kinder viel eher bereit sein, dem Erwachsenen zu folgen. Denn Menschen – nicht nur Kinder – verlassen sich gerne auf den Rat von Experten.

Wenn Sie also Kinder führen wollen, sei es bei Hausaufgaben oder beim Sport, oder aber ihnen wichtige Tipps fürs Leben geben wollen – z.B. im Umgang mit Geld, Zeiteinteilung, in Beziehungsangelegenheiten usw. –, ist es äußerst ratsam, wenn Sie selbst Profi bzw. Experte sind (oder wenigstens so wirken!), denn dadurch sind Sie überzeugender.

Geht es um das Handeln als Autorität, ist es besonders wirksam, wenn wir unserem Gegenüber ähnlich sind. Dies haben wir eben bei der sozialen Bewährtheit schon einmal besprochen. Das heißt, der Faktor *Autorität* wird noch stärker, wenn wir bereit sind, Gemeinsamkeiten mit unseren Kindern und Jugendlichen zu finden und uns ihnen gegebenenfalls etwas anzupassen. Ein biblisches Prinzip, das der Apostel Paulus beschreibt, handelt davon, dass er den Juden ein Jude, den Griechen ein Grieche und so weiter geworden ist, um einige mit seiner Botschaft zu erreichen[46]. Ähnliches gilt für die pädagogische Arbeit: Als ich angefangen habe, mit Jugendlichen zu arbeiten, war eine meiner ersten Aktionen, mich darüber zu informieren, welche Musik die jungen Menschen hören. Mit dem Wissen darüber, was angesagt war (Rap-Musik!), begann das Hören ihrer Lieder. Und obwohl dies überhaupt nicht mein Geschmack war, half mir das Kennen der Lieder dabei, einen direkteren Draht zu den

---

[46] Erster Brief des Paulus an die Korinther, Kapitel 9, Verse 20 ff.

Jugendlichen zu finden. Dabei spielte ich niemals vor, dass ich nun Rap-Fan sei. Das heißt, es ging nicht darum, eine unauthentische Rolle zu spielen. Vielmehr ging es darum, mitreden zu können und Gesprächsthemen zu haben, die ihnen vertraut waren. Dies wiederum setzte die Haltung voraus, von jedem Menschen etwas lernen zu können. Existiert ein gemeinsames Gesprächsthema, führt dies zu dem Gefühl der Ähnlichkeit, welches die Wahrscheinlichkeit des Gelingens unbewusster Führung deutlich erhöht.

Weitere Effekte

Obwohl Sie in diesem »Feld« bereits einige wirklich effektive Methoden kennengelernt haben, wie Sie Kinder so zu einer Verhaltensänderung bewegen können, dass diese immer das Gefühl haben, sich freiwillig dazu zu entscheiden, sollen noch kurz drei weitere Tools beschrieben werden. Diese gehen ebenfalls auf Studien und Beobachtungen von Cialdini und seinem Team zurück, lassen sich aber nicht direkt einem der sechs grundlegenden Wirkfaktoren zuordnen. Die drei Tools scheinen so banal, dass sie kaum überzeugend wirken. Doch probieren Sie sie aus und überzeugen Sie sich selbst.

Cialdini und sein Team zeigten anhand einer Studie, dass Testteilnehmende Redensarten, die sich reimten, als zutreffender bewerteten im Vergleich zu Redensarten, die den identischen Inhalt hatten, sich aber in ihrer Form nicht reimten. Grund dafür könnte sein, dass wir Reime besonders leicht erfassen und verarbeiten können, so dass sie uns genauer und glaubwürdiger erscheinen. Die Autoren schlagen aufgrund dieser Studienergebnisse vor, wichtige Erziehungsgrundsätze oder Tagesabläufe reimend zu verfassen.[47] Wenn Sie also möchten, dass Ihr Kind Zähne putzt, sollten Sie es anstatt mit der normalen Aufforderung, sich ins Bad zu begeben und das Ritual durchzuführen, mit einem Reim probieren: »Zähne putzen, Zähne putzen, muss ein jedes Kind, Zähne putzen, Zähne putzen, bis sie sauber sind.« Natürlich ist dies kein sehr machtvoller Effekt, doch kann er manches Mal vielleicht gute Dienste erweisen.

Ein zweites Tool ist noch banaler, aber überraschend wirkungsvoll. Die Verhaltenswissenschaftlerin Ellen Langer und ihr Team erhielten in einem etwas skurrilen Experiment ein noch skurrileres Ergebnis. Eine fremde Person näherte sich einer vor einem Kopiergerät wartenden Menschenschlange und fragte: »Entschuldigen Sie, ich habe fünf Seiten zu kopieren. Könnten Sie mich bitte vorlassen?« Fast Zweidrittel (60%) aller Wartenden ließen die Person vor. Formulierte die fremde Person ihr Anliegen aber ein kleines bisschen anders, erreichte Sie eine Erfolgsquote von sagenhaften 94%. Was musste sie sagen? Sie musste schlicht und ergreifend eine Begründung für ihren Wunsch liefern, z.B. »Könnten Sie mich bitte vorlassen, weil ich es eilig habe?« Dies ist sicherlich interessant, aber nicht völlig überraschend, schließlich führt

[47] Goldstein, Noah J.; Martin, Steve J.; Cialdini, Robert B. (2018): *Yes! Andere überzeugen - 60 wissenschaftlich gesicherte Geheimrezepte.* 2., überarbeitete und erweiterte Auflage. Bern: Hogrefe. S. 156 f.

ein berechtigter Grund zu einer netten Geste. Doch was jetzt passierte, verblüfft wirklich. In einem dritten Durchgang wendete die fremde Person abermals eine Begründung an, wählte aber einen völlig bedeutungslosen Anlass: »Könnten Sie mich bitte vorlassen, weil ich kopieren muss?« Keine sehr kreative Begründung angesichts der Tatsache, dass sich die Bitte auf ein Kopiergerät bezieht. Faszinierenderweise aber ließen trotzdem 93% aller Wartenden die fremde Person vor![48] Das Wörtchen *weil* scheint also eine magische Wirkung zu haben. Als ich von dieser Studie gelesen habe, probierte ich es direkt bei meiner Tochter aus. Wir saßen als Familie beim Abendessen. Immer dann, wenn meine Frau etwas von unserer Tochter forderte, diese aber nicht reagierte oder sich für eine Alternative entschied, formulierte ich genau die gleiche Aufforderung mit einer *weil*-Begründung. Zu unserer beider Überraschung reagierte unsere Tochter dann jeweils sofort und so, wie es unserem Wunsch entsprach. Natürlich beweist dies gar nichts, sondern kann reiner Zufall sein oder daran liegen, dass unsere Tochter gerade mehr auf mich hören wollte. Aber es war faszinierend zu sehen, wie anscheinend das Wörtchen *weil* in diesem Moment wirkte.

Ein dritter – und letzter – psychologischer Kniff besteht ebenfalls aus einer Formulierungshilfe[49]. Französische Forscher wollten herausfinden, ob sie Einfluss

[48] Ebd., S. 142 f.
[49] Eyal, Nir (2017): *Hooked. Wie Sie Produkte erschaffen, die süchtig machen.* 3. Auflage. München: Redline Verlag. S. 114 f.

darauf nehmen konnten, wie viel Geld Menschen einem Fremden gaben, der um die Finanzierung eines Bustickets bat. Was sie herausfanden, war sensationell: Durch die Verwendung einiger weniger bewusst eingesetzter Wörter konnten sie den Beitrag der Menschen verdoppeln! Durch die gleiche Taktik, so fand man heraus, ließen sich sowohl Spendengelder als auch die Bereitschaft, an Befragungen teilzunehmen, erheblich steigern. Doch was sind die magischen Worte? Am Ende einer Bitte fügten die Wissenschaftler den Zusatz an: »Aber es steht Ihnen natürlich frei, ob Sie zustimmen oder ablehnen.« Warum war dieser Zusatz so mächtig? Durch ihn – so nimmt man an – bekamen die Befragten das Gefühl, weiterhin autonom zu sein und zu nichts gezwungen zu werden. Sie hatten das Gefühl, frei von sich selbst heraus zu entscheiden. Genau dieses Berauben um die Autonomie war es ja, das Bestrafungen und Belohnungen so wenig nachhaltig machte. Wir wollen das Gefühl haben, frei wählen zu können. Das zeigte die Studie eindrucksvoll. Eine kürzlich durchgeführte Metaanalyse von 42 Studien dieser Art mit über 22.000 Teilnehmenden bestätigte die Wirkung dieser autonomiefördernden Wörter noch einmal im großen Rahmen. Wenn Sie also wissen, dass Ihr Kind morgens nicht gerne eine Jacke anzieht, dann schreiben Sie das Tragen doch nicht einfach vor, sondern lassen Sie Ihrem Kind die Wahl – die Wahrscheinlichkeit, dass es sich für die Jacke entscheidet, steigt auf jeden Fall signifikant.

Die Erkenntnisse der Psychologie der Überzeugung sind wichtige Grundlagen für wirksame Tools, um konflikthafte Situationen so zu lösen, dass alle Beteiligten zufrieden sind. Natürlich funktionieren sie nicht mit einhundertprozentiger Sicherheit – sonst würde es sich um Gehirnwäsche handeln. Doch die Wahrscheinlichkeit, dass es zu gewünschten Verhaltensweisen kommt, erhöht sich deutlich. Probieren Sie es aus! Überlegen Sie sich eigene Lösungen, die die beschriebenen Erkenntnisse zur Grundlage haben und passen Sie die Strategien auf Ihre Situationen an. Dieses Vorgehen tut wirklich niemandem weh, sondern stärkt sogar die Beziehung zu Ihren Kindern, weil Sie genau mit dem Beziehungspfund wuchern.

Aktive Strategie: Spielerische Erziehung (Feld IV)

Mein jüngster Bruder ist 13 Jahre nach mir geboren. Das heißt, ich habe seine Entwicklung bewusst miterlebt und konnte bereits als Teenager Erziehung hautnah erleben. Als er ca. ein bis zwei Jahre alt war, neckten wir großen Brüder ihn regelmäßig und machten uns darüber lustig, dass er ja den ganzen Tag nichts zu tun habe. Meine Mutter sagte dann häufig: »Lasst ihn in Ruhe spielen, denn er arbeitet.« Das traf den Nagel des kindlichen Treibens ziemlich genau auf den Kopf: Kinder machen im Grunde nichts anderes als zu spielen, doch ist dies nicht mit dem erwachsenen Spiel zu vergleichen. Denn Kinder entdecken die Welt spielerisch. Für sie gibt es die Unterteilung der Welt in Spiel und Ernst nicht. Diese Unterscheidung ist eine negative Folge des Erwachsenwerdens.

Kinder sind gewissermaßen spielsüchtig, aber in einem positiven Sinne – es ist das, was sie am allerbesten können. Doch sie entdecken dadurch nicht nur die Welt, sie verarbeiten auch Erlebnisse und Eindrücke. Deshalb beginnen Kinder zu spielen und in eine Fantasiewelt zu fliehen, wenn sie überfordert sind. Spielen ist ihr Lebenselixier. Und es hat eine ganz entscheidende Eigenschaft: es macht ihnen Spaß. Genauso im Übrigen wie Lernen: Kinder haben den natürlichen Trieb zu lernen. Erst wenn sie in einen Kontext gestellt werden, in dem sie lernen müssen, weil dieses Tun nun bewertet wird, verlieren sie langsam den Spaß daran (aus intrinsischer Motivation wird bestenfalls eine extrinsische …).

Wenn wir verstehen, dass Kinder eigentlich alles als Spiel betrachten, dann können wir daraus wichtige pädagogische Schlüsse ziehen. Ein sehr essenzieller ist, dass konflikthafte Situationen in den meisten Fällen spielerisch gelöst werden sollten. Denn dies ist die Sprache der Kinder. Diese verstehen und lieben sie. Das bedeutet für Sie, eine kognitive Leistung zu vollbringen: Sie müssen in Momenten, in denen Ihr Kind etwas möchte, das Sie nicht wollen, oder etwas nicht möchte, das Sie aber wollen, eine kindliche Perspektive einnehmen und sich überlegen, was Ihrem Kind jetzt gerade Spaß bereiten würde. Wenn Sie etwas gefunden haben, dann initiieren Sie das Spiel. Ihr Kind wird darauf anspringen, wenn Sie sich etwas Gutes überlegt haben. Und schon haben Sie Ihr Kind da, wo Sie es haben wollen. Bei dieser Methode ist wieder einmal Ihre Kreativität gefordert, aber mit ein bisschen

Übung und einigen beispielhaften Anregungen wird dies nicht so schwer werden.

Wir saßen als Familie an einem Sonntagmorgen am Frühstückstisch. Es gab frische Brötchen vom Bäcker. Unsere Tochter interessierte das herzlich wenig. Sie wollte nichts essen. Im Grunde erlauben wir ihr, selbst zu bestimmen, wie viel sie isst – denn warum sollen wir das besser wissen als sie? –, aber in diesem Falle war es uns irgendwie wichtig, dass sie ein Brötchen isst, was sie eigentlich auch mag (Die Diskussion über Erziehung und Essen sparen wir uns an dieser Stelle, denn das würde vom eigentlichen Punkt dieses Kapitels ablenken). Nun wollte unsere Tochter aber nicht essen. Sie bekam deshalb zwar keinen Wutanfall, aber es war ihr auch nicht gleichgültig – sie sagte einfach, dass sie nichts essen wolle. Motivierendes Zureden funktionierte nicht, belohnendes Inaussichtstellen von Süßigkeiten danach wollten wir nicht. Ich löste die Situation spielerisch. Ich nahm ein Brötchen, riss einen Teil ab und fragte meine Tochter, welches Tier ich daraus für sie formen sollte. Sie liebt Tiere und nicht nur deshalb war sie sofort bereit, mir eine Antwort zu geben, sondern auch, weil sie gespannt war, was ich vorhatte. Sie nannte mir also ihr Lieblingstier, den Pandabären. Also formte ich aus dem Teigklumpen einen Pandabären. Ehrlicherweise muss man sagen, dass das Ergebnis einem Panda nur mit ganz viel gutem Willen ähnelte, aber – der kindlichen Fantasie sei Dank – meine Tochter erkannte ihr Lieblingstier darin. Als sie den animalischen Teig in die Hand nahm, steckte sie ihn völlig freiwillig in den Mund, ohne dass wir noch etwas dazu sagen mussten. Nun war sie es, die schnellstmöglich kulinarischen Nachschub verlangte, denn sie wollte eine ganze Reihe geformter Tiere sehen und verspeisen. Das Brötchen war in Rekordzeit gegessen.

Dieses Beispiel zeigt, wie man den kindlichen Urtrieb des Spielens nutzen kann, um aktiv Kinder freiwillig zu dem zu bewegen, was man möchte. Dabei hat spielerisches Erziehen nicht nur den Effekt, die eigenen Wünsche zu erfüllen, sondern führt zugleich dazu, dass Kinder Spaß haben. Eine Win-Win-Situation also!

Hier ist ein weiteres Beispiel: Wie immer wollte ich am Morgen meiner Tochter die Windel wechseln. Sie weigerte sich aber vehement, sich auf den Wickeltisch heben zu lassen. Natürlich hätte ich sie auch an einem anderen Ort wickeln können, aber aus irgendeinem Grund, den ich nicht mehr weiß, ging es nicht oder wollte ich das nicht. Selbstverständlich wäre es eine Möglichkeit gewesen, sie einfach gegen ihren Willen hochzuheben, doch dies widerspricht nicht nur meinem Ideal, sondern hätte auch zu einem sehr ungemütlichen Wickeln geführt. Also half einmal mehr der kindliche Spieltrieb. Ich sagte: »Ich habe gehört, du kannst schon allein mithilfe eines Stuhls auf den Wickeltisch klettern. Kannst du mir das einmal zeigen?« Sie war sofort begeistert und kletterte freiwillig an den Ort, an dem ich sie haben wollte.

Spielerische Erziehung ist eine Methode, die sehr eng an die Rousseau'sche Idee von Erziehung erinnert. Wie ein Gärtner bearbeiten wir die Bedingungen, so dass das

Pflänzchen gut gedeihen kann. Wir deuten das Setting um, hin zu einem Spiel und schon kommt das gewünschte Verhalten von selbst.

Die Art des Spiels, das Sie in konflikthaften Situationen vorschlagen, sollte natürlich abhängig sein vom Alter und Entwicklungsstand des Kindes. Kleine Kinder zwischen zwei und fünf Jahren beispielsweise kann man sehr leicht damit begeistern, dass sie zeigen, was sie schon können. Auch Rollenspiele, die so tun, als ob, sind bei kleineren Kindern sehr beliebt. Kinder ab acht oder neun Jahren hingegen haben viel mehr Freude daran, vergleichende Wettkampfspiele zu spielen. Ein Zweijähriger kann dagegen nichts damit anfangen, etwas um die Wette zu machen, weil man gewinnen möchte. Somit fordern die unterschiedlichen Altersstufen verschiedene Vorschläge Ihrerseits – aber natürlich spielen auch individuelle Interessen und Temperamente eine wesentliche Rolle.

Ein Zuhörer einer meiner Vorträge erzählte mir einmal im Anschluss, dass er häufig morgens, wenn es etwas zügiger zugehen muss, seine Kinder zum Anziehen und Zähneputzen bewegt, indem sie Wettkampf spielen. Die Aufgabe laute also beispielsweise: Wer ist zuerst angezogen? Oder sie spielen ein Lied ab und setzen sich zum Ziel, sich während dieses Dreiminuten-Songs zusammen anzuziehen und Zähne zu putzen. Eine tolle Idee, um spielerisches Erziehen zur Bewältigung alltäglicher Aufgaben zu nutzen.

Das folgende Beispiel macht deutlich, dass sich der kindliche Wunsch nach Spielen auch wunderbar mit Geschichten verbinden lässt. Wenn Ihr Kind abends nicht ins Bett gehen möchte, können Sie deshalb kurzerhand das Bett zu einem Boot, einer Höhle oder einem Kletterbaum erklären. Dafür erzählen Sie eine spannende Geschichte und im Nu wird Ihr Kind an keinem anderen Ort mehr sein wollen.

Spielen und Geschichten können wiederum zu etwas führen, das ich *lustige Kollusion* nennen möchte. Bei einer Kollusion steckt man mit jemandem verschwörerisch unter einer Decke und heckt einen geheimen Plan aus. Bezogen auf Ihr Kind bedeutet das, dass Sie sich mit ihm gemeinsam gegen jemand oder etwas verbünden. Bitte bedenken Sie: Es ist alles ein humorvolles Spiel. So kommt es immer wieder vor, dass sich meine Tochter beim Duschen nicht die Haare waschen lassen möchte. Dann erzähle ich ihr oft in verschwörerischem Tonfall etwas über Mama. Zum Beispiel sage ich: »Pass mal auf: Wollen wir mal zusammen Mama richtig überraschen? Wenn wir jetzt ganz schnell die Haare waschen und in Rekordzeit mit duschen fertig sind, dann wird sich die Mama wundern. Und dann sagt sie vielleicht: ‚Ihr habt doch gar nicht richtig geduscht!‘. Aber dann sagen wir: ‚Doch, Mama! Ha, ha!‘ Da wird sie sich ganz schön wundern. Das wird ein Spaß!« Meine Frau spielt dann meistens die Szene mit und echauffiert sich absichtlich, was zu großem Lachen bei unserer Tochter führt. Dieses heimliche Verbinden schweißt zusammen, erzielt

Veränderung und schadet natürlich der Beziehung zwischen Kind und »Feind« nicht – ist es doch alles nur Spaß.

Sich den kindlichen Spieltrieb zu Nutze zu machen, gelingt übrigens auch in anderen herausfordernden Situationen. Vielleicht erleben Sie es, dass Sie Ihr Kind häufig schlägt. Das tut zwar bei kleinen Kindern häufig nicht weh, aber es ist Ihnen wahrscheinlich wichtig, dass Ihr Kind lernt, dass man nicht schlägt. Vielleicht haben Sie aber auch hier schon unzählige Male festgestellt, dass alles Erklären und Ermahnen keine nachhaltige Änderung bewirkt – im Gegenteil: meist endet es dann mit unglücklichen Kindern und/ oder Eltern. Versuchen Sie doch einmal, einem solchen Verhalten spielerisch zu begegnen. Haut Sie Ihr Kind, bäumen Sie sich vor ihm auf und sagen übertrieben: »Du willst den Papa hauen? Du traust dich was …« – und dann rangeln Sie spaßhaft mit ihm. Alle werden lachen und dadurch entschärfen Sie die Situation spielerisch, da Sie der Provokation nicht erlegen sind. Denn darum geht es vermutlich: Ihr Kind ist mit großer Wahrscheinlichkeit kein notorischer Schläger, sondern möchte Aufmerksamkeit. Und genau die geben Sie ihm, indem Sie die Szene mit Humor lösen. Das ist auch der Grund, weshalb Sie durch dieses pädagogische Mittel das Hauen nicht verstärken, obwohl eine positive Konsequenz auf das negative Schlagen folgt. Ihrem Kind geht es nicht um die Gewalt, sondern es hat keine andere Idee, wie es die Aufmerksamkeit bekommt. Und dass man grundsätzlich nicht aus Wut schlagen darf, lernt Ihr

Kind übrigens weder durch Erklären noch durch Sanktionen. Aber das wissen Sie ja bereits.

Wenn spielen die Sprache der Kinder ist, verwundert es, wie wenig sie von Seiten der Erwachsenen für Erziehung genutzt wird. Vor kurzem sah ich den beeindruckend Film *Systemsprenger* von Nora Fingscheidt. Dabei geht es um die neunjährige Bernadette (»Benni«), die aufgrund ihrer Aggressivität und Unberechenbarkeit durch alle Raster der deutschen Kinder- und Jugendhilfe fällt. Keine Schule, keine Pflegefamilie, keine Wohngruppe und selbst ihre eigene Mutter wollen das Mädchen aufnehmen. Dieser Film geht unter die Haut und lässt einen resigniert zurück. Als ich einige Tage danach über den Film nachdachte, fiel mir auf, dass der Umgang seitens der Betreuenden mit Benni nahezu vollständig humorbefreit war. Mit ihr wird fast ausschließlich ernst, kontrolliert, vernünftig gesprochen. Die einzige Ausnahme stellt allein ihr Schulbegleiter Micha dar. Ihm gelingt es, das Mädchen zumindest kurzzeitig wieder in die Schule zu bringen. Wie? Er spielt mit Benni Tischkicker und vereinbart mit ihr, wenn sie verliert, muss sie zur Schule gehen. Dadurch gelingt es dem Sozialarbeiter nicht nur, dass Benni ihrer Schulpflicht nachkommt, sondern vor allem, dass er mit ihr in Beziehung kommt. Denn ganz offensichtlich hat sie das Gefühl, dass er ihre Sprache spricht. Ich finde dies ein gutes Beispiel dafür, wie Kinder ticken: Spielen ist ihr Element.

Das Beispiel *Benni* zeigt, dass der kindliche Wunsch nach Spiel tatsächlich ein *kindlicher* und kein allein *kleinkindlicher* ist. Denn auch größere Kinder können damit zu dem gewünschten Verhalten bewegt werden. Gerade acht- bis zwölfjährige Kinder lieben Wettkampfspiele. Das heißt, machen doch auch Sie einmal eine kleine Wette darum, wer den Tisch abräumt: eine Runde Tischtennis, einmal Liederraten, zehn Liegestütze auf Zeit usw. Ein kleines Spielchen geht immer …

Es gibt unendlich viele Möglichkeiten, um Kinder spielerisch bei einigem Widerspruch zu etwas zu bewegen. Vielleicht sind Sie nicht so spontan und die besten Ideen kommen Ihnen immer erst hinterher. Kein Problem! Schreiben Sie sie hinterher auf. Denn nach dem Spiel ist vor dem Spiel.

Starker Eigenwille

Samstagvormittag. Sie begleiten Ihren Sohn zu einem Fußballspiel, stellen sich mit einigen anderen Vätern hinter die Bande und feuern Ihren Nachwuchs lautstark an. Natürlich verfolgen Sie nicht jede Sekunde des Spiels, sondern unterhalten sich auch mit Ihren Nebenleuten. Gerade hatten Sie sich Ihrem Nachbarn zugewandt, da drehen Sie sich wieder in Richtung Spielfeld und bemerken plötzlich, dass der Fußball geradewegs auf Ihr Gesicht zufliegt. Wie reagieren Sie?

In solch einem Moment wäre es fatal, wenn unser Gehirn erst einmal bewusst die Situation analysieren, mögliche Reaktionen abwägen und dann besonders rational entscheiden würde. Denn dann hätten Sie längst den Ball schmerzhaft ins Gesicht bekommen. Vielmehr ist unser

Gehirn in der Lage, in Gefahrensituationen blitzschnell zu entscheiden, wie gehandelt werden soll und dies entsprechend umzusetzen. Deshalb wird Ihre Reaktion auf den sich nahenden Ball vermutlich so aussehen, dass Sie sich – ohne überlegen zu können – die Hände vors Gesicht halten oder sich wegducken. Sollten Sie selbst Fußballer sein, könnte es auch passieren, dass Sie den Ball intuitiv zu einem Kopfball verwerten. Für diese Reaktionen ist maßgeblich die *Amygdala* zuständig. Dieses mandelförmige Gebilde mit Sitz im Limbischen System ist der Wachhund des Gehirns. Sie entscheidet, wie in bedrohlichen Situationen zu verfahren ist – und das Ganze im Bruchteil einer Sekunde. Dabei wählt die Amygdala in der Regel zwischen zwei Optionen: Kampf oder Flucht. Immer dann, wenn die Amygdala zu dem Ergebnis kommt, dass die Gefahr wirklich bedrohlich für den eigenen Organismus ist, wird sie Sie zu einer intuitiven Flucht- oder Schutzmaßnahme bringen. In unserem Beispiel ducken Sie sich weg. Kommt die Amygdala hingegen zu dem Ergebnis, dass Sie der Gefahr trotzen können, wird Sie sie zu einer offensiven Kampfreaktion führen. In unserem Beispiel reagieren Sie mit einem Kopfball. Im Alltag begegnen uns ständig Situationen, in denen wir intuitiv reagieren – dank der Amygdala.

Nun wäre es aber fatal, wenn alles, was uns begegnet, von der Amygdala mit Flucht oder Kampf beantwortet werden würde. Stellen Sie sich vor, Ihr Kind kommt hinter einer Tür hervorgesprungen und ruft *Buh!* – und Sie fahren intuitiv Ihre Faust aus, weil Sie sich bedroht fühlen. Das würde das Leben kompliziert machen. Doch genau in dieser Gefahr stehen kleine Kinder. Weil ihr Hirn noch nicht so entwickelt ist, dass sie ihre emotionalen Reaktionen steuern können, reagieren sie oft so, als ginge es um Leben und Tod. Ihnen fehlt eine Fähigkeit, die in Fachkreisen *Impulskontrolle* oder auch *Affektsteuerung* genannt wird. Diese entsteht vor allem durch einen mächtigen Faserstrang, der den Stirnlappen (Großhirn) mit der Amygdala verbindet. Ist diese Verbindung vollständig ausgereift – myelinisiert –, dann funktioniert nicht nur der Umgang mit Impulsen bzw. Affekten besser, sondern auch höhere kognitive Leistungen wie Prioritätensetzung oder Abwägen von Konsequenzen. Diese Faserverbindung beginnt aber erst etwa ab dem sechsten Lebensjahr sich so zu entwickeln, dass sie nutzbar wird. Hat ein Kind also einen Wutanfall, ist es vergeblich, wenn wir darauf hinweisen, dass sich andere Leute gerade gestört fühlen oder die Wut unbegründet sei. Wut mit logischen Argumenten oder Erklärungen zu begegnen, kann überhaupt keinen Nutzen haben, da die Verbindung in jenem Bereich des Gehirns, der Logik versteht und somit Emotionen steuern kann, durch die Amygdala blockiert ist. Wie oft habe ich den Fehler gemacht und Kindern, während sie fest entschlossen waren, ein anderes Kind zu verprügeln, versucht, die Gewaltspirale zu erklären: »Wenn du ihn jetzt schlägst, kommt er mit seinen Brüdern und dann mit …« Völlig sinnlos! Logik bringt nichts. Und dies gilt eben nicht nur für kleine Kinder bis sechs Jahre. Denn in diesem Alter beginnt erst der Prozess der

Myelinisierung dieses Faserstrangs. Dieser zieht sich sehr lange hin und wird erst mit Anfang oder Mitte 20 vollständig abgeschlossen. Das heißt, selbst bei Zehn- oder Zwölfjährigen kann das Erreichen der Logik noch äußerst problematisch sein. Das bedeutet aber auch, dass es eine hirnphysiologische Erklärung dafür gibt, weshalb Jugendliche mitunter so dumme bzw. *unlogische* Entscheidungen treffen – aus Erwachsenensicht: Sie können ihren Präfrontalen Kortex nicht wie Erwachsene nutzen und entsprechend wenig vernünftig und antizipierend Handeln.

Wenn Kinder einen Wutanfall haben, dann sollten Erwachsene darauf also weder mit logischer Überzeugungsarbeit noch mit »Härte« reagieren, da diese wiederum nur noch mehr zur Verteidigung führt. Gerade bei kleineren Kindern ist es ratsam, so vorzugehen, dass sich die Kinder *gefühlt fühlen*, wie es die beiden weiter oben zitierten Autoren Daniel Sigel und Tina Payne Bryson vorschlagen[50]. Das bedeutet, wir sollten versuchen, die Kinder fürsorglich zu trösten und sie dabei an den Schultern liebevoll zu berühren bzw. gegebenenfalls in den Arm zu nehmen. Dadurch beruhigt sich die Amygdala und wir können uns mit ihnen emotional verbinden. Noch einmal: Emotionen steuern in diesem Moment komplett ein Kind, weshalb wir nur über diese kommunizieren

---

[50] Siegel, Daniel J.; Payne Bryson, Tina (2015): *Achtsame Kommunikation mit Kindern. Zwölf revolutionäre Strategien aus der Hirnforschung für die gesunde Entwicklung Ihres Kindes.* 3. Aufl. Freiburg, Br.: Arbor-Verlag. S. 43 und 68 ff.

können. Fühlt sich das Kind gefühlt (und eben nicht *verstanden*), kann man die Aktivität der emotionalen Kreisläufe beruhigen, indem man die Gefühle benennt. Zum Beispiel: »Du hast dich gerade richtig geärgert, weil du nicht wolltest, dass der andere Junge den Ball nimmt, oder?« Gelingt dieser Schritt, können wir nun, da sich die Amygdala wieder beruhigt hat, das obere Gehirn aktivieren, indem wir dem Kind helfen, die Situation zu überdenken und selbst einen Lösungsweg vorzuschlagen. So können wir fragen: »Hast du eine Idee, was ihr beiden machen könnt, damit alle zufrieden sind?« Der Neurowissenschaftler Niels Birbaumer schreibt dazu:

> »Denn was neben liebevoller Zuwendung wirklich zählt und Bewegung unter die Schädeldecke bringt, sind Situationen und Erlebnisse, in denen der Mensch soziale Anerkennung erhält und sich selbst als aktiv gestaltend erlebt, in denen er eigene Lösungen findet und Hindernisse überwindet, in denen er Zusammenhänge entdeckt, Erkenntnisse gewinnt und die Erfahrung macht, dass er seine Umwelt beeinflussen und verändern kann, auch wenn dies natürlich die Gefahr von Verletzungen und Scheitern birgt.«[51]

Das bedeutet, ein Wutanfall hat sogar sein Gutes, denn er kann dazu genutzt werden, dem kindlichen Gehirn zu Wachstum zu verhelfen, indem Kinder zu

---

[51] Birbaumer, Niels-Peter (2015): *Dein Gehirn weiß mehr, als du denkst. Neueste Erkenntnisse aus der Gehirnforschung.* Unter Mitarbeit von Jörg Zittlau. Ungekürzte Ausg., 1. Aufl. Berlin: Ullstein. S. 44.

eigenen Lösungsfindern werden. Dass diese Lösungen nicht immer unseren erwachsenen Vorstellungen genügen, müssen wir aushalten. Doch sofern alle beteiligten Kinder einverstanden sind, dürfen wir uns getrost heraushalten.

Nun wollen wir uns aber bei den letzten beiden Feldern nicht ausschließlich um klassische Wutanfälle kümmern, sondern auch andere Situationen beleuchten, in denen Kinder einen sehr starken Eigenwillen haben, der unseren Wünschen widerspricht. Dabei artikulieren sie ihren Willen nicht immer so, dass sie sich wutentbrannt auf den Boden werfen oder Türen knallen. Ein starker Eigenwille kann sich ebenso in positiven Gefühlen ausdrücken. Denken Sie nur einmal daran, wie viel Spaß es Kindern bereitet, im Supermarkt vor Ihnen wegzulaufen. Es wird Ihnen nur schwer gelingen, die Kinder mit guten Worten zurückzuholen und selbst Drohungen dürften oft erfolglos sein. Warum? Weil das Kind den festen Willen hat zu spielen! Wir haben bei Feld IV ausführlich besprochen, dass Spielen das kindliche Lebenselixier ist. Ein Kind, das Weglaufen spielt, macht also etwas, was seine Lebensgrundlage ist. Dadurch wird hoffentlich deutlich, dass es einen sehr starken Willen mit positiven Gefühlen hat.

Ob es nun Tobsuchtanfälle oder Streiche sind – kleine Kinder wollen uns damit nicht quälen, sondern schlichtweg spielen. Das mag für Erwachsene so gar nicht nach Spiel klingen, für Kinder aber ist es genau das.

Je stärker der Eigenwille der Kinder ist, umso leichter kommt es dazu, dass wir sie frustrieren und somit zu massivem Widerstand bringen. Denn wenn wir uns dazu entschließen, ihren starken Willen zu brechen (z.B. indem wir drohen), setzen wir sie unter Druck und erzeugen Stress. Die Folge davon ist im Normalfall, dass die Kinder noch energischer um ihr Recht kämpfen. Hinzu kommt, dass es für Kinder dadurch unmöglich ist, etwas aus diesem Konflikt für die Zukunft zu lernen, da die Amygdala die Informationen nicht strukturiert an den Hippocampus weitergibt, der für die Abspeicherung im Langzeitgedächtnis zuständig ist. Vielmehr blockieren Kinder jegliche Kooperation und leisten Widerstand. Die entstehende Spirale der Eskalation ist vorprogrammiert (Eigenwille führt zu Drohen bei Eltern führt zu Widerstand bei Kind führt zu noch größerem Drohen führt zu noch mehr Widerstand etc.). Deshalb möchten wir nun konkrete Lösungstools betrachten, wie mit dem stärksten Eigenwillen umgegangen werden kann – wie immer auch hier: möglichst ohne das Kind in eine Ohnmachtsstellung zu bringen.

Passive Strategie: Ablenkung (Feld V)

Möglicherweise sind wir nun bei Ihrem Anliegen angelangt! Was können Sie gegen diese massiven Wutanfälle tun? Was haben Sie in der Hand, wenn Ihr Kind einfach nicht das macht, was Sie wollen oder was die Situation fordert? Wie also kann es gelingen, die Verbindung ins Großhirn wieder freizugeben, indem die Amygdala beruhigt wird?

Auch hierfür wollen wir noch einmal zwei Optionen (passive und aktive) betrachten. Zunächst suchen wir Lösungen, die dem Kind nicht druckmachend und stresserzeugend in seinem starken Eigenwillen entgegentreten, sondern das Geschehen so *lenken*, dass der starke kindliche Wunsch unbemerkt »vergessen« wird. Dabei gilt wie bisher mehrfach betont: die Situation fordert es. Wir reden also nicht von Momenten, in denen Sie nur keine Lust haben, sondern das Kind *muss* sich anders verhalten. Dies wiederum muss nicht jedes Mal eine dramatische Situation sein, das kann einfach bedeuten, dass das Antibiotikum genommen werden muss oder Sie pünktlich zur Arbeit müssen. Natürlich geht die Welt nicht unter, wenn es nicht zur angestrebten Handlung kommt, aber doch wäre es sehr wünschenswert.

Eine perfekte Strategie zum Erreichen der Ziele in solchen Momenten ist die *Ablenkung*. Wie der Name bereits deutlich macht, lenkt sie den kindlichen Fokus weg von der von ihm gewünschten Sache hin zu etwas anderem. Dabei kommt es nicht zum Zwang, sondern zum Führungsangebot Ihrerseits, dem das Kind freiwillig folgen kann. Allerdings bemerkt es gar nicht, dass es abgelenkt wird, eben weil es abgelenkt wird. Das macht die Kunst dieser Methode aus. Hier ein Beispiel:

Wenn ich meine Tochter von ihrer Tagesmutter abhole, müssen wir zwangsläufig an einem Eisladen vorbeigehen. Es vergeht kaum ein Tag, an dem meine Tochter nicht den Wunsch äußert, ein Eis zu bekommen. Natürlich möchte ich meiner Tochter aus diversen Gründen –

diese sollen hier nicht weiter erläutert werden – nicht jeden Tag ein Eis kaufen. Doch ihr Wunsch ist mitunter sehr stark und wird lautstark geäußert. Wir haben also eine Situation, wo sie unbedingt auf etwas verzichten *muss* (zumindest an einigen Tagen) – ja, die Welt ginge nicht unter, wenn es jeden Tag Eis gäbe, doch wäre dies in meinen Augen unverantwortlich. Meine Tochter sieht das natürlich anders und kann zum Teil in richtige Heulattacken geraten, weil sie den starken Wunsch bzw. Willen nach Eis hat. Diskutieren bringt natürlich nichts – siehe neurophysiologische Grundlagen. Deshalb greife ich regelmäßig auf Ablenkungen zurück: Ich sage ihr, dass Zuhause ihre Lieblingspuppe wartet, die wir schnell sehen sollten. Oder dass wir doch heute noch in den Zoo wollten usw. Nichts davon darf gelogen sein! Natürlich ist manches effektiver als anderes und auch die Tagesform – von uns beiden – spielt eine Rolle. Doch normalerweise unterbrechen diese Vorschläge ihre Fixierung auf das Eis dahingehend, dass es kein Problem mehr ist, ihre Zustimmung zum schnellen Nach-Hause-Gehen zu bekommen. Allerdings kommt es natürlich auch vor, dass ich nicht ihre Zustimmung zum Verzicht auf das Eis erhalte. Dann fühlt sie sich übergangen. Wichtig ist dann, nicht einfach weiterzugehen, sondern entweder ihr trostend zu erklären, dass es sich zwar sicherlich blöd für sie anfühlt, es heute aber kein Eis gibt; oder so lange nach Ablenkungen zu suchen, bis etwas gefunden wurde – was in den meisten Fällen gelingt.

Es gibt selbstverständlich eine Reihe alltäglicher Situationen, in denen der starke kindliche Eigenwille nicht dahingehend bearbeitet werden kann, dass die Zustimmung zu einer anderen Aktivität erhalten wird. Ich denke zum Beispiel an das Windelwechseln oder Anziehen. Für Kinder ist es ein Spiel, wegzurennen oder sich zu weigern, weshalb sie davon nicht abrücken werden. Die beste Ablenkung wird nicht funktionieren, das Spiel zu unterbrechen. Natürlich könnte man die Kinder festhalten oder das Kleidungsstück mit Gewalt anziehen, doch wären das anschließende Schreien und wütende Wiederausziehen nur logische Konsequenzen auf die Einschränkung ihres grundlegenden Bedürfnisses. In diesen Situationen kann eine Ablenkung darin bestehen, das Kind in ein Gespräch zu verwickeln. Ich fange gegenüber meiner Tochter dann einfach an zu sagen: »Soll ich dir mal etwas erzählen? [die Frage ist rhetorisch, also keine Pause lassen!] Heute wird es regnen und das ist gut für die Pflanzen …« Letztendlich muss das Gesagte für eine Zwei- oder Dreijährige keinerlei sinnvollen Inhalt haben. Denn in dem Moment, in dem ich ihr etwas erzähle, ist sie abgelenkt davon, ihr Spiel weiterzuspielen. Deshalb rede und handle ich parallel. Ein für einen kurzen – und oft den entscheidenden – Moment äußert effektives Mittel – denn ist die Windel einmal am Po, wehrt sie sich normalerweise nicht mehr dagegen.

Gerade beim Thema *Anziehen* reicht dieser eine Moment aber häufig nicht aus. Denn dieser hilft vielleicht, den Pullover über den Kopf zu ziehen, aber nicht, um ihn vollständig anzuziehen. Hier kann eine weitere Form der Ablenkung von großem Nutzen sein, die eng mit spielerischer Erziehung verbunden ist. Häufig wehrt sich meine Tochter beispielsweise nicht gegen das Anziehen an sich, sondern gegen die Art der Kleidung. So möchte sie beispielsweise im Winter keine Jacke anziehen. Nun kommt es aber vor, dass wir als Eltern angesichts der Außentemperaturen sehr wohl der Meinung sind, dass eine Jacke vonnöten ist. Unsere Versuche, ihr diese anzuziehen, werden aber jäh abgeschmettert. Eine Form der Ablenkung besteht hierbei darin, ihr eine Wahl zu lassen. Allerdings geht es nicht um die Wahl *Jacke oder keine Jacke*, sondern um die Wahl *schwarze Jacke oder bunte Jacke*. In diesem Moment legen wir eine andere Diskussionsgrundlage fest und lenken sie von ihrem ursprünglichen Gedanken – *Gar keine Jacke* – ab. Das wirkt häufig Wunder. An dieser Stelle sei der Hinweis erlaubt: Geben Sie maximal drei Optionen zur Auswahl. Studien haben gezeigt, dass zu viele Auswahlmöglichkeiten Kinder überfordern und demotivierend wirken. Um abzulenken, ist weniger also häufig mehr.

Alternativen zu bieten, ist auf eine andere Weise im Übrigen auch ein sehr wichtiges Element. Wir machen häufig den Fehler, gerade auch größeren Kindern zu sagen, was sie *nicht* machen sollen und wundern uns dann, dass sie es trotzdem tun. Sie können das bei sich selbst feststellen. Wenn ich Ihnen sage: »Denken Sie nun nicht an einen Baum!« – was passiert? Wahrscheinlich erschien vor Ihrem geistigen Auge ein Baum. Dies liegt daran, dass

unser Gehirn Wörter wie *nicht, nein, keine* nur schwer verarbeiten kann. Der Fokus wird automatisch auf Handlungen und die in eine Handlung einbezogenen Personen o-
der Objekte gelegt – also auf den Baum. Es entsteht also
zuerst das Bild im Gehirn, bevor der semantische Sinn,
also das *nicht*, verstanden wird (Grund dafür ist, dass der
Bereich, der das Bild vor dem geistigen Auge entstehen
lässt und jener Teil, der Wörter versteht, auf zwei verschiedenen Hirnhälften liegt). Genauso geht es Kindern:
Wenn Sie ihnen sagen, was sie *nicht* tun sollen, hört das
Gehirn vor allem die Handlung – die ja eigentlich unterlassen werden soll. Sagen Sie also nicht: »Schieß den Ball
nicht gegen die Scheibe!«, sondern schlagen Sie sofort
eine Alternative vor: »Versuch doch mal, mit dem Ball die
Mülltonne zu treffen!« Auch hierbei fungieren die Alternativen als Ablenkung vom ursprünglichen Wunsch.

Das Aufzeigen von Alternativen beinhaltet einen wesentlichen Aspekt von Erziehung, den wir bereits besprochen haben und im nächsten Feld noch intensiver betrachten werden: Führung. In dem Moment, wo Sie Alternativen vorschlagen, lenken Sie Ihr Kind. Wenn ich
mit Kindern in der offenen Arbeit auf Spielplätzen spiele,
vergeht kein Tag, an dem ein Kind nicht seinen Müll auf
den Boden wirft. Als umweltbewusster Mensch stört
mich dieses Verhalten, so dass ein grundlegender Wert
für mich darin besteht, Kindern einen guten Umgang mit
der Natur beizubringen. Lässt nun ein Kind seinen Müll
fallen, hat mein Bemühen wenig Erfolg, wenn ich einfach
darum bitte, dass es den Abfall aufheben soll. Dabei

besteht der Widerstand nicht so sehr im Aufheben, sondern im weiteren Umgang. Soll es den Müll einstecken? Uncool! Wenn ich allerdings sofort eine Lösung aufzeige, ist die Erfolgsquote sehr viel höher: »Heb bitte den Müll auf. Hier ist der Mülleimer, da kannst du ihn reinwerfen.« Dadurch weiß das Kind, was zu tun ist – und lässt sich viel leichter führen.

Permanent Alternativen zum unliebsamen Verhalten parat zu haben, ist äußerst empfehlenswert. So sollten Sie zu jedem *Nein* sofort eine Alternative nennen. Wenn Ihr Kind also fragt: »Papa, kriege ich ein Eis?«, dann sollten Sie nicht einfach nur verneinen, sondern sagen: »Nein, aber wir können später, wenn du mich daran erinnerst, ein paar Gummibärchen essen.« Damit nehmen Sie das kindliche Bedürfnis wahr, gehen darauf ein und vermeiden starke Frustration, weil Sie eine gute Alternative in Aussicht stellen. Und wenn Sie Glück haben, vergisst das Kind Ihre Worte wieder – aber das ist ein anderes Thema …

Die wohl stärkste, aber auch umstrittenste Ablenkungsform ist der Einsatz von Medien. Vor einiger Zeit bin ich mit meiner Tochter über sechs Stunden Zug gefahren. Wir waren beide sehr müde und geschafft. Ich hatte schlichtweg keine Kraft mehr, sie zu bespaßen, und sie hatte keine Geduld mehr, sich sozialverträglich zu verhalten. Es war nicht schön. Obwohl ich grundsätzlich Youtube-Videos nicht einsetze, um selbst etwas Ruhe zu haben oder das Kind einfach so zu beschäftigen, musste ich in dieser Situation auf dieses Medium zurückgreifen.

Warum? Es handelte sich um eine absolute Ausnahme – tatsächlich kam es bis dato kaum vor – und es ging einfach darum, für alle irgendwie diese Situation zu überstehen. Es ging nicht um Erziehung oder langfristige Ziele, sondern um das Ertragen. Zum Glück gibt es solche Arten der Ablenkung, um Extremsituationen zu überbrücken – doch sollten sie auch um ihrer Wirkung willen Ausnahmen bleiben.

Angesichts dessen, dass Ablenkungen mitunter sehr aktiv in das Geschehen geworfen werden, könnte man meinen, sie wären eher eine aktive Strategie. Ich sehe sie trotzdem als eine passive an, da dem Kind nicht bewusst ist, dass es abgelenkt wird, sondern es bestenfalls im Nachhinein realisiert, dass es abgelenkt wurde. Doch ich gebe zu, dass dies nicht trennscharf ist. Gehen wir deshalb direkt zu den aktiven Strategien bei starkem Eigenwillen über.

Aktive Strategie: Aktion-Reaktion (Feld VI)

Kinder wollen Führung

Bei Erziehung geht es immer um Führung. Wir wollen Kinder zu einem Punkt führen, an dem wir glauben, dass er gut für sie ist. Wir werden diesen Punkt aber nur erreichen, wenn wir die Zügel in die Hand nehmen, denn die Kinder wissen nicht, wo dieser Punkt ist und wüssten sie es, könnten sie nicht verstehen, warum sie diesen erreichen sollten. Kinder brauchen also Führung. Ich hatte weiter oben bereits ein Plädoyer dafür gehalten.

Wer führt, gibt vor, was gemacht wird. Das Gute dabei ist, dass Kinder die natürliche Intension haben, sich von authentischen und vertrauensvollen Personen führen zu lassen. Nun bin ich aber nicht realitätsfremd, sondern weiß, dass es auch bei der besten Beziehung Momente gibt – sehr häufig gibt! –, in denen Kinder eindeutig rebellieren und von unserer Führung nichts wissen wollen. Hier stellt sich zunächst wieder einmal die Frage des Menschenbilds: Gauben wir, wenn Kinder rebellieren, dann tun sie dies, weil sie böse sind und sich tatsächlich gegen uns stellen? Oder kann es andere, positivere Gründe geben? Wie Sie sicher mittlerweile wissen, sehe ich das Gute im Kind und verstehe deshalb ein kindliches Aufbegehren gegen den erwachsenen Führungsanspruch als eine Botschaft.

Führung und Provokation

Im Kapitel über Beziehung habe ich erklärt, dass Kinder ein natürliches Bedürfnis haben, ihren Eltern zu folgen. Sie vertrauen ihnen und lieben sie und stellen sich deshalb bedingungslos auf ihre Seite. Nichtsdestotrotz kann es dazu kommen, dass sich die Kleinen versichern wollen, ob sie sich auf die Großen verlassen können. Dafür müssen sie natürlich testen, ob die Erwachsenen als Führungspersönlichkeit taugen. Das heißt, ein Grund, weshalb Kinder rebellieren, ist, dass sie die Führungsbegabung der Erwachsenen testen wollen.

Doch nicht nur die Führungsqualitäten werden getestet, das Kind möchte auch herausfinden, wer dieses

Gegenüber eigentlich ist. Man könnte dies als Gegenteil des Testens der Führungsrolle ansehen: *Weil* sie den Erwachsenen so sehr lieben, wollen sie ihn besser kennenlernen. Gerade wenn Erwachsene sehr viel vortäuschen, z.B. indem sie sich hinter Prinzipien oder Regeln verstecken, muss herausgefunden werden, wie der wahre Kern aussieht. Dies geschieht am besten durch Provokationen. Denn dabei fahren Erziehende nicht selten richtig aus der Haut und zeigen ihre wahren Gefühle. Und unsere Kinder sind uns haushoch überlegen darin, unsere Schwächen und Unsicherheiten zu erspüren und auszunutzen. Das heißt, sie scheinen Antennen speziell dafür zu haben, wie sie uns am besten dazu bringen können, aus der Haut zu fahren.

Kinder wollen uns also nicht quälen, sondern wählen die Provokation als Methode dafür, herauszufinden, wer wir wirklich sind. Dabei geht es auch um Selbstwirksamkeit, also das Herausfinden, was das Kind in uns auslösen kann. All das ist im kindlichen Sinne wieder ein Spiel – auch wenn es sich für die Erwachsene ganz anders anfühlt. Grund dafür, so haben wir gesehen, ist, dass Kinder ihr Leben noch nicht in das große Entweder-Oder zwischen Spiel und Ernst geteilt haben. Deshalb macht es Kindern also Spaß, uns aus der Haut fahren zu lassen – es ist ein Spiel, um uns mehr zu erforschen.

Nun spricht grundsätzlich überhaupt nichts dagegen, offen und ehrlich Gefühle und dabei speziell Ärger und Wut zu zeigen. Diese authentischen Äußerungen sind für die Beziehung zum Kind, aber auch für dessen

Lernprozess ungemein wichtig. Kritisch wird es nur dann, wenn wir uns in einer kindlichen Provokation nicht mehr unter Kontrolle haben. Wenn es also dem Kind gelingt, uns derart zu reizen, dass wir Reaktionen zeigen, die wir selbst nicht wollen und/ oder die sich verselbstständigen, dann ist ein kritischer Punkt erreicht. Denn dann übernimmt das Kind die Führung und wir sind ihm ausgeliefert. Noch einmal: Auch wenn Kinder keine Sadisten sind, ist dies keineswegs ein erstrebenswerter Zustand. Zum einen eben, weil wir dann nicht mehr führen können und entsprechend unserem Erziehungsauftrag – Erziehende nehmen Einfluss auf das Kind – nicht gerecht werden, zum anderen aber häufig auch deshalb, weil sich Erwachsene in einem solchen Setting in einer Ohnmachtssituation empfinden. Ein solches Gefühl ist äußerst unangenehm und kann Eltern oder Pädagogen mitunter verzweifeln lassen. Denn in dem Moment, in dem sie das Gefühl haben, die Kontrolle verloren zu haben, kommen häufig auch Gedanken des grundsätzlichen Versagens. Eine naheliegende Reaktion ist es dann, besonders stark aufzutreten und mit aller Macht und Gewalt das Ruder zurückzubekommen. Doch kann dies nicht gut gehen, da das Kind nun in den absoluten Verteidigungsmodus gehen wird. Der Kampf hat dann begonnen. Wenn wir bedenken, dass Kinder im Grunde geführt werden wollen, ist es absurd, Gewalt anzuwenden, um sich den eigenen Führungsanspruch zurückzuerobern – wenngleich es aus der Verzweiflung heraus natürlich sehr verständlich ist. Doch lassen Sie uns versuchen, es gar nicht erst so weit kommen zu lassen, sondern vorher die Führung zu behalten.

Führung ist – genau wie Macht – per se nichts Negatives, sondern eine neutrale Gegebenheit. Nur da, wo Führung missbraucht wird, bekommt sie einen negativen Charakter. Innerhalb der Erziehung sollte der Erwachsene, wie gerade beschrieben, immer führen, das heißt, stets die Kontrolle über die Situation haben. Deshalb hat die weiter oben postulierte Regellosigkeit auch nichts mit einem Laissez-fairen-Erziehungsstil zu tun – wir überlassen die Kinder nicht sich selbst, sondern führen. Demnach gilt die Aufforderung, immer zu führen, auch nicht nur im Konfliktfall. Selbst da, wo ein Kind vermeintlich das Heft in die Hand nimmt, beispielsweise weil es Ihnen im Spiel Anweisungen gibt, was Sie zu tun haben, sollten Sie die Kontrolle über die Situation innehaben. Das heißt, nur weil es Ihrem Kind gelingt, Ihnen noch ein drittes Stück Schokolade abzuschwatzen, bedeutet das nicht automatisch, dass Sie die Führung verloren haben. Ein guter Gradmesser dafür, ob eine Situation noch nach Ihrem Willen läuft, ist folgender: Haben Sie das Gefühl, ja zu sagen, weil Sie Angst haben, Ihr Kind zu enttäuschen oder es wütend zu machen, obwohl Sie tief in sich eigentlich ein Nein meinen? In diesem Falle sagen Sie ja zum Kind, aber nein zu sich selbst. Das bedeutet, Ihr Kind führt Sie. Wenn Sie hingegen ja sagen können, weil Sie es möchten (auch wenn das dritte Stück Schokolade vielleicht nicht Ihre Idealvorstellung ist), dann darf das Kind gerne den Glauben haben, die Situation zu steuern. Denn dann haben Sie alles unter Kontrolle. Und dann ist es Ihnen möglich, wenn Sie beschließen, dass eine Aufforderung zu weit geht oder dass die Zeit für das Abendessen gekommen ist, dies auch umzusetzen.

Wer führt wen?

In unserer Einrichtung hatten wir einmal eine Erzieherpraktikantin. Diese war emotional nicht sehr stabil und, ehrlicherweise gesagt, auch nicht sehr geschickt darin, mit starken Kindern in Beziehung zu treten. Eines Tages kam es zu einer symptomatischen Szene: Ein Kind klopfte lautstark mit seinem Schlüsselbund auf den Tisch und beobachtete dabei genüsslich unsere Praktikantin. Es war offensichtlich, dass sie sehr unter diesem Geräusch litt. Sie versuchte, die Situation zu ändern, indem sie das Kind bat, damit aufzuhören. Da die beiden aber keine vertrauensvolle Beziehung hatten, brachte dies überhaupt nichts. Jeder Beobachtende dieser Situation hätte ohne Probleme festgestellt, dass das Kind die Praktikantin führte. Denn es wusste genau, was es zu tun hatte, damit die angehende Erzieherin unruhig und überfordert wurde. Und sie tat dem Kind den Gefallen, genau nach Drehbuch darauf zu reagieren: Sie bewegte sich immer unruhiger, fing dann plötzlich sogar zu weinen an, schrie das Kind an und als nichts passierte, rannte sie aus dem Raum. Das Kind hatte gewonnen.

In diesem Beispiel wird ziemlich offensichtlich, wer hier wen führte. Doch woran kann man im Alltag erkennen, wer das Ruder in der Hand hat? Eine einfache

Faustregel lautet: *Wer agiert, führt, wer reagiert, wird geführt.* Ich behaupte, man kann pauschal davon ausgehen, dass es in jedem Konflikt, bei dem ein starker Eigenwille vorliegt, darum geht, dass das Kind den Erwachsenen zum Reagieren zwingen möchte, also die Führung anstrebt. Denken Sie nur einmal an den Klassiker: das auf dem Boden liegende, schreiende Kind im Supermarkt. In dem Moment, in dem Sie unruhig werden oder besonders ärgerlich reagieren, *reagieren* Sie. Das Kind weiß genau, dass Ihnen diese Situation unangenehm und peinlich ist und dadurch zwingt es Sie zu einer unüberlegten Handlung. Das Kind führt und gewinnt! Obwohl ich von »zwingen« und unschönen Szenen spreche, betrachte ich das kindliche Treiben nach wie vor als Spiel.

Sie können auch an das tägliche Zu-Bett-Gehen denken. Jeden Abend diskutiert Ihr Kind erneut mit Ihnen, dass es länger wachbleiben möchte. Und jeden Abend regen Sie sich wieder darüber auf und bekommen schlechte Laune. Was passiert? Ihr Kind agiert, indem es Ihre Entscheidung anzweifelt, und Sie reagieren so, wie es das Kind erwartet. Und selbst wenn Ihr Kind zeitnah im Bett liegt, haben Sie vermutlich nicht gewonnen, weil Sie mit großer Wahrscheinlichkeit nicht wieder die Kontrolle übernommen haben, sondern Ihr Kind aus seiner Führungsrolle heraus entschieden hat, was passieren soll. Mag sein, dass dies für Sie in Ordnung ist, da das Ziel ja erreicht ist, aber ich vermute, dass Sie sich nicht gut dabei fühlen werden, weil Sie spüren, dass nicht Sie die Oberhand hatten. Ähnlich ist es beim Einsatz von Strafen: Ja, wir erreichen dadurch unsere kurzfristigen Ziele, aber ein schaler Beigeschmack bleibt, weil es sich häufig nach Erpressung und damit nicht richtig anfühlt.

Und genau dafür gibt es wieder eine Faustregel: Während Sie in einer Erziehungssituation sind, muss sich Ihr Handeln nicht gut anfühlen. Aber danach! Mit der richtigen Härte bewirken Sie sicherlich Ihr Wunschverhalten beim Kind und vielleicht genießen Sie es, wenn der kindliche Wille endlich gebrochen ist und es macht, was Sie wollen. Häufig liegt dies auch daran, dass wir in solchen Momenten auf automatische Muster (→ Basalganglien) zurückgreifen – z.B. Provokation führt automatisch zu Schreien! Unser Gehirn liebt es, Gewohnheiten auszuführen, da sie uns Sicherheit bieten, wenig Energie kosten und es abgespeichert hat, dass eine Belohnung folgt (z.B. Ruhe). Doch wenn Sie sich danach schlecht fühlen, weil Sie auf Methoden zurückgegriffen haben, die Sie eigentlich nicht gut heißen, dann ist dies der beste Indikator dafür, dass Sie etwas ändern müssen. Das Ziel muss also sein, wenn Sie an die heikle Situation denken, dass Sie das Gefühl haben, bewusst so gehandelt zu haben, wie Sie es für richtig befinden.

Führung zurückerobern: Die paradoxe Intervention

Wenn wir von Situationen mit starkem Eigenwillen des Kindes sprechen, dann gehe ich davon aus, dass die in Feld I bis IV besprochenen Methoden nicht mehr ausreichen. Das Kind ist zu sehr in seinem Film, seine Amygdala hat das Ruder übernommen, sodass alles

Erklären, alle Nudges, alle Psychotricks und alles spielerische Erziehen nicht mehr nutzen. Vielmehr geht es darum, eine schnelle Lösung zu finden, die das Verhalten des Kindes ändert. Aber das Ideal bleibt natürlich auch hier bestehen, dass das Kind nicht gezwungen werden soll, sich zu ändern – auch wenn dies nicht so leicht ist, angesichts eines richtig starken Willens!

Wie also können wir eine so plötzliche Verhaltensänderung bewirken? Wenn wir uns an die erwähnte Faustregel halten (*Wer agiert, führt, wer reagiert, wird geführt*), müssen wir es schaffen, der aktive Part zu werden und das Kind zum Reagieren zu bringen. Denn es läuft ja Folgendes ab: Das Kind spürt Ihre Unsicherheit bzw. weiß sehr genau, wie es Sie unsicher macht. Und es weiß auch, dass Sie Ihre Unsicherheit dazu führt, unkontrolliert zu handeln und beispielsweise viel schneller Wünsche des Kindes zu erfüllen. Doch dabei muss es, wie gesagt, nicht darum gehen, einfach nur die Schokolade im Supermarkt zu bekommen, sondern es kann auch das Ziel sein, Ihr wahres Selbst zu erleben. Was auch immer das kindliche Ziel ist, es verlässt sich darauf, dass alles nach Drehbuch läuft: Das Kind bekommt einen Wutanfall und Sie reagieren verunsichert oder wütend darauf.

Die wohl beste Weise, um aus Ihrer reagierenden Position eine agierende zu machen, ist, das Drehbuch zu ändern – und zwar spontan und unerwartet. Die optimale Methode hierfür ist die *paradoxe Intervention*. Was würde denn passieren, wenn Sie sich einfach schreiend neben Ihr Kind auf den Supermarktboden werfen würden (Wir betrachten an dieser Stelle einmal nicht die Zuschauer!)? Ihr Kind wäre vermutlich sehr überrascht und würde aufhören, selbst zu schreien und stattdessen zuschauen, was Sie da veranstalten. In diesem Moment haben Sie das Heft zurückbekommen, denn Ihr Kind muss nun reagieren.

Das ist der alles entscheidende Moment der Zurückeroberung Ihrer Führungsrolle. Warum? Erinnern wir uns noch einmal, was bei einem Wutanfall im kindlichen Gehirn passiert: Die Amygdala übernimmt die Kontrolle, da sie meint, im Überlebensmodus zu sein. Da die Verbindung zum Großhirn noch nicht dergestalt existiert, dass es willentlich beruhigend eingreifen kann, gibt es keine aktive Steuerungsmöglichkeit, um die Amygdala zu bremsen. Der Film läuft! Um nun aber zu erreichen, dass die Amygdala ihren Überlebensmodus beendet und das Großhirn wieder übernehmen kann, braucht das Gehirn Hilfe. Genauer gesagt: Es braucht ein Überraschungsmoment, das stark genug ist, die Verbindung von der Amygdala zum Großhirn wieder frei zu machen. Und genau diese Überraschung liefert eine paradoxe Intervention. Sie verblüfft das Kind so sehr, dass der Film schlagartig beendet wird und Denken sowie Logik wieder möglich sind. Ist dieser Punkt erreicht, ist es möglich, dem verdutzten Kind Alternativen vorzuschlagen, z.B. was statt Schokolade attraktiv ist oder Erklärungen zu geben, warum ein solches Verhalten peinlich ist oder spielerisch zu erziehen, indem ein kleines Spielchen gespielt wird etc. Der turning point ist das Überraschungsmoment, das das

Drehbuch über den Haufen wirft. Dadurch passiert im Gehirn die Freisetzung.

Wie hätte eine paradoxe Intervention bei unserer Praktikantin ausgesehen? Das Kind schlug den Schlüssel auf den Tisch, um sie zur Verzweiflung zu bringen (so die knappe und oberflächliche These). Ich schlug der Praktikantin im Anleitergespräch im Nachgang zu dieser Situation vor, dass sie beim nächsten Mal ihren Schlüssel aus der Tasche ziehen solle und rhythmisch mit auf den Tisch klopfen möge. Denn wenn das Kind die Praktikantin provozieren wollte, dann wollte es eines sicherlich nicht: eine fröhliche Person, die aktiv Zeit mit ihm verbringt. Es hätte also durch das Mitklopfen der Erwachsenen spontan sein Verhalten ändern müssen, wenn es weiter an seinen Zielen festhalten möchte. Das hätte das Kind aber vermutlich nicht geschafft, also hätte es einfach verdutzt aufgehört. Wäre ein Schlüssel nicht zur Hand, hätte sie auch einfach zum Rhythmus des Klopfens tanzen können …

Sowohl befreien paradoxe Interventionen das Kind aus seinen Automatismen (wie z. B. bei einem Wutanfall im Supermarkt) als auch geben sie dem Erwachsenen die Möglichkeit, bewusst provozierende Kinder zum Reagieren – und damit zum Geführtwerden – zu bringen. Dabei funktioniert dieses Vorgehen aber nur, wenn es wirklich paradox, also unerwartet ist. Wenden Sie immer wieder die gleiche Verhaltensweise in Situationen an, in denen Ihr Kind sehr starken Eigenwillen zeigt, wird diese nach sehr kurzer Zeit nichts mehr bewirken. Hier müssen Sie also etwas kreativer werden.

Das Prinzip der *paradoxen Intervention* ist ein weitverbreitetes. In der systemischen Beratung bzw. Therapie geht man davon aus, dass sich Konflikte sehr häufig deshalb über Monate und Jahre hinziehen, weil sich die Akteure stets auf die gleiche Weise verhalten. Denken Sie nur einmal an manche Szenen einer Ehe: Die Frau schimpft, weil ihr Mann jeden Tag so spät nach Hause kommt. Der Mann hingegen kommt jeden Tag so spät nach Hause, weil die Frau nur am Schimpfen ist. Und so geht es über Jahre – ein Teufelskreis. Systemische Berater schlagen für einen solchen Fall vor, wie weiter oben schon einmal erwähnt, einfach etwas anders zu machen – ganz egal was und ganz egal, wie absurd es ist. Der Gedanke dahinter ist: Verhält sich ein Akteur anders, wird der andere in seinem Automatismus unterbrochen und gezwungen, bewusst zu reagieren. Empfängt die Frau ihren Mann also mit einem liebevoll gekochten Abendessen und bedankt sich dafür, dass er so lange arbeitet, um sie gut zu versorgen, wird der Mann mit Sicherheit nicht genervt sein. Dieses *einfach einmal etwas anders machen* ist nichts anderes als eine paradoxe Intervention.

Doch kommen wir noch einmal zurück zu unseren Kindern, die einen sehr starken Eigenwillen zeigen: Natürlich ist dann diese Methode sehr konfrontativ. Allerdings dürfen wir nicht vergessen, dass wir an einem Punkt angelangt sind, der sich mit sehr extremen Verhaltensweisen von Kindern beschäftigt. Da hilft schon lange kein

Gut-Zureden mehr. Und trotzdem führt diese Methode nicht dazu, das Kind in eine bewusst erlebte Ohnmachtsstellung zu bringen. Ja, es ist verdutzt und »gezwungen« zu reagieren, doch hat es nach wie vor alle Optionen offen, wie es reagiert. Das Kind muss keine negativen Konsequenzen befürchten oder wird unter drohendem Druck zu etwas gezwungen. Es wird allein aus seinem inneren Film aufgeweckt und zu einer neuen – freien! – Entscheidung bewegt.

An dieser Stelle möchte ich eine Lanze für etwas brechen, vor dem wahrscheinlich viele Ratgeber und Artikel über Erziehung stets warnen: die Inkonsequenz. Pädagogische (Fach-)Literatur erwähnt immer wieder, wie wichtig Konstanz, Sinnhaftigkeit und Konsequenz in der Erziehung sind. Sie sagen, Kinder müssen sich darauf verlassen können, wie Eltern reagieren, was ihre Werte sind, wie sie erziehen. Das heißt, Eltern müssen konsequent ihre Prinzipien durchziehen und müssen dabei konstant sein. An vielen Stellen stimme ich dem zu. Es wäre fatal, würden Eltern ständig predigen, wie wichtig Sparsamkeit ist, dann aber selbst das Geld zum Fenster hinauswerfen oder aber auch in wichtigen Momenten erklären, dass man das Sparen nicht so ernst nehmen sollte. In diesem Falle ist Konsequenz sehr wichtig. Allerdings kann Konsequenz auch sehr hinderlich sein, nämlich dann, wenn Eltern von willensstarken Kindern dadurch berechenbar werden. Wenn ein Kind weiß, dass Papa immer ja sagt, wenn es ihm vor der Frage einen Kuss gibt, dann wird es sehr schwer für den Vater zu führen. Reagiert er aber manchmal nach einem Kuss mit ja und manchmal mit nein und manchmal mit einer Alternative und manchmal mit einem Witz usw., dann behält er das Heft des Handelns in der Hand. Das heißt, aus der *verpönten* Inkonsequenz kann eine *geliebte* Inkonsequenz werden, weil sie den anderen fordert, sich neue Methoden zu überlegen, sich heranzutasten und sich nicht auf eingefahrene Muster zu verlassen. Kurzum: Das Kind muss in Beziehung mit Ihnen treten, um herauszufinden, wie Sie *hier und heute* mit einer Situation umgehen. Es kann Ihr Verhalten nicht einfach im Vorfeld berechnen.

Mit Hilfe der Aktion-Reaktion-Betrachtung wurde deutlich, dass selbst heftigste Willensbekundungen händelbar sein können, wenn man versteht, was im kindlichen Gehirn passiert. Doch haben wir mit diesen vielleicht extremen Verhaltensweisen noch nicht das Ende der Fahnenstange erreicht. Dazu kommen wir nun.

Mit dem Latein am Ende

Über das Setzen von Grenzen

Wir sind bis hierher zwei Annahmen gefolgt: Die erste besagte, dass der Großteil der Erziehung ohne Regeln, allein auf Basis einer intakten Beziehung vonstattengehen kann. Die zweite Annahme ging davon aus, dass es Situationen und Bedingungen geben kann, bei denen der Einsatz der Beziehung allein nicht ausreicht, so dass andere Tools nötig sind, um Verhaltensänderungen auf freiwilliger Basis zu bewirken. Dieses Handwerkszeug haben wir in diesem Kapitel ausführlich besprochen.

Die allermeisten Konflikte lassen sich mit der Anwendung dieser beiden Annahmen bewältigen. Doch natürlich bleibt ein kleiner Rest an Situationen, wo weder die Beziehungskarte noch die in Feld I bis VI beschriebenen Methoden ausreichen, um Kinder zu führen. In diesen – und nur in diesen! – Momenten müssen wir uns wohl oder übel eingestehen, dass das beschriebene Ideal nicht erfüllt werden kann. Das heißt, es müssen dann Methoden benutzt werden, die nicht auf die Freiwilligkeit des Kindes Rücksicht nehmen und es dadurch wahrscheinlich klein machen, einengen, zwingen, in eine Ohnmachtsstellung bringen oder dergleichen. Das fühlt sich nicht gut an, wenn man eigentlich das besagte Ideal erreichen möchte. Doch in diesen Situationen hilft anscheinend alles nichts – dann ist man mit seinem Latein am Ende!

Wichtig ist hierbei, noch einmal die Reihenfolge zu betonen: Erst nach dem Ausspielen der Beziehungskarte und der Anwendung diverser pädagogischer Mittel steht an letzter Stelle die Zuhilfenahme anderer Methoden. Einige Möglichkeiten möchte ich im Folgenden beschreiben.

Wir müssen uns nun also einmal Gedanken darüber machen, was in Momenten, in denen gewaltfreie pädagogische Methoden an ihre Grenzen kommen, getan werden kann. Unvermeidbar ist in solchen Momenten das autoritäre Setzen von Grenzen. Das bedeutet, der

Erwachsene macht klare Ansagen, was zu tun oder zu lassen ist, und stellt mit allen notwendigen Methoden sicher, dass diese Grenzen eingehalten werden (z.B. durch Drohen oder physisches Einwirken).

Solch ein Vorgehen kann natürlich absolut notwendig, gut und legitim sein, denken wir nur an ein Kind, dass sich aus Verzweiflung aus dem Fenster stürzen möchte. Natürlich werden wir dessen Willen in diesem Moment nicht respektieren, sondern es physisch ergreifen und ins Zimmer ziehen. Doch nicht nur die kindliche Situation kann dazu führen, dass die Freiwilligkeit ignoriert werden muss, auch die erwachsene Situation kann Grund dafür sein. Denken wir an eine völlig erschöpfte Mutter, deren Kind gegen Mitternacht immer noch nicht schlafen möchte. Auch für sie ist ein starkes und vermeintlich rücksichtsloses Grenzensetzen absolut nötig, muss sie dies doch zum Selbstschutz tun. Wie wir im Kapitel über Bestrafungen bereits gesehen haben, ist ein direktives und autoritäres Auftreten zwar auf lange Sicht nicht nachhaltig, doch ist es für schnelle Verhaltensweisen äußerst effektiv. Deshalb ist ein solches Vorgehen bei diesen Extremsituationen so gut geeignet.

Wahrscheinlich kennen Sie solche Situationen zur Genüge, in denen scheinbar nichts mehr geholfen hat und Sie nur noch darauf bedacht waren, mit aller Gewalt Ihren Willen durchzudrücken. Diese Situationen sind unvermeidbar. Das Positive daran ist: Geschehen sie gelegentlich, sind also kein Dauerzustand, dann schaden sie dem Kind und Ihrer Beziehung nicht. Im Gegenteil: Wie wir gesehen haben, kann es Kindern sogar bis zu einem gewissen Grad guttun, frustriert zu werden (z.B. weil dadurch die Frustrationstoleranz gestärkt wird). Doch bleibt dieses Vorgehen eine Ausnahme und ein letztes Mittel, das nicht bewusst und voreilig gewählt werden sollte, denn das Erziehungsideal wird dadurch natürlich nicht erfüllt. Doch obwohl das Kind in eine Ohnmachtsstellung gebracht wird, können Grenzen auf gute und schlechte Weise gesetzt werden – es kommt also auf das Wie an.

Wünsche äußern statt Grenzen setzen

Häufig hört man, wie wichtig Grenzen für Kinder seien. Dabei findet sich immer ein ähnliches Bild, das das Vorgehen begründet: Grenzen sind wie Leitplanken, an denen sich Kinder orientieren können und durch die sie Sicherheit bekommen. In diesem Sinne müsste man allerdings auch Gefängnisgitter als schützend interpretieren, was im Ergebnis vielleicht so sein kann, doch nur zu dem Preis, dass wahrscheinlich der Wille der eingesperrten Person gebrochen wurde. Doch scheinen viele Erziehende die Erfahrung zu machen, dass Grenzen tatsächlich hilfreich sind – ob sie zu den eigenen Zielen und Idealen passen, ist eine andere Frage. Obwohl Grenzen Kinder immer zu etwas zwingen und langfristig nicht hilfreich sind, ist doch aufgrund ihrer gelegentlichen Notwendigkeit zu überlegen, worauf beim Setzen der Grenzen zu achten ist. Gibt es eine Möglichkeit, Grenzen in den besprochenen Extremsituationen so zu setzen, dass sie das Kind möglichst wenig klein machen und seinen Willen brechen? Ja, die gibt es! Lassen Sie folgende Ansagen kurz auf sich wirken:

> Ansage 1: »Du hörst jetzt sofort auf, hier herumzuschreien!«
>
> Ansage 2: »Ich möchte, dass du jetzt sofort aufhörst, hier herumzuschreien.«

Wie wirken die beiden Ansagen auf Sie? Welche Gedanken gehen Ihnen nun durch den Kopf? Ansage 1 macht ein Kind klein. Sie setzt von oben herab eine Grenze, die das Kind bevormundet und einengt. Ansage 2 hingegen setzt eine persönliche Grenze. Hierbei geht es im eigentlichen Sinne gar nicht darum, dass das Kind zu etwas gezwungen wird, sondern der Sender äußert nur einen Wunsch. Natürlich bezieht sich dieser auf eine Verhaltensänderung, aber es ist – bei gleichem Inhalt! – letztendlich erst einmal nur eine Aussage darüber, was sich der Sprecher wünscht. Wünsche haben die Eigenschaft, dass sie erfüllt oder nicht erfüllt werden können. Diese Eigenschaft teilen Wünsche mit bittenden Fragen, doch sind die Wünsche klarer und entschiedener. Würde also die Ansage lauten: »Hörst du jetzt mal bitte auf, hier herumzuschreien?«, wäre dies nicht sehr überzeugend. Wünsche sind hingegen direktiver, wenngleich sie eben dem Kind die Möglichkeit lassen, ebenfalls einfach nein zu sagen. Das Kind hat also nach wie vor das Gefühl, selbst entscheiden zu können. Demnach wird es nicht bevormundet, sondern behält seine Freiheit. Der Erziehende arbeitet außerdem mit der Beziehungskomponente, indem *er* einen eigenen Wunsch äußert. Das heißt, er setzt nicht willkürliche, abstrakte Grenzen, sondern offenbart nur ein Stück seiner Persönlichkeit – nämlich seinen Wunsch. Noch deutlicher wäre dies, würde er sagen: »Ich bitte dich, dass du nun sofort aufhörst, hier herumzuschreien.« Es handelt sich also um eine persönliche Äußerung, die das Kind nicht völlig klein macht. Vielleicht kommt Ihnen dies viel zu lasch vor. Doch überlegen Sie einmal selbst, ob Ihnen jemals eine Äußerung wie Ansage 1 wirklich geholfen hat – und ob es Ansage 2 nicht mindestens genauso getan hätte. Wenn überhaupt eine solche Ansage in einer Extremsituation hilft, dann wahrscheinlich die zweite.

Ich möchte Ihnen die Art der Grenzziehung anhand eines Beispiels verdeutlichen. Eine Grundschullehrerin kam in meine Beratung und klagte darüber, dass das Unterrichten in den letzten Wochen sehr anstrengend sei. Viele Kinder hörten nicht mehr auf sie. Vor allem, wenn das Ende des Schultags angebrochen war und es dazu kam, dass die Kinder ihre Stühle nach oben stellen sollten, gab es von einigen Kindern massiven Widerwillen. Ich bat die Lehrerin, mir in einem kurzen Rollenspiel zu zeigen, wie eine solche Situation ablaufe. Zunächst sagte sie in einem freundlichen Ton: »Ihr stellt jetzt alle eure Stühle hoch.« Nun, erklärte sie, gibt es mindestens einen Schüler – nennen wir ihn Moritz –, der demonstrativ seinen Stuhl am Boden stehen lässt. Ich fragte, was sie dann tue. Sie sagte, normalerweise sei sie dann schon sehr geschafft und deshalb gereizt, weswegen es oft aus ihr herausplatze: »Moritz, du stellst jetzt deinen Stuhl nach oben!!!« Ich konnte ihre Wut gut verstehen, sagte ihr aber auch ganz ehrlich, dass, wenn ein Erwachsener so mit mir reden würde, ich mich auch widersetzen würde. Das stimmte sie nachdenklich. Ich erklärte ihr, dass Anweisungen – genauso wie Grenzen – nicht dafür da seien, Kinder klein zu machen. Doch eine Ansage, wie sie die Lehrerin machte – ganz gleich, ob ruhig oder geschrien – , nimmt Kindern jegliche Autonomie. Die Empfänger werden in ihre Grenzen gewiesen und eingeengt. Sie werden nicht als Persönlichkeiten gesehen, sondern lediglich als Wesen, die zu folgen haben. Deshalb besprachen wir die Wirkung von Ich-Botschaften, durch die eigene Bedürfnisse geäußert werden. Dies könnte dann wie folgt aussehen: »Kinder, ich möchte gerne, dass ihr eure Stühle nach oben stellt« oder »Bitte stellt eure Stühle nach oben.« Damit, so erklärte ich, werde den Kindern nichts aufgezwungen, sondern allein ein Wunsch formuliert. Wünsche dürfe schließlich jeder haben, so viel er möchte. Meine Klientin wendete verständlicherweise ein, dass Kinder wie Moritz doch wahrscheinlich trotzdem einfach nicht Folge leisten würden. Ich stimmte ihr zu, dass dies natürlich passieren könne – genauso, wie es auch bei ihrer bisherigen Methode geschah; doch vermutete ich, dass der Widerstand geringer sein oder aus anderen Gründen geschehen würde. Denn durch die Veränderung in der Formulierung – und wir haben bereits in Feld III bei der Psychologie der Überzeugung gesehen, wie viel Effekt eine kleine Formulierungsänderung bewirken kann –

fühlten sich die Kinder mit großer Sicherheit wertgeschätzter, da ihre Autonomie nicht angegriffen werde. Dadurch mache die Lehrerin die Schüler nicht klein, sondern mache sie sogar größer – da sie sich gesehen und in ihrer Selbstständigkeit respektiert fühlten. Natürlich kann es sein, dass Moritz trotzdem nicht Folge leistet, aber nun liegt es definitiv nicht mehr daran, dass er sich angegriffen fühlt. Sie sagte, dass sie es versuchen wolle.

Vier Wochen später trafen wir uns wieder und sie erzählte mit einer ganz neuen Motivation. Sie selbst fühlte sich durch das Vorhaben, auf eine wertschätzende Beziehung und Sprache zu achten, viel glücklicher. Mit dieser Fröhlichkeit ging sie nun ihre Stunden an und dies wirkte sich natürlich positiv auf die Kinder aus. Selbstverständlich gehorchten sie nach wie vor nicht komplett, aber die Atmosphäre war bereits in der ersten »veränderten« Stunde eine viel positivere. Sie war begeistert davon zu registrieren, wie sehr die Lösung des Konflikts von ihr selbst abhing.

Ob wir nun Anweisungen geben oder Grenzen setzen – im Grunde kommt es auf die gleichen Elemente in der Kommunikation an. Setze ich Grenzen, indem ich die kindliche Autonomie angreife, werde ich Widerstand ernten, da sich das Kind kleingemacht fühlt. »Schrei nicht so herum, ich halte das nicht mehr aus!« – klingt nicht nur drohend, sondern auch bevormundend. Sage ich hingegen: »Ich bitte dich, mit schreien aufzuhören, da mir schon der Kopf wehtut.«, kommuniziere ich nur *meine* Grenze, die das Kind respektieren kann oder nicht. Doch setze ich damit im Letzten nicht dem Kind eine Grenze, sondern lege nur meine offen. Dies ist ein essenzieller Unterschied.

Ganz ähnlich wie die Tatsache, dass Grenzen, die bevormundend oder als persönlicher Wunsch geäußert werden, unterschiedlichen Erfolg haben, können auch manche Formulierungen erfolgsversprechender sein als andere. Starte ich zum Beispiel eine Ansage mit »Ich habe dir schon tausendmal gesagt …«, wird dies beim Kind zur direkten inneren Aufforderung führen: »Hör weg!« Wenn etwas bereits tausendmal gesagt wurde und es für das Kind anscheinend nicht plausibel war, dies zu machen, warum sollte es das dann beim tausendersten Mal sein? Vielmehr müssen wir sicherstellen, dass wir dem Kind gleichwertig begegnen. Das kann zum einen bedeuten, dass wir uns auf seine Augenhöhe begeben (hinknien) und ruhig sowie voller Achtung unser Anliegen vortragen. Das kann aber auch bedeuten, dass wir, wie gerade am Beispiel von Ansage 1 und Ansage 2 gesehen, einige Dinge in unseren Formulierungen beachten. So ist es immer besser, wie die Wissenschaftsjournalistin Nicola Schmidt formuliert, Kindern Ansagen *persönlich* (*Ich möchte* statt *Man macht*), *authentisch* (*Mir ist das zu viel* statt *Sei still, du Nervensäge*) und *einbeziehend* (*Welche Lösung schlägst du vor?* statt *Ab heute gilt*) [52] zu machen.

[52] Schmidt, Nicola (2019): *Liebe Eltern, hört endlich auf, eure Kinder unter Druck zu setzen!*. Gastbeitrag in Focus Online: https://www.focus.de/familie/erziehung/stressfrei-erziehen-druck-erzeugt-gegendruck_id_10688513.html (Zugriff: 17.06.2019).

Grenzen ziehen und Beziehung stärken

Nicht nur die Art der Grenzsetzung kann optimiert werden, noch ein anderer Aspekt, der Schaden signifikant verringert, kann in schier ausweglosen Situationen bedacht werden. Wir haben am Anfang des neunten Kapitels Eins und Eins zusammengezählt und festgestellt, dass es bei den beschriebenen Methoden nicht allein darum geht, freiwillige Verhaltensänderungen zu bewirken, sondern zugleich auch darum, die Beziehung zwischen Erwachsenem und Kind nicht nur *nicht* zu beschädigen, sondern sie optimalerweise sogar zu stärken. Mit dem gewalthaltigen Setzen von Grenzen wird, wie gesagt, die Freiwilligkeit übergangen, doch muss das nicht automatisch bedeuten, dass die Beziehung leidet. Und damit sind wir beim Wie des Grenzensetzens: Natürlich können und müssen wir manchmal Grenzen zum Unmut unserer Kinder setzen, aber dabei – oder realistischer: danach – können wir sie doch trotzdem in den Arm nehmen und trösten. Wir können ihnen sagen, dass wir verstehen, wie doof sich das für sie anfühlen muss, oder wie schmerzhaft das für sie sein muss. Das wird in dem Moment des Konflikts kaum etwas mildern, aber es wird langfristig dazu führen, dass sich Ihr Kind merkt, dass Sie kein böser Feind sind, der ihm schaden möchte, sondern dass Sie auch in unausweichlich frustrierenden Situationen da sind, die Nöte Ihres Kindes sehen und Ihr Kind lieben. Das ist ungemein wichtig.

Manchmal kann es auch gut sein, im Nachhinein um Entschuldigung zu bitten. Dabei meine ich nicht, dass Sie jedes Mal, wenn Sie eine Entscheidung getroffen haben, die Ihr Kind frustriert, Abbitte leisten müssen – mitnichten. Ich denke dabei eher an Situationen, in denen Sie aufgrund Ihrer eigenen Lage zu schwach sind, um dem Ideal nachzukommen, Ihr Kind dafür aber nichts kann und es die Lage trotzdem ausbaden muss. Dies könnte zum Beispiel dann vorkommen, wenn Sie das Kind zwingen, ruhig im Bett zu liegen, weil Sie aufgrund eines harten Arbeitstages einfach keine Kraft mehr haben. Ihr Kind kann nichts für Ihren Tag, doch müssen Sie sich natürlich selbst schützen und deshalb Grenzen ziehen und einhalten. Wie gut ist es dann, am nächsten Morgen zu sagen, dass es Ihnen leidtue, dass Sie so ungeduldig waren und gedroht haben. Damit bauen Sie trotz allem Beziehung und ziehen Gewinn aus einer Situation, in der das Ideal aus verständlichen Gründen vernachlässigt wurde.

Verlassen der Situation

Eine Alternative zur Grenzziehung kann darin bestehen, dass Sie aus der Situation herausgehen. Wenn Ihr Kind einen Wutanfall hat, Sie aber keine Kraft mehr haben, sich diesem zu stellen, dann sagen Sie Ihrem Kind, dass Sie eine Pause brauchen und deshalb gehen. Dieses Vorgehen ist hinsichtlich zweier Gründe sinnvoll:

1. Sie führen. In einer Situation, in der das Kind die Führung an sich zu reißen droht, holen Sie sie sich zurück. Denn indem Sie gehen, ist das Kind zu einer Reaktion gezwungen. Es kann sein, dass

es bettelt, Sie mögen bleiben, es kann sein, dass es noch lauter brüllt. So oder so muss es nun reagieren. Beachten Sie dabei, Ihr Gehen nicht als Strafe zu verpacken, denn es wäre fatal, wenn Sie Ihrem Kind vermitteln, dass es für seine Gefühlsäußerungen bestraft wird. Indem Sie sich »abmelden«, zeigen Sie, dass es um Sie und nicht um das Kind geht.

2. Sie übernehmen Verantwortung. Wie wir gesehen haben, sind die Erwachsenen zu 100% für die Beziehung zum Kind verantwortlich. Dieser Verantwortung werden Sie gerecht, indem Sie aus einer unlösbaren Situation herausgehen. Denn was wären die Alternativen? Zum einen könnten Sie bleiben, was wahrscheinlich dazu führen würde, dass Sie schreien, drohen etc. – das wäre nicht die bessere Wahl. Zum anderen könnten Sie das Kind wegschicken, was wahrscheinlich nicht funktionieren und zugleich bedeuten würde, dass das Kind dafür verantwortlich gemacht wird, dass Sie sich besser fühlen. Das ist nicht unbedingt fair.

Durch das begründete Verlassen der Situation schaffen Sie die gewaltfreie Möglichkeit, sich zu beruhigen und den Konflikt abkühlen zu lassen, so dass Sie im Anschluss ruhiger darüber sprechen können.

Wir haben gesehen, dass es Situationen gibt, in denen die Pädagogik, die vom Kinde ausgeht, an ihre Grenzen kommt und Methoden, die die Freiwilligkeit des Kindes beachten möchten, nicht weiterkommen. Wir haben außerdem gesehen, dass das in diesen Situationen notwendige Grenzensetzen, wenn es gelegentlich geschieht, sogar gewinnbringend sein kann. Und wir haben abschließend betrachtet, dass selbst solche Extremsituationen so gehändelt werden können, dass das Kind möglichst wenig kleingemacht wird und die Beziehung zu ihm sogar noch gestärkt werden kann.

Am Ende des Kapitels über pädagogisches Handwerkszeug möchte ich noch einmal betonen, dass wir über Situationen gesprochen haben, die ein schnelles Ändern der kindlichen Verhaltensweisen forderten. Dabei hatten wir immer im Blick, dass wir zunächst bemüht sind herauszufinden, warum sich das Kind verhält, wie es sich verhält, und was es uns möglicherweise sagen möchte. Entdecken wir keinen Sinn oder können z.B. aus zeitlichen Gründen diesem Aufspüren nicht gerecht werden, müssen wir alternativ handeln. Damit diese Alternativen so wenig wie möglich Schaden anrichten, wurden weitestgehend autonomiewahrende Methoden in Kapitel 9 betrachtet. Das heißt, wir haben letztendlich einen Notfallkoffer erstellt für Situationen, in denen das Kind funktionieren muss. Wir beschäftigten uns in diesem Kapitel also nicht primär mit der Frage der langfristigen Erziehung und dem Erreichen ferner Ziele. Für diese brauchen wir die beschriebenen Tools nicht. Für die Langfristigkeit braucht es nur eins: eine gute Beziehung.

Dritter Teil:

Die Brücke schlagen

10 Warum Erziehung scheitert

Unter Tränen sagte sie: »Ich wollte nie so werden wie meine Mutter. Und jetzt sitze ich hier.« Die Mutter dreier Kinder im Alter von acht, sechs und drei Jahren saß mir gegenüber und gestand, dass sie ihrem achtjährigen Sohn eine Ohrfeige gegeben hatte. Er sollte seine dreckigen Fußballklamotten in den Wäschekorb räumen, doch auch mehrfache Ermahnungen nutzten nichts. Stattdessen wurde er immer frecher. Als er begann, seine jüngeren Geschwister zu erpressen, sie sollten seine Kleidung wegräumen, platzte der Mutter der Kragen. Sie schlug ihn. Von sich selbst völlig schockiert, zog sie kurze Zeit später die Konsequenz und suchte Hilfe.

Sie erzählte nun, wie ihre Mutter früher immer wieder bei verschiedenen Anlässen zu gewaltsamen Methoden griff, sodass die drei Geschwister und sie selbst Opfer von Ohrfeigen und ähnlichem waren. Natürlich litt sie darunter, weshalb sie sich schwor, niemals selbst auf Gewalt zurückzugreifen. Nun war es aber doch passiert und sie schämte sich sehr.

Wenn wir noch einmal zurück zu unserem Bild der Brücke kommen, stellen wir fest, dass wir eine unsichtbare Grundhaltung zu Erziehung haben und Methoden, die sichtbar sind. Optimalerweise sollten diese beiden Pfeiler symmetrisch, also übereinstimmend sein. Dies war bei der Mutter, die mir gegenübersaß, grundsätzlich der Fall. Sie lehnte nicht nur in der Theorie Schläge ab, sondern praktizierte diese auch nicht. Bis zu jenem

Ereignis. Wie konnte es dazu kommen, dass ihr die Hand ausrutschte, obwohl beide Pfeiler symmetrisch und gegen Gewalt gebaut waren?

Man könnte meinen, dass das Wissen über die Wirkungsweise von Erziehung ausreiche, um erfolgreich zu erziehen. Die Realität hingegen zeigt, dass dies nicht stimmt. Denn wie am Beispiel der Mutter deutlich wurde, klafft häufig eine Lücke zwischen Theorie und Praxis. Deshalb gibt es diesen dritten Teil, der buchstäblich eine Brücke zwischen unsichtbarem und sichtbarem Teil von Erziehung schlägt, welcher zwingend nötig ist, um für alle zufriedenstellend zu erziehen.

Aus meiner Erfahrung sowohl als praktischer Pädagoge als auch als Erziehungsberater kann ich feststellen: Die Verbindung zwischen Theorie und Praxis zu schaffen, ist die größte Herausforderung von Erziehung! Natürlich gibt es Eltern, die zunächst an ihrem Erziehungswissen und/ oder an ihren Erziehungsmethoden arbeiten müssen. Sie müssen verstehen, dass Kinder keine Tyrannen oder »kleine Hexen« sind, dass sie nicht aus sadistischen Motiven provozieren und dass Strafen unsinnig sind. Doch selbst wenn diese Aspekte alle geklärt wären, bleibt eine große Gruppe an Eltern, der es wie der Mutter am Anfang des Kapitels geht: Eigentlich lehnen sie körperliche Gewalt – oder Drohungen, Bestechung etc. – innerhalb der Erziehung restlos ab, aber dann kommt beispielsweise das Zu-Bett-Bringen am Abend. Der Arbeitstag war lang und anstrengend, es ist schon spät und statt den Aufforderungen zum Zähneputzen und Umziehen zu folgen, rennt das Kind vor den Eltern weg, kippt die gerade eingeräumte Legokiste wieder um und ruft, dass es die blödeste Mama der Welt habe. Und obwohl Sie vielleicht einige der im neunten Kapitel vorgestellten Methoden versucht haben umzusetzen, fehlt Ihnen doch die Geduld oder Sie rutschen in alte Denkmuster à la »Ein Kind muss doch auch einfach mal gehorchen!« ab. Kurzum: Auch wenn Sie felsenfest von gewissen guten Grundsätzen überzeugt sind, drohen Sie doch wieder oder es rutscht Ihnen im Affekt sogar die Hand aus!

Es vergeht wohl kein Tag, an dem wir nicht gegen unsere Prinzipien, unsere Ziele, unsere Werte in Sachen Erziehung handeln. Das können manchmal größere und manchmal kleinere Punkte sein, doch es bleibt eine kaum endende Herausforderung: Erziehungswissen und Erziehungspraktiken widersprechen sich regelmäßig. Dann nutzen die besten Einstellungen und die löblichsten Ziele nichts, wenn sie ständig an der Übersetzung in die Erziehungspraktiken scheitern. Doch genau das tun wir alle ständig: Wir zeigen und leben nicht das, wovon wir eigentlich überzeugt sind. In diesem Sinne beschäftigt sich der letzte Teil dieses Buches mit der größten Erziehungsherausforderung: der Selbsterziehung bzw. dem Theorie-Praxis-Transfer.

Denn wenn Sie einen stabilen unsichtbaren Pfeiler haben, der durch ein wertschätzendes Menschenbild, logische Ziele, positive Prinzipien und ein erstrebenswertes Erziehungsideal geprägt ist; wenn Sie außerdem Methoden anstreben, die Kinder nicht in eine

Ohnmachtsstellung bringen und dabei noch eine vertrauensvolle Beziehung zu Ihrem Kind aufgebaut haben, sodass also auch der sichtbare Pfeiler *theoretisch* stabil ist – dann besteht die einzige Kunst darin, dass Sie die Selbstkontrolle haben, um die theoretischen Vorhaben wirklich praktisch zu realisieren.

Wenn ich mit Studierenden über die von mir vertretene pädagogische Haltung diskutiere oder auch mit Zuhörern nach meinen Vorträgen spreche, begegnen mir vereinfacht betrachtet in der Regel drei verschiedene Reaktionen. Es gibt erstens immer Zuhörende, die dem Ganzen grundsätzlich zustimmen und sich darüber freuen, dass endlich einmal jemand ausspricht, was sie schon lange denken. Diese Gruppe macht einem das Leben als Dozent sehr leicht. Dann gibt es zweitens selbstverständlich auch immer einige Zuhörende, die vehement widersprechen. Ein Studierender sagte einmal, nachdem ich über das Konzept *Beziehung statt Regeln* gesprochen habe: »Sie wissen aber schon, dass Sie nicht auf einer Insel leben, oder?« Damit sprach er aus, was viele denken: Das kann nicht funktionieren. Eine junge Frau, die im Rahmen ihres Studiums ein einmonatiges Praktikum in unserer Offenen Kinder- und Jugendhilfeeinrichtung absolvierte, äußerte beim Abschlussgespräch, dass sie unser Konzept innerlich belächelte, als ich ihr im Vorstellungsgespräch erläuterte, dass wir mit zum Teil sehr aggressiven Kindern und Jugendlichen möglichst ohne Regeln arbeiten. Umso beeindruckter war sie, als sie im Laufe der vier Wochen feststellte, dass es doch meistens sehr gut funktionierte.

Am häufigsten aber begegnet mir eine dritte Gruppe an Zuhörenden. Diese Gruppe zeichnet sich dadurch aus, dass sie den Thesen zwar zustimmt und ebenfalls überzeugt davon ist, dass diese Art der Erziehung die beste für Kinder sei. Ihr Problem ist aber, dass sie keine Ahnung hat, wie sie diese Haltung umsetzen kann. Solche Zuhörenden scheinen ein schlechtes Gewissen zu haben aufgrund der inneren Spannung: theoretisch ja, praktisch nein! Sie wollen gerne eine solch gewaltfreie und dienende Haltung haben, scheitern aber nicht erst in brenzligen Situationen. Eltern betonen immer wieder, wie unmöglich ein gutes erzieherisches Handeln sei, wenn man am Ende eines langen Tages sehr müde sei und die Kinder noch einmal richtig aufdrehen. Lehrer monieren regelmäßig, dass sie durch einen vollen Lehrplan einen derartigen Leistungsdruck hätten, dass kein Platz für die individuellen Bedürfnisse einzelner Kinder sei. Und Pädagogen in der offenen Arbeit führen einen ungünstigen Betreuungsschlüssel an, um zu erklären, weshalb der Fokus auf dem Funktionieren liege und eben nicht auf individueller Förderung. Doch es bleibt bei dieser dritten Gruppe die Sehnsucht, anders zu handeln, als es bisher geschieht.

Doch warum ist es eigentlich so schwer, die theoretischen Ideale in eine stimmige Praxis umzusetzen? Wir werden im letzten Teil einige innerpsychische Aspekte betrachten, die herausfordernd sind, die aber vor allem als Hilfsmittel zur Verbesserung genutzt werden sollen. Dabei werden wir keine Biografiearbeit betreiben. Viele Fachbücher und Ratgeber arbeiten in ihrem Vorgehen hin zu mehr Selbstkontrolle und allgemeiner Persönlichkeitsänderung mit Methoden, die Elemente der Kindheit, die Beziehung zu den eigenen Eltern oder traumatische Erlebnisse betrachten. Obwohl diese Vorgehensweisen sehr gut sind, sollen sie in diesem Buch kaum eine Rolle spielen. Vielmehr sollen vor allem solche Faktoren eine Rolle spielen, die Ihr Jetzt betreffen und die für eine konkrete pädagogische Umsetzung geeignet sind. Dabei ist mir bewusst, dass biografische Aspekte immer eine nicht unwesentliche Rolle spielen. Trotzdem wollen wir keine ausführliche biografische Analyse betreiben, sondern vor allem lösungsorientiert vorgehen.

Neben den innerpsychischen Faktoren gibt es eine Reihe von situativen, faktisch gegebenen Einflüssen, die dazu führen, dass man in der Erziehung Dinge tut, die man eigentlich gar nicht möchte. Sprechen wir von solchen Gegebenheiten, dann handelt es sich niemals um einen einzigen Grund, der dafür zuständig ist, dass die (elterliche) Erziehungskompetenz belastet ist. Es gibt eine Unmenge an wissenschaftlichen Untersuchungen, die nach situativen Gründen gesucht haben, warum Erziehung weniger erfolgreich ist. Einige wichtige Faktoren, die die Beziehungskompetenz signifikant belasten, sollen kurz aufgezeigt werden:

- Kinder sind sehr unterschiedlich. Ein Kind kann entspannt sein, das andere ein sogenanntes

Schreikind, welches oft lange Zeit ohne ersichtlichen Grund brüllt und sich partout nicht ablegen lässt. Es wäre absurd anzunehmen, dass die Belastung für die elterliche Erziehungskompetenz bei beiden Kindern gleich ist. Das Temperament von Kindern ist ein genetischer Faktor, für den keine Erziehung etwas kann. Trotzdem beeinflusst er ungemein die Geduld der Eltern. Dies ist also ein wichtiger Wirkfaktor für Belastungen.

- Die Konstellation der Erziehenden. Ein harmonisches Elternpaar unterstützt sich natürlich viel mehr ein als ständig gegeneinander kämpfendes. Und selbstredend ist ein alleinerziehendes Elternteil signifikant höher beansprucht und belastet als ein gemeinsam erziehendes Paar.

- Die Anzahl der Kinder. Ein Kind, dem man abends die volle Aufmerksamkeit beim Zu-Bett-Gehen geben kann, ist leichter zu händeln, als fünf tobende Energiebündel. Auch dieser Faktor spielt also eine wichtige Rolle bei der Frage nach der Erziehungsbelastung.

- Persönlichkeitsmerkmale der Erziehenden. Die Forschung fand nicht nur Faktoren heraus, die die Gegebenheiten der Situation betreffen, sondern auch Erkenntnisse zur Person des Erziehenden. So sind Eltern, die ein geringes Selbstwertgefühl haben, also beispielsweise viele Selbstzweifel haben, signifikant höher belastet als Eltern, denen dies nicht so geht. Auch spielt das Alter, in dem man Mutter wird, eine Rolle. Hat man sehr jung ein Kind bekommen, ist man statistisch eher belastet. Und auch ein geringes Bildungsniveau, so die Forschungsergebnisse, führe zu weniger Erziehungskompetenz.

Diese empirischen Ergebnisse zeigen uns, wie viele Faktoren eine Rolle dabei spielen, ob die Theorie in die Praxis umgesetzt werden kann. Kein Faktor ist dabei allein dafür zuständig, ob Erziehung gelingt oder nicht. Im Umkehrschluss bedeutet das aber auch, dass die besten Voraussetzungen niemals verhindern werden, dass man an seine Grenzen kommt. Alle Eltern erleben im Alltag Momente, in denen sie nicht weiterkommen, verzweifelt sind, Dinge tun, die sie nicht wollen etc. – obwohl sie vielleicht eine harmonische, selbstbewusste, akademisch gebildete Ein-Kind-Familie sind.

Nun wollen wir aber die statistischen Fakten verlassen – immerhin wird niemand einen Uni-Abschluss anstreben, einfach nur, weil das die Wahrscheinlichkeit erhöht, weniger belastet zu sein. Vielmehr wollen wir uns konkreten, leichter zu ändernden Faktoren widmen, die wichtig sind für ein Gelingen des Theorie-Praxis-Transfers.

11 Von der Theorie zur Praxis – die Selbsterziehung

Der entscheidende Punkt

Wussten Sie, dass nur 10% unseres Glücks von äußeren Umständen abhängen?[53] Wenn wir also wieder einmal meinen, unser Job, unser Partner, unsere Situation oder gar unsere Kinder seien schuld daran, dass wir uns so mies, erschöpft und verzweifelt fühlen, dann wird das wohl nicht stimmen. Diese Information hilft vielleicht nicht so wahnsinnig viel, wenn wir in einer Situation sind, in der uns unsere Kinder zur Verzweiflung bringen. Doch mit einem etwas kühleren Kopf können wir sehen, dass fast die Hälfte unseres Wohlbefindens (40%) durch unsere innere Einstellung und unsere bewussten Verhaltensweisen bestimmt wird – der Rest ist angeboren. Das heißt, ein nicht unwesentlicher Teil dessen, was Sie direkt verändern können, damit es Ihnen – und somit auch den Menschen, die mit Ihnen zu tun haben – besser geht, liegt in Ihrer Einstellung und Ihren Handlungen. Die genetischen 50% dürfen wir an dieser Stelle getrost vernachlässigen, da wir sie sowieso nicht ändern können.

Warum sind diese 40% so relevant? Sie zeigen, dass nahezu alles, was Sie für eine Änderung in Ihrem Leben

---

[53] Senges, Eva (2016): *Ich will mich ändern, aber wie? Mit der inneren Landkarte Schritt für Schritt in ein neues Leben.* München: Kösel. S. 151.

– und damit auch in Ihrer Erziehung – brauchen, in Ihnen ist. Sie haben die Macht zur Veränderung! Sie brauchen nicht notwendigerweise Ihren Job kündigen, Ihren Partner verlassen oder Ihre Kinder zur Adoption freigeben – Sie können stattdessen an Ihrer Einstellung arbeiten. Natürlich kann es sein, dass in der Folge manche äußeren Faktoren verändert werden müssen (wir kommen darauf noch zu sprechen, aber schon einmal hier: die Adoption zählt nicht dazu!), doch beeinflussen diese eben nur 10%. Wenn Sie also bisher geglaubt haben sollten, dass Ihre Kinder für Ihr Unwohlbefinden zuständig sind, dann dürfen Sie nun einen neuen Blickwinkel einnehmen: sie sind es kaum. Vielmehr liegt es an Ihnen, Ihr Wohlbefinden zu erlangen, um dann entspannter, gewaltfreier, erfolgreicher zu erziehen.

Es gibt einen riesigen Markt an Ratgebern, die sich mit genau diesem Thema befassen: Wie finde ich mein Glück, Wohlbefinden, meine innere Balance etc.? Darum soll es hier nicht gehen. Vielmehr möchte ich zeigen, wie Sie in *erzieherischer Hinsicht* an sich arbeiten können, um selbst glücklicher im Umgang mit Ihren Kindern zu sein und dabei natürlich auch glückliche Kinder zu haben. Denn das Ziel war von Anfang an, dass es keine Kompromisse gibt, mit denen alle nur bedingt zufrieden sind, sondern es sollten Win-Win-Situationen geschaffen werden, in denen es Ihnen gut geht und Ihre Kinder glücklich sind. Für dieses Ziel müssen wir aber fairerweise sagen: Nicht nur Erziehung kann anstrengend sein, sondern eben auch Selbsterziehung.

Dass das Bauen einer erfolgreichen Erziehungsbrücke so schwierig ist, liegt vor allem daran, dass die Verantwortung immer bei den Erwachsenen liegt. Erziehung mit Strafen und Angst ist deshalb oft so viel leichter, weil sie die Verantwortung für ein besseres Gelingen im Alltag an die Kinder abgibt. Doch ist dies nicht nur unfair und egoistisch, sondern auf Dauer eben auch nicht wirksam, wie wir gesehen haben. Denn jeder erntet, was er sät. Und weil die Erwachsenen zu 100% für gelingende Erziehung zuständig sind, wird deutlich, dass der alles entscheidende Punkt dabei, wie Erziehung besser werden kann, lautet: *Erziehung ist zuerst Erziehung von mir selbst.* Demnach muss der Hauptfokus bei der Frage, wie die kindgerechte pädagogische Haltung in die Praxis umgesetzt werden kann, auf dem Erziehenden liegen. Das ist der entscheidende Punkt!

Das heißt, Sie können die beste Theorie haben, doch wenn Sie sich nicht selbst erzogen haben, also ausreichend Selbstkontrolle haben, dann wird die Übertragung in die Praxis scheitern. Und genau das erlebe ich bei so vielen Eltern, mit denen ich spreche: Sie haben die besten Voraussetzungen, haben eine wunderbare Grundhaltung und lieben ihr Kind – aber sind nicht resistent genug, in heiklen Situationen alten Mustern zu widerstehen. So nachvollziehbar dies ist, kann man doch mit einigem Training dahinkommen, dass diese Situationen weniger werden – wenngleich man niemals völlig davor gefeit ist, wie ich aus eigener Erfahrung nur zu gut weiß. Doch die gute Nachricht ist eben: Nahezu alles, was Sie für eine bessere Selbsterziehung brauchen, liegt in Ihrer Hand.

Wo wollen Sie hin?

Möglicherweise fallen Ihnen ein Dutzend Baustellen ein, wenn Sie daran denken, was Sie alles in Sachen Erziehung verbessern müssten: Sie müssten oft viel gelassener und geduldiger sein, wenn die Kinder provozieren, Sie sollten sich viel weniger reizen lassen, wenn Kinder sich offensiv widersetzen, Sie müssten Dinge liebevoller erklären, anstatt die Augen zu verdrehen, Sie sollten nicht drohen, wenn Sie nicht weiter wissen, Sie müssten, sollten, hätten, könnten … Wahrscheinlich haben Sie noch ein oder zwei Ergänzungen. Damit sind Sie nicht allein!

Bevor wir diese Baustellen anfangen zu bearbeiten, möchte ich grundsätzlich klarstellen: Niemand kann Sie zu Veränderungen zwingen! Solange Sie also keinen Handlungsbedarf sehen oder diesen nicht zulassen, und somit keinen ersten Schritt gehen, wird sich nichts verändern. Im zweiten Schritt werden Sie keine Veränderung erleben, solange Sie den Imperativ »Ich *muss* mich ändern!« in sich tragen. All die im Folgenden vorgeschlagenen Methoden und Ideen lassen sich nur realisieren, wenn Sie dahinkommen zu sagen: »Ich *will* mich ändern!« Für einige Eltern mag es kein Problem sein, sich ändern zu wollen, einfach weil ihr Leidensdruck zu groß ist. Für andere hingegen kann es sein, dass sie sich Ihre Wunschwelt vor Augen malen müssen, um begeistert davon zu werden, was alles möglich ist. Wie auch immer der

Weg aussieht, es braucht ein »Ich will mich ändern!« Denn dann übernehmen Sie selbst für sich Verantwortung, handeln aus Eigenmotivation und konzentrieren sich auf sich selbst und nicht darauf, andere zu verändern. Das ist entscheidend, wie wir gleich sehen werden.

Doch nun ist es vielleicht so, wie eben gesagt, dass Sie gar nicht wissen, bei welcher Baustelle Sie mit Änderungen anfangen wollen, um sich als erfolgreiche Erziehungsperson zu sehen. Das Schöne ist: Sie müssen gar nicht alle Baustellen bearbeiten. Ein Forschungsprojekt in den USA beschäftigte sich mit Menschen, die schwerwiegende Probleme wie Alkoholismus, Esssucht, Kaufsucht oder diverse andere schlechte Angewohnheiten hatten. All diesen Menschen war gemein, dass sie ihre Probleme in den Griff bekamen und ihr Leben von Grund auf umkrempelten. Die entscheidende Gemeinsamkeit aber war: Sie schafften das in relativ kurzer Zeit, obwohl sie zum Teil Jahre mit den Problemen zu kämpfen hatten.[54] Wie Sie sich vorstellen können, haben suchtkranke Menschen im Normalfall nicht nur das eine Problem, sondern es folgt ein Rattenschwanz an Schwierigkeiten, z.B. weitere Süchte, Beziehungsprobleme, Geldsorgen, psychische Probleme etc. Die Forscher wollten nun wissen: Wie gelang es diesen Menschen, all ihre Schwierigkeiten in kurzer Zeit loszuwerden? Das immer gleiche Vorgehen bestand darin, dass die erfolgreichen

---

[54] Duhigg, Charles (2018): *Die Macht der Gewohnheit. Warum wir tun, was wir tun.* 6. Auflage, ungekürzte Taschenbuchausgabe. München: Piper. S. 9 ff.

Probanden nicht an verschiedenen Baustellen arbeiteten, sondern sich darauf konzentrierten, zunächst nur *eine* negative Gewohnheit zu ändern. Durch die Konzentration auf ein Muster – die sogenannte Schlüsselgewohnheit – wurde bewirkt, dass in der Folge auch die anderen destruktiven Verhaltensweisen bearbeitet werden konnten.

Lassen Sie uns diese Erkenntnis nutzen, um unsere Erziehungsbrücke zu bauen. Was also ist in Ihren Augen Ihre Schlüsselgewohnheit? Was möchten Sie am liebsten sofort ändern? Welcher Aspekt ist besonders wichtig bzw. störend für Sie?

Vielleicht fällt Ihnen sofort etwas ein, vielleicht kommen Ihnen aber nach wie vor tausend Gedanken, die alle Ihre Wichtigkeit haben. Ich möchte Ihnen eine kleine Hilfestellung geben. Bitte lehnen Sie sich etwas zurück und machen Sie es sich bequem. Versuchen Sie sich das Folgende sehr genau vorzustellen und auch emotional einzutauchen: Stellen Sie sich vor, Sie legen sich abends ins Bett. Der Tag war sehr anstrengend und die Kinder haben Sie wieder einmal sehr gefordert. Sie sind hundemüde. Anders als vielleicht normalerweise schlafen Sie heute schnell und entspannt ein. Es ist ein tiefer Schlaf. Nichts stört Sie – keine Gedanken, keine Geräusche, keine Träume. Sie schlafen den Schlaf der Gerechten. Weil Sie so fest und ungestört schlafen, bemerken Sie gar nicht, was in dieser Nacht geschieht. Es ist die außergewöhnlichste Nacht Ihres Lebens – obwohl Sie einfach nur schlafen! –, denn ein Wunder geschieht. Still und heimlich verschwinden alle Ihre Erziehungsprobleme.

Nichts mehr von dem, was Sie als Ihre Baustellen bezeichnen, ist noch vorhanden. Alles weg! Als Sie morgens äußerst erholt aufwachen, ist Ihnen allerdings nicht bewusst, dass dieses Wunder geschehen ist. Sie stehen also ganz normal auf … *Woran wird Ihr Kind (oder Ihre Schüler o.ä.) als erstes bemerken, dass Sie verändert sind? Was machen Sie anders? Wie verhalten Sie sich nun, da alles perfekt ist? Worin wird der größte Unterschied in Ihrem Verhalten bestehen – heute im Vergleich zum Vortag?* Nehmen Sie sich Zeit, sich dieses Szenario ausführlich durch den Kopf gehen zu lassen. Vielleicht schreiben Sie sich Ihre Gedanken sogar auf. Denn die Antwort auf die Frage, woran Ihr Kind zuerst merkt, dass Sie verändert sind bzw. worin der größte Unterschied zu Ihrem bisherigen Leben besteht, kann und wird die Schlüsselgewohnheit sein.

Haben Sie nun eine Idee, woran Sie arbeiten möchten? Und haben Sie auch gleichzeitig schon einen Vorgeschmack darauf bekommen, wie es sein kann, wenn dieses lästige Verhalten verschwunden ist? Lassen Sie uns alles daransetzen, dass Sie zu diesem Ziel kommen.

Was ist Ihr Ziel?[55] Um ein Ziel zu formulieren und zu erreichen, braucht es einen immer ähnlichen Prozess, den *Zielerreichungsprozess.* Dieser besteht aus vier Stufen, die im Folgenden beschrieben werden sollen: 1. Das wohlformulierte Ziel, 2. die Ressourcenanalyse, 3. die Spurensuche, 4. die Zielüberprüfung. Um diesen Prozess

---

[55] Sie merken sicherlich, dass es sich hierbei nicht mehr um Ziele für Ihr Kind, wie im ersten Teil des Buches, handelt, sondern um Ziele für sich selbst.

anschaulich zu gestalten, soll exemplarisch ein mögliches Ziel durchdekliniert werden – bearbeiten Sie aber unbedingt Ihre eigene Baustelle!

Nehmen wir an, die eben beschriebene Wundergeschichte ließ bei einer Mutter – nennen wir sie Monika – den Gedanken aufkommen, dass ihr elfjähriger Sohn Leon spätestens beim Verabschieden morgens bemerken würde, dass etwas anders ist. Denn anders als sonst äußert Monika an Tag Eins nach der Wundernacht keine besorgten Kommentare und zeigt keine ängstlichen Verhaltensweisen. Sie fragt also nicht dreimal, ob Leon wirklich alles für die Schule eingepackt habe, inklusive Bücher, Trinkflasche und Pausenbrot (obwohl sie das ja immer selbst einpackt!); sie ermahnt auch nicht wie normalerweise, dass er sich ja warm genug anziehen solle; und sie vergewissert sich auch nicht zum wiederholten Male, ob Leon noch wisse, dass sie heute Nachmittag erst eine halbe Stunde nach ihm zuhause eintreffen werde. Nein, nach dem Wunder der letzten Nacht und dem Aufwachen in einer für sie perfekten Welt verspürt Monika keine Sorgen mehr bezüglich des Alltags ihres Kindes. Die Mutter hat ein festes Vertrauen darauf, dass ihr Sohn zurechtkommt und für seine Sachen selbst sorgen kann – auch wenn nicht immer alles so perfekt wird, wie wenn sie es selbst macht. Aber dieses Vertrauen führt zu einer tiefen Gelassenheit – genau diese ist es, die Leon am Morgen danach auffällt.

Soweit zur Situation und dem ausgemachten Problem. Lassen Sie uns nun in den Zielerreichungsprozess einsteigen.

Das wohlformulierte Ziel

Ziele richtig zu formulieren, ist gar nicht so einfach. Möglicherweise wäre Ihr erster Impuls bei der beispielhaften Geschichte, das Ziel so zu formulieren: *Monika möchte sich weniger Sorgen machen.* Doch das ist kein gutes Ziel!

Allen voran ist es nicht positiv formuliert. Ziele, die nur darauf aus sind, etwas zu vermeiden, werden scheitern. Dies liegt daran, dass wir kein Verhalten grundlos zeigen, sondern dass alles einen Sinn und eine Funktion in unserem eigenen kleinen Kosmos hat. Wenn das Ziel nun ist, etwas zu unterlassen, dann nehmen wir etwas weg, was wir im Grunde aber brauchen – auch wenn wir es selbst als belastend empfinden. Das heißt, wir müssen die generierte Lücke wieder füllen. Deshalb ist es wichtig, Ziele so zu formulieren, dass deutlich wird, was Sie *statt* eines ungewünschten Verhaltens tun möchten. In unserem Beispiel könnte dies lauten: *Ich möchte meinem Sohn mehr vertrauen und gelassener sein.*

Dabei sollte das Ziel so konkret wie möglich sein. *Ich möchte glücklicher sein* wäre kein konkretes Ziel. Ein Ziel muss sensorisch wahrnehmbar sein: man muss es fühlen, sehen, hören, schmecken, riechen können. Sicherlich wird ein Ziel nicht immer von allen Sinnen erfassbar sein, doch sollte es trotzdem so konkret und messbar wie möglich sein. Für das Beispiel könnte dies bedeuten: *Ich vertraue darauf, dass mein Sohn auf mich zukommt, wenn er Hilfe braucht, und bin gelassen, wenn er Dinge selbst macht.* Diese Formulierung ist viel konkreter und messbarer: Monika kann *sehen*, ob Leon Hilfe sucht, und die Gelassenheit *spüren*, wenn er seinen Weg allein geht.

Ein wohlformuliertes Ziel ist realistisch und attraktiv. Sollten Sie ein durch und durch cholerischer Mensch sein, ist es vielleicht attraktiv anzustreben, ab nächster Woche auf jegliche Wutausbrüche zu verzichten, doch ist dies nicht realistisch. Hingegen mag es realistisch sein, allein verbale (statt physische) Gewaltausbrüche zu zeigen, doch ist dies möglicherweise nicht attraktiv, weil Sie sich dann immer noch schlecht fühlen. In unserem Beispiel merkt Monika, dass die Vorstellung, mehr darauf zu vertrauen, dass Leon nach Hilfe fragt, wenn er sie wirklich braucht, zwar zunächst Verunsicherung auslöst, aber sich im Grunde gut anfühlt, weil deutlich wird, wie sehr die ständige Sorge den Jungen einengt und ihm das Gefühl gibt, es nicht allein zu schaffen. Außerdem führt der Passus der Gelassenheit dazu, weniger Last zu empfinden. Durch die konkrete Formulierung des Ziels eröffnet sich bereits ein erster Lösungsweg, der das ganze Vorhaben realistisch macht.

Sollten Sie für sich bemerken, dass Ihr Ziel nicht realistisch genug ist, dann wenden Sie die *5-W-Methode* an: Nehmen Sie Ihre Formulierung und fragen Sie sich, warum Sie das wollen. Ihre dabei entstandene Antwort hinterfragen Sie wieder mit Warum. Machen Sie dies insgesamt fünfmal: Man geht davon aus, dass man nach fünf Durchgängen den Kern der Sache erreicht hat. Vielleicht ist Ihr Ziel dann viel kleiner, aber es ist konkreter und realistischer – kurzum: Sie haben entdeckt, worum es Ihnen wirklich geht.

Ein letztes wichtiges Kriterium für eine gute Zielformulierung ist, dass das Ziel selbst initiiert werden kann. Würde Monika als Ziel formulieren, Leon selbstständiger zu machen, damit sie sich weniger Sorgen machen muss, könnte sie nichts zum Ziel beisteuern, sondern wäre vollständig abhängig vom Verhalten des Sohnes. Doch sie kann im Letzten nicht ihren Sohn ändern, sondern nur sich selbst. Sie arbeitet also an ihrem Vertrauen und ihrer Gelassenheit, ganz gleich, wie sich der Sohn entwickelt.

Es gibt noch eine ganze Reihe weiterer Kriterien, die ein gutes Ziel ausmachen. Vielleicht fällt Ihnen zuerst die so genannte *SMART-Methode* ein. Diese greift die bisher beschriebenen Kriterien auf, indem sie Ziele als *Spezifisch* (also konkret), *Messbar, Attraktiv, Realistisch* bezeichnet, und noch *Terminiert* hinzufügt. Doch setzen wir uns diesem Zeitdruck nicht aus, sondern vertrauen darauf, dass wir ein Gespür dafür haben, ob wir auf der richtigen Spur sind oder nicht.

Bitte versuchen Sie nun, ein einziges Ziel für eine unliebsame Eigenschaft oder Verhaltensweise in Ihrem Erziehungsalltag zu formulieren. Sie werden wissen, wann Sie Ihr Ziel gefunden haben. In meiner Ausbildung zum systemischen Berater gab es einige Selbsterfahrungsübungen. Bei einer dieser Übungen, die sich um das

Finden von Zielen drehte, meldete ich mich als Versuchs-kaninchen. Die Ausbildungsleiterin führte mit mir nun ein Zielfindungsgespräch für mein Problem durch. Als die Übung nach ca. 20 Minuten beendet war und wir ein wirklich konstruktives Ziel formuliert hatten, sagte der Rest der Gruppe unisono, dass man sofort merkte, wann die Beraterin und ich die richtige Zielformulierung gefunden hatten. Woran merkte die Gruppe das? An meiner *Ziel-Physiognomie*. Als die richtige Formulierung fiel, strahlte ich, lehnte mich entspannt zurück und wirkte einfach erleichtert – so das Feedback der Gruppe. Obwohl mir diese körperliche Reaktion selbst nicht aufgefallen war, konnte ich das Gefühl bestätigen. Wie geht es Ihnen, wenn Sie Ihr formuliertes Ziel laut aussprechen? Motiviert Sie dieses oder bedrückt es Sie? Falls zweiteres, ist Ihr Ziel entweder nicht attraktiv genug oder noch nicht optimal formuliert.

Basteln Sie so lange an Ihrem Ziel und dessen Formulierung, bis Sie strahlen! Und dann gehen Sie weiter.

Die Ressourcenanalyse

Die alles entscheidende Frage, um Ihre Ressourcen zu analysieren, lautet: *Was brauchen Sie, um das Ziel zu erreichen?* Notieren Sie sich hierbei alle Fähigkeiten, alle Gefühlszustände, alle Idealsituationen, die Sie benötigen, um so zu sein, wie Sie sein wollen.

Die Mutter in unserem Beispiel fragt sich nun, was sie benötigt, um ihr Ziel *Ich vertraue darauf, dass mein Sohn auf mich zukommt, wenn er Hilfe braucht, und bin gelassen, wenn er*

Dinge selbst macht zu erreichen. An erster Stelle steht ganz offensichtlich *Gelassenheit*. Sie muss sich zurückhalten und innerlich entspannen, wenn ihr Sohn eigene Wege geht. Als zweite Ressource benötigt sie *Mut zur Imperfektion*, denn die Dinge werden nicht mehr so sein, dass sie vollends zufrieden ist. Das muss sie aushalten können. Wir könnten sicherlich noch eine Reihe anderer Fähigkeiten finden, die Monika benötigt, wollen es aber bei diesen beiden belassen.

Welche Fähigkeiten und Ressourcen brauchen Sie, um das zu erreichen, was Sie sich vorgenommen haben?

Die Spurensuche

Im dritten Schritt geht es nun darum herauszufinden, wann Ihnen die benötigten Ressourcen schon einmal zur Verfügung standen. Das heißt, graben Sie in Ihrer Vergangenheit und überlegen Sie, wann Sie bereits einmal *gelassen, willensstark, mutig, zielstrebig, optimistisch* etc. waren. Wenn Ihnen eine oder mehrere Situationen bzw. Lebenslagen einfallen, dann sind Sie Ihrem Ziel ein großes Stück nähergekommen. Denn Fähigkeiten sind fest und überdauernd. Wenn Sie sie einmal hatten, dann schlummern sie immer noch in Ihnen und müssen nur erneut aktiviert werden. Das ist viel leichter, als eine Fähigkeit neu zu erlernen.

Unsere Beispielmutter sucht also nach Gelassenheit und Mut zur Imperfektion. Dabei stellt sie fest, dass sie während ihrer Schul- und Studienzeit diese Eigenschaften hatte. Wenn Klausuren oder Prüfungen anstanden, berichteten Mitschüler und Kommilitonen oft, dass sie kaum schlafen konnten oder sich ihr kompletter Alltag änderte, weil sie lernen mussten. Monika aber ging es nie so. Natürlich musste sie auch lernen, aber vor Prüfungen war sie tatsächlich gelassen und optimistisch, dass das schon irgendwie laufen würde. Auch hatte sie nicht den Anspruch, überall eine 1,0 zu bekommen, sondern war zufrieden, wenn das Ergebnis gut war. Sie erinnert sich nun genauer an diese Zeit zurück und ihr wird bewusst, wie viel leichter ihr Leben damals im Vergleich zu dem ihrer Kommilitonen war. Sie spürt die Leichtigkeit und die Freiheit, die damit einhergingen. Dabei stellt sie fest, dass es ihr damals half, an ein entfernteres Ziel zu denken. Ihr war bewusst, dass sie nicht wesentlich schlechtere Chancen auf dem Arbeitsmarkt hatte, wenn sie eine 2,0 statt einer 1,0 erhielte. Und genau darum ging es ja: sie studierte, um eine gute Arbeit zu bekommen. Außerdem erinnert sie sich, dass sie sich vor Prüfungen immer damit beruhigte, dass sie nicht beeinflussen könne, welche Fragen gestellt werden würden und in welcher Stimmung die Professoren sein würden. Das gab ihr die Gelassenheit, die Dinge hinzunehmen, wie sie kommen würden.

All diese Erinnerungen helfen Monika in ihrer aktuellen Lage. Denn sie stellt fest, dass die Situationen damals der Situation heute mit ihrem Sohn sehr ähnlich waren. Auch bei Leon geht es ihr um ein großes Ziel: er soll glücklich sein. Wie das im Letzten aussieht, kann sie nicht sagen, denn das muss er selbst entscheiden. Also muss er auch den Weg zu seinem Glück selbst wählen. Und ihr ist natürlich auf kognitiver Ebene klar, dass er Dinge anders macht als sie und Entscheidungen trifft, die sie nicht gutheißt, aber alles dient dem Ziel, dass er selbst sein Glück findet. Mit dem Rückerinnern an ihre Schul- und Studienzeit gelingt es Monika spürbar besser, auf emotionaler Ebene zu akzeptieren, dass Leon eigene Wege geht. Sie empfindet wirkliche Gelassenheit.[56]

Natürlich kann es sein, dass Sie keine der Fähigkeiten, die Sie für Ihr Ziel benötigen, in Ihrer Vergangenheit entdecken. Das bedeutet nicht, dass alles ausweglos ist. Immerhin haben wir gesagt, dass alles, was Sie brauchen, in Ihnen ist. Unter diesen Umständen könnten Sie sich fragen, wen Sie kennen, der diese Fähigkeit hat. Und wenn Ihnen jemand einfällt, dann fragen Sie sich, wie diese Person wohl vorgeht und was ihre Strategien sein könnte. Selbstverständlich kann es auch helfen, die Person direkt zu fragen, wenn es Ihnen möglich ist. Oft inspiriert das Wissen anderer, selbst eigene Lösungen zu finden und zu etablieren.

Manchmal kann es auch hilfreich sein, sich vorzustellen, was Sie einem Freund raten würden, wenn dieser in Ihrer Situation wäre. Welche Tipps hätten Sie? Wie würden Sie die Lage beurteilen?

---

[56] Mir ist bewusst, dass dies eine sehr vereinfachte und idealisierte Beispielgeschichte ist. Doch dient sie der Veranschaulichung. Auf der anderen Seite habe ich selbst erlebt, wie viel Potenzial freigesetzt werden kann, wenn man in seinem Leben vergleichbare Situationen entdeckt und damit ganz neu motiviert wird. So unglaublich das ist: dieses Erkennen und Nachempfinden ist so simpel, aber zugleich so kraftvoll.

Die Zielüberprüfung

Bei der Zielüberprüfung geht es darum, sich das fiktive Erreichen des Zieles so genau wie möglich vorzustellen und dabei herauszufinden, wie es sich anfühlt. Fragen Sie sich also: *Wenn ich mir vorstelle, ich habe mein Ziel erreicht, was spüre ich? Wie geht es mir dann?*

Normalerweise werden Sie äußerst positive Gedanken und Empfindungen haben. Dadurch können Sie sehen, dass Ihr Ziel wirklich attraktiv ist und Sie motiviert hat. Mit dem Eintauchen in diese guten Gefühle festigen Sie Ihre Entscheidung, indem Sie Ihre Ressourcen verstärken. Dieser vierte Schritt ist also deshalb sehr wichtig, weil er Sie auf dem Weg zu Ihrem Ziel stark motiviert.

Unsere Beispielmutter Monika ist in diesen Prozess ja bereits eingetaucht. Sie hat bei der Spurensuche eine Leichtigkeit empfunden, die ihr einen Vorgeschmack darauf gab, wie es sich anfühlt, wirklich gelassen zu sein und Dinge hinzunehmen, die nicht in ihrer Hand liegen. Diese Gefühle verstärkt sie weiter, indem sie sich noch einmal ganz ausführlich die Begegnung nach der Wundernacht ausmalt. Dabei bemerkt sie, wie ihr innerer Antrieb sie fast schon drängt dahinzukommen, trotz aller Angst vor dem Loslassen. Das liegt daran, dass ihr Gehirn in diesem Moment bereits so programmiert ist, als sei das Ziel etwas »Altbekanntes«, weshalb es viel leichter zu erreichen ist.

Monika versetzt sich an dieser Stelle auch in ihren Sohn und spürt, dass sich ihre eigene Veränderung für ihn ebenso zunächst etwas unsicher anfühlt – ist er es doch gewohnt, sich keine eigenen Gedanken machen zu müssen. Doch ziemlich schnell kann sie auch dieses Gefühl hinter sich lassen und für Leon die große Freiheit spüren. Denn durch ihre eigene Zurücknahme merkt der Sohn, dass ihm seine Mutter etwas zutraut, dass sie aufhört, ihm ständig zu vermitteln, sie glaube nicht, dass er allein zurechtkomme. Sein Selbstgefühl steigt und er fühlt sich wirklich befreit – so ihr Empfinden.

Die positiven Gefühle, die Sie beim Betrachten Ihres Zieles haben, werden Motivation sein, loslegen zu wollen. Doch geht es nicht nur um Emotionen. Zielüberprüfung ist auch eine *Prüfung,* weshalb Sie *nachdenken* sollen. Fragen Sie sich zum Beispiel selbst: Woran würden Sie erkennen, dass Ihr Ziel ein bisschen erreicht wurde? Woran würden Sie merken, dass Sie auf dem Weg zum Ziel einen Schritt weitergekommen sind? Was wäre anders, wenn Sie das Ziel erreicht hätten? Dadurch machen Sie Ihren Zielerreichungsprozess messbar. Diese Fragen zwingen Sie aber zugleich auch gewissermaßen, den Lösungsweg unaufhaltsam einzuschlagen.

Hierbei kann es sehr hilfreich sein, sich zu fragen, was Sie alles neu machen können, wenn Ihr Problem nicht mehr vorliegt. Monika könnte also überlegen, welche neuen Kapazitäten sie hat, wenn sie sich nicht mehr für Leon Gedanken machen muss und plötzlich gelassen ist. Sie spürt, dass sie auf einmal ihren Kaffee am Morgen viel mehr genießen und dadurch fröhlicher in den Tag starten kann. Was könnten Sie mit Ihrer neuen Freiheit alles anfangen?

Möglicherweise stellen Sie bei der Zielüberprüfung fest, dass Ihr Ziel zwar sehr attraktiv ist, dass aber für die Erreichung die Verhaltensökonomie ins Ungleichgewicht kommt. Das heißt, dass der Aufwand, um das Ziel zu erreichen, viel zu groß ist – trotz der schönen Gefühle. Vielleicht ist Ihr Ziel also das notwendige Opfer nicht wert. In diesem Falle sollten Sie Ihr Ziel erst einmal etwas verkleinern, so dass Sie es leichter erreichen können.

Sind alle Korrekturen abgeschlossen, so dass sich das Ziel einfach nur gut anfühlt, dann steht fast nichts mehr im Wege, das Ziel in die Tat umzusetzen.

Schlechte Angewohnheiten

Die drei Stufen der Gewohnheit

Wenn Sie den Zielerreichungsprozess durchgearbeitet haben und nun Ihr Ziel realisieren wollen, dann haben Sie sich eine Menge Gedanken gemacht und auch bereits das Ergebnis gefühlt. Doch ist damit noch nicht alles verändert. Ihre Schlüsselgewohnheit ist nicht verschwunden, so dass vielleicht nach wie vor der Praxistransfer scheitert. Vielleicht rutscht Ihnen doch unter enormem Stress immer wieder die Hand aus oder Sie verurteilen sich für Ihre Ungeduld beim Zu-Bett-Bringen. Dass Sie immer wieder in alte Muster verfallen, ist allerdings sehr natürlich. Denn in emotional aufgeladenen Situationen switchen wir normalerweise in unseren Autopilot-Modus. Das heißt, unser Handlungsgedächtnis – die Basalganglien – übernehmen unser Vorgehen und diese sind darauf programmiert, so zu handeln wie gewohnt. Dieses Prozedere wurde bereits ausführlich beschrieben, als es um das Kind ging, das ständig vergisst, seine Schuhe im Haus auszuziehen. Kommen Sie also in eine sich oft wiederholende Situation, die Sie aufregt, wütend macht, nervt o.ä., handeln Sie automatisch – und demnach nicht mehr kontrolliert.

Wie wir bereits anhand des kindlichen Verhaltens gesehen haben, läuft dieser Automatisierungsprozess immer dreistufig ab:

1. Ein Auslösereiz fordert das Gehirn auf, den Modus zu starten.

2. Dann startet automatisch die eigentliche Routine.

3. Es folgt eine Belohnung, die die Gewohnheit bestärkt.

Um eine unliebsame Gewohnheit zu beseitigen, schlägt der amerikanische Journalist Charles Duhigg[57] vor, zunächst die Routine zu identifizieren, also herauszufinden, welches Verhalten denn automatisiert abläuft. Dabei ist es wichtig zu beobachten, wann das Verhalten besonders häufig auftritt, was vorher geschehen ist, damit es ausgelöst wurde und wo es normalerweise auftritt. Eventuell stellen Sie dabei interessante Zusammenhänge fest, beispielsweise dass Sie nur im Kinderzimmer, nicht aber im Wohnzimmer handgreiflich werden oder dass Sie

---

[57] Duhigg, Charles (2018): *Die Macht der Gewohnheit. Warum wir tun, was wir tun.* 6. Auflage, ungekürzte Taschenbuchausgabe. München: Piper. S. 336.

nur an Werktagen schreien, nicht aber am Wochenende. All diese Erkenntnisse liefern wichtige Informationen darüber, die Hintergründe der Gewohnheit herauszufinden. Mit diesen ist es dann einfacher möglich, etwas zu ändern.

Duhiggs zweiter Schritt besteht darin, mit der Belohnung zu experimentieren. Wenn Sie also bemerken, dass das Anschreien Ihrer Kinder dazu führt, dass Sie für zehn Minuten Ruhe haben, dann überlegen Sie sich, wie Sie auf andere Weise schnell und unkompliziert zehn Minuten Ruhe bekommen. Möglicherweise ist es umsetzbar, in emotional aufgeladenen Situationen kurz vor die Tür zu gehen und frische Luft zu atmen. Doch Sie sehen: Sie müssen wissen, was die eigentliche Belohnung, also der hinter Ihrem Verhalten liegende Wunsch ist.

Als drittes folgt dann die Isolation des Auslösers. Wenn Sie genau wissen, was, wo, wann und warum Ihre unliebsame Gewohnheit auslöst bzw. ausgelöst wird, dann vermeiden Sie es, in solch eine Situation zu kommen. Ziehen Sie Ihr Kind im Wohnzimmer um statt im Kinderzimmer, wenn dieser Raum eher verspricht, Gewalt außenvorzulassen, gönnen Sie sich zehn Minuten Ruhe *bevor* es zum Ins-Bett-Bringen geht, wenn Sie dadurch gelassener sind usw.

Das heißt, um Gewohnheiten zu ändern, müssen Sie erst einmal in eine ausreichende Analysephase einsteigen und daraufhin einen Plan entwerfen – Experten nennen diesen *implementation intentions*, also *Durchführungsintentionen* –, wie eine geeignete Lösung aussehen kann. Diese

Lösung besteht in einer alternativen Handlungsweise. Dabei sollten Sie unbedingt beachten, dass diese neue Ersatzhandlung ausreichend attraktiv für Ihr Ziel ist. Denn ist sie dies nicht, werden Sie ganz schnell wieder zur ursprünglichen Gewohnheit zurückkehren, da diese Ihnen ja die benötigte Belohnung verschafft.

Wenn Sie das Gefühl haben, dass Ihr Kind bewusst in Ihnen die unliebsame Reaktion auslöst, indem es dies oder jenes macht, dann haben Sie im neunten Kapitel eine ganze Reihe Möglichkeiten kennengelernt, um das Kind zu einem gewünschten Verhalten zu bringen.

Die Kompetenzstufenentwicklung

Der Weg, wie aus einer schlechten Gewohnheit eine gute wird, kann anschaulich mithilfe der Kompetenzstufenentwicklung beschrieben werden. Dieses einfache Modell, das in den 1970er Jahren von Noel Burch entwickelt wurde, beschreibt vier Dimensionen, wie Kompetenzen entstehen. Diese vier Entwicklungsschritte sollen anhand eines Beispiels erklärt werden. Stellen wir uns einen Vater – wir nennen ihn Marc – vor. Für ihn ist es völlig natürlich, sein Kind Mika zu schlagen, sobald es etwas nicht gemacht hat, wie er es wollte. Wie Ihnen wahrscheinlich nicht erst durch das bisherige Buch klar ist, ist Marcs Verhalten nicht gut und nachhaltig. Was Marc erreichen müsste, wäre eine Kompetenz, durch die er seine Gefühle und Impulse unter Kontrolle hat (*Gefühlskontrolle*). Diese Kompetenz würde ihm helfen, anstrengende Situationen durch Sprechen und Erklären zu lösen, statt Mika zu schlagen. Davon weiß Marc aber nichts. Das heißt, er befindet sich auf der niedrigsten Stufe seiner Kompetenzentwicklung, der *Unbewussten Inkompetenz*. Marc sieht kein Problem in seinem Verhalten und weiß demnach auch nicht, dass er inkompetent darin ist, seine Impulse zu kontrollieren. Gemessen an der erstrebenswerten Kompetenz trifft Marc unentwegt unbewusst falsche Entscheidungen und hat eine fehlerhafte Intuition.

Gehen wir nun davon aus, jemand spricht mit Marc über sein Verhalten oder er liest ein Buch, das sich mit Erziehung beschäftigt. Dadurch erfährt Marc, dass Schlagen in der Erziehung verwerflich und nachteilig ist. Die Argumente sind gut, sodass Marc einsieht, dass das Schlagen falsch ist und er Gefühlskontrolle benötigt, um bessere Lösungen zu finden. Damit hat er die Stufe der *Bewussten Inkompetenz* erreicht. In dieser zweiten Ebene weiß Marc um seine Defizite, hat aber keine Ahnung, wie er sie ändern kann. Jedoch ist bekanntlich Einsicht der erste Weg zur Besserung. Allerdings ist es nach wie vor so, dass Marc aufgrund fehlender Analyse seiner Situation noch keine Lösungen hat, obwohl er nun ab und zu schon richtig handeln mag. Es ist nötig, dass er sich eingehender mit dem Phänomen *Gefühlskontrolle* beschäftigt.

Mit der Zeit versteht Marc mehr und mehr, wie er Dinge anpacken muss, um seine Impulse besser zu steuern. Er hat nun eine klare Vorstellung davon, wie er sein Ziel erreichen kann, ist also bei der Analyse angekommen. In der Kompetenzstufenentwicklung hat er damit die dritte Ebene erreicht: *Bewusste Kompetenz.* Bezogen auf das vorliegende Buch ist Marc nun am Ende des zweiten Teils: Er hat die Theorie verstanden, weiß, was er Gutes will, doch rutscht ihm nach wie vor gelegentlich die Hand aus, weil er nicht gewohnt ist, sich zu kontrollieren. Es kostet ihn sehr viel Energie, da er sich ganz bewusst auf sein Handeln konzentrieren muss. Doch Übung macht den Meister: Marc wird darin besser, je mehr er versucht, seine Impulse zu kontrollieren und sich mit der Thematik beschäftigt.

Und so dauert es nicht lange, dass er die letzte Stufe erreicht: *Unbewusste Kompetenz.* Mit der Zeit ist Marc das gewaltlose Vorgehen in Fleisch und Blut übergegangen, sodass er intuitiv richtig handelt. Eine neue Gewohnheit basierend auf einer neuen Kompetenz ist entstanden. Nun braucht er sich kaum mehr auf das richtige Verhalten zu konzentrieren, da er es nahezu jederzeit abrufen kann. Seine neue Gewohnheit führt sogar dazu, dass er nach einiger Zeit nicht mehr erklären kann, wie er es schafft, seine Gefühle zu kontrollieren. Da sein Gehirn auf Autopilot schaltet, funktioniert die Kompetenz einfach, ist aber aus dem Großhirn verschwunden, weshalb sie nicht bewusst erfasst werden kann.

Das Kompetenzstufenmodell kann für wahrscheinlich alle Kompetenzen, aber auch alle Persönlichkeitseigenschaften herangezogen werden. Ob Sie nun ein Musikinstrument, Gelassenheit oder Selbstdisziplin lernen wollen – im Grunde durchlaufen Sie dabei immer diese vier Stufen.

Der Nutzen von Verschreibungen

Vielleicht betrachten Sie Ihre Schlüsselgewohnheit und denken: »Die werde ich nie los!« Viel zu sehr ist Sie Ihnen in Fleisch und Blut übergegangen. Menschen, die in Beratung kommen – nicht nur in Sachen Erziehung – glauben genau das: Sie halten ihr Problem für unlösbar, sie können sich schlichtweg nicht vorstellen, wie ein Leben ohne diese Problematik aussehen soll. Warum? Weil sie glauben, dass sie keinerlei Kontrolle über das Verhalten haben. Doch das stimmt nicht!

In der lösungsfokussierten Beratung arbeitet man mitunter mit Verschreibungen. Diese werden am Ende einer Sitzung als Hausaufgabe aufgegeben und beinhalten das *bewusste* Ausführen der scheinbar unkontrollierten Verhaltensweise. Wenn es Sie also stört, dass Sie immer wieder automatisch zu schreien beginnen, sobald sich Ihr Kind den Hausaufgaben widersetzt, nehmen Sie sich Folgendes vor: Wenn Ihr Kind beginnt zu rebellieren, zählen Sie innerlich bis Zehn und dann schreien Sie es an. Nicht vorher, sondern erst nach dem Zählen. Dabei ist es auch egal, was in diesen zehn Sekunden passiert – danach wird geschrien. Probieren Sie es aus! Sie werden merken, dass Sie sehr wohl Kontrolle darüber haben, ob und wann Sie schreien. Alternativ bzw. im zweiten Schritt können Sie auch anders vorgehen: Sobald Sie schreien wollen, werfen Sie eine Münze. Kommt Kopf, schreien Sie los, bei Zahl bleiben Sie ruhig. Plötzlich gelingt es Ihnen, Ihre Impulse zu kontrollieren. Nun müssen Sie nur noch alternative Lösungen für das Erledigen der Hausaufgaben finden – doch dafür haben Sie ja in Kapitel 9 einige Anregungen erhalten.

Der große Wandel – strukturelle Änderungen

Vor einigen Jahren ging meine Frau für einige wenige Sitzungen zu einer psychologischen Beraterin. Es lag kein konkretes Problem vor, sondern es ging um allgemeine Lebensfragen und Optimierung. Eine wichtige Erkenntnis, die sie aus diesen Sitzungen mitnahm, war, dass sie selbst für ihr Glück zuständig ist. Diese neue Sichtweise nahm mir, ihrem Ehemann, den Druck, für ihre Zufriedenheit allein verantwortlich zu sein. Für meine Frau war ab diesem Moment klar, dass sie nicht *mich* dafür haftbar machen darf, wenn *sie* mit bestimmten Punkten in unserer Ehe unzufrieden ist – was natürlich nicht ausschließt, dass sie in Einzelsituationen weiterhin Kritik anbringen darf. Genauso sollten auch Sie niemals die Verantwortung für Ihr Wohlbefinden Ihren Kindern zuschieben. Natürlich sind es häufig Ihre Kinder, die Ihnen »den Rest« geben, aber es ist eben nur der letzte Anstoß: dass es so weit kommen konnte, liegt an vielen anderen Dingen, für die grundsätzlich Sie selbst zuständig sind.

Woher kommen also Ihre Gereiztheit, Ihre Willensschwäche, Ihr Unglücklichsein, Ihre Wut? Dies sind viel größere Fragen, die nicht direkt mit Erziehung zu tun haben, die sich aber enorm auf Erziehung auswirken. Leiden Sie unter Ihrer Partnerschaft? Ist Ihnen der Druck im Job zu hoch? Ist Ihre finanzielle Situation angespannt? Gibt es Konflikte in Ihrem Familien- oder Bekanntenkreis? Haben Sie zu hohe Erwartungen an sich und Ihre Kinder? Was auch immer hinter Ihrem Verhalten steckt, es ist unfair, es an Ihren Kindern auszulassen.

Natürlich gibt es für jedes einzelne Problem Regale voller Ratgeber und Fachbücher, um daran zu arbeiten. Deshalb sollen diese hier nicht weiter beleuchtet werden, sondern es soll kurz zum Nachdenken und gegebenenfalls Weiterarbeiten angeregt werden: Wie soll Ihr Leben aussehen und welche Schritte müssen Sie dafür gehen? Was hindert Sie daran, das Leben, das Sie sich erträumen, zu realisieren? Was steht Ihnen am meisten im Weg und was lässt sich schon jetzt ohne große Umstände verwirklichen?

Am Anfang des elften Kapitels habe ich gesagt, dass nur zehn Prozent unseres Wohlbefindens von äußeren Umständen abhängen, weshalb häufig große Veränderung nicht nötig sind. Wenn Sie allerdings feststellen, dass diese zehn Prozent für Sie sehr gewichtig sind, dann müssen Sie sich über Konsequenzen Gedanken machen.

Ich begleite schon seit einigen Jahren immer wieder Menschen, die sich selbst als pornografieabhängig bezeichnen. Das heißt, diese Leute haben irgendwann angefangen, erotische Bilder oder Videos zu betrachten und dabei meistens masturbiert. Irgendwann wollten sie aus unterschiedlichen Gründen damit aufhören, mussten dann aber feststellen, dass sie nicht mehr davon loskamen. Da sie sehr darunter litten, suchten sie sich Hilfe, häufig mit dem Ziel, frei davon zu werden. Was diesen Menschen hilft, nicht mehr Pornografie zu konsumieren, ist sehr unterschiedlich. Fast immer aber müssen Menschen mit belastenden Abhängigkeiten herausfinden, was sie durch das Suchtmittel kompensieren, was ihnen die Droge also »bringt«. Finden sie dafür guten Ersatz und wird dieser zur Gewohnheit, kommen sie oft nachhaltig davon los. In einigen Fällen entdeckten meine Klienten, dass es vor allem strukturelle Probleme waren, die sie immer wieder zur Pornografie trieben. Natürlich spielten auch dabei psychische Komponenten eine Rolle, aber es war klar, dass die entsprechend vorhandene Struktur das Konsummuster zu stark begünstigte. Das heißt, um von Pornografie loszukommen, war einigen Menschen klar, dass sie beispielsweise ihren Job, bei dem sie den ganzen Tag allein zuhause vor einem PC saßen, wechseln mussten oder dass sie das Internet zuhause abbestellen und zurück zu einem klassischen Handy wechseln mussten. Einige gingen diese drastischen Schritte, weil ihre Not zu groß war. Andere verharrten in ihrem Zustand.

Es kann sein, dass auch Sie beispielsweise zu der Erkenntnis gelangen, dass Ihre jetzige berufliche Situation die Hauptursache dafür ist, dass Sie das, was Sie unter idealen Erziehungsmethoden verstehen, nicht umsetzen können. Dann sollten Sie ernsthaft darüber nachdenken, wie Sie das ändern können. Nicht immer muss es ein Jobwechsel sein, vielleicht reicht auch zum Beispiel eine Stundenreduzierung. Möglicherweise sind auch Ihre Probleme als Paar der Hauptgrund dafür, dass Sie ständig gegenüber Ihren Kindern aus der Haut fahren. Sie sollten Verantwortung übernehmen und sich professionelle Hilfe holen.

Nur wenn es Ihnen gut geht, kann es Ihren Kindern gut gehen. Nicht nur, weil Sie dann besser mit ihnen umgehen, sondern vor allem auch, weil Kinder durch Ihr Vorbild lernen. Wenn Sie also wollen, dass Ihr Kind glücklich ist, müssen Sie ihm zeigen, wie man als Erwachsener glücklich wird und glücklich lebt.

Gelassenheit

Als ich vor einigen Jahren meine Stelle als Leiter einer Offenen Kinder- und Jugendhilfeeinrichtung antrat, bekam ich ein kleines Team aus hauptamtlichen Mitarbeitenden, Honorarmitarbeitern, Ehrenamtlichen und Praktikanten zur Seite gestellt. Die meisten von ihnen arbeiteten schon einige Jahre in der Einrichtung mit. Sie kannten demnach die Kinder, Abläufe und Gesetzmäßigkeiten viel besser als ich, so dass ich in den ersten Monaten die Arbeit mit den Teilnehmenden eher beobachtend verfolgte. Immer wieder kam es zu Situationen, in denen Teammitglieder pädagogische Entscheidungen trafen, die zu autoritär für meinen Geschmack waren. Nach einiger Zeit begann ich, punktuell nachzufragen, warum sie manche Entscheidung so und nicht anders trafen – ohne dass ich dabei wertend sein wollte. Ich erinnere mich an einen Nachmittag, als einige Kinder bei lauter Musik auf einem Tisch tanzten. Ich fand die Stimmung grandios und genoss das Prozedere. Als eine ehrenamtliche Mitarbeiterin den Raum betrat, forderte sie die Kinder auf, von den Tischen herunterzukommen, was diese nach einiger Diskussion auch taten. Im nächsten Einzelgespräch, das ich mit dieser Mitarbeiterin hatte, fragte ich sie, was sie gegen das Tanzen auf den Tischen einzuwenden hätte. Ihre Antwort hatte ich ehrlich gesagt erwartet: »Das macht man doch nicht.«

Ich glaube, dass wir alle unausgesprochene Prinzipien mit uns herumtragen, die unser Handeln steuern, ohne dass wir so recht wissen, warum. Vielleicht wissen wir es auch, aber wir können es nur schwer kommunizieren. Grund dafür ist, dass das Limbische System, in dem unsere Gefühle und Empfindungen kontrolliert und automatische Abläufe ausgeführt werden, keinen Einfluss auf das Sprachzentrum in unserem Gehirn hat. Deshalb fällt es uns auch so schwer, Gefühle in Worte zu fassen oder zu erklären, warum wir unseren Partner lieben. Wir reden dann um den heißen Brei oder rationalisieren. Die Antwort meiner Kollegin deutete genau auf diese hirnphysiologische Schwierigkeit hin: Sie handelte aufgrund eines unreflektierten Gefühls, welches sie schlichtweg nicht begründen konnte. Deshalb stellte ich ihr eine Frage, die ich für die Selbsterziehung ungemein wichtig finde: *Warum denn eigentlich nicht?* Was spricht denn *logisch betrachtet* dagegen, dass die Kinder auf dem Tisch tanzen? Welche stichhaltigen Argumente gibt es *wirklich* für ein Verbot? Ihre angeführten Begründungen – Sauberkeit und Hygiene – waren allesamt nicht überzeugend und dies schien ihr selbst bewusst zu werden. Ich hatte mehr und mehr den

Eindruck, dass auch für sie nichts Gewichtiges dagegensprach, sondern dass es eher ein symbolischer Grund war: auf dem Tisch herumtanzen = auf der Nase herumtanzen. Auch das konnte sie natürlicherweise nicht benennen. Doch das Reflektieren darüber führte dazu, dass sie verstand, dass eigentlich wirklich nichts dagegensprach, weshalb sie es zukünftig gestattete.

Überlegen Sie einmal selbst: Wie oft verbieten Sie Dinge *aus Prinzip*? Welche gewichtigen Argumente sprechen wirklich dafür, dass Sie einschreiten müssen? Sie sollten es sich mehr und mehr zur Gewohnheit machen, sich diese Fragen zu stellen, *bevor* Sie eingreifen. Das wird Ihnen anfangs kaum gelingen, mit der Zeit werden Sie aber daran denken – vielleicht nicht immer *vor* der Intervention, aber möglicherweise *direkt danach*, sodass eine Korrektur leicht möglich ist.

Ich bin fest davon überzeugt, dass wir uns eine Menge Konflikte mit unseren Kindern ersparen könnten, wenn wir gelassener fragen würden: »Warum denn eigentlich nicht?« Denn auch hier müssen wir immer wieder unsere Ziele im Blick haben: Was wollen Sie wirklich erreichen?

Erinnern Sie sich an die Geschichte mit dem Jungen während unserer Kinderparty am Ende von Kapitel 6? Wahrscheinlich hätten Sie genauso wie ich gehandelt und ihn nach seinen Provokationen nicht mitspielen lassen. Nach kurzer Überlegung kam ich ja aber zu dem Ergebnis, dass es mir um eine Verhaltensänderung ging. Hätte ich aber gestraft, wäre dieses Ziel nicht erreicht worden. Deshalb wandte ich die Pädagogik des ersten Schritts an.

Ich denke, dass wir alle sehr häufig den Impuls verspüren, zu strafen oder für Gerechtigkeit zu sorgen – einfach, weil »das ja nicht geht«. Doch lassen Sie uns reflektierter sein. Im Grunde wollen wir doch eine Win-Win-Situation: Wir wollen nicht sinnlos Nerven verlieren und das Kind soll so werden, wie wir glauben, dass es das Beste für es ist. Da haben Prinzipien und tradierte Verhaltensweisen mitunter keinen Platz! Dieses logische Betrachten führt Sie wahrscheinlich in vielen Situationen zu einer ganz neuen Flexibilität – und kostet Sie Ihre Konsequenz. Denn vielleicht haben Sie intuitiv eine Drohung ausgesprochen, der Sie nach kurzer Überlegung nicht nachkommen wollen. Genau wie ich dem Jungen zunächst das Mitspielen verbot, dann meine Entscheidung aber änderte. Solche Inkonsequenz macht nichts! Ihr Kind soll es mit einem Menschen, nicht mit einem Prinzipienreiter zu tun haben. Dafür dürfen Sie individuell, fehlerhaft und beziehungsorientiert sein.

Meine Tochter liebt es, beim Zu-Bett-Bringen Geschichten erzählt zu bekommen. Normalerweise erzähle ich zwei Geschichten. Nahezu jeden Abend reichen diese aber nicht aus. Sie bettelt dann: »Nur noch eine Geschichte!« Anfangs fragte ich mich dann immer wieder: Ist es legitim, noch eine weitere Geschichte zu erzählen und damit ein gewisses Maß an Inkonsequenz zu zeigen, wo ich doch gesagt habe, es gäbe nur zwei? Doch es stellte sich heraus, dass tatsächlich *eine* weitere Geschichte häufig ausreiche, dass sie sich danach umdrehte und schlief. Also fragte ich mich: Warum eigentlich nicht noch eine dritte Geschichte? Wenn mein Ziel ist, dass sie schlafen soll, dann ist es nur ein geringer Aufwand, um das Ziel zu erreichen.

Vielleicht wenden Sie nun ein: *Was Hänschen nicht lernt, lernt Hans nimmer mehr.* Das heißt, Sie haben die Befürchtung, dass das Kind heute lernen muss, dass es später im Leben auch nicht alles kriegt, was es möchte – weshalb Sie durchgreifen müssen. Doch dürfen wir die hirnphysiologische Entwicklung nicht vergessen: Jeder Tag im Leben eines Kindes führt es zu mehr Impulskontrolle, so dass es mit der Zeit immer besser damit umzugehen weiß, mit Ablehnung zurecht zu kommen. Es wird also später definitiv besser mit einem Nein klar kommen, als heute. Das muss es nicht lernen, das wird es lernen!

Im Anschluss eines Vortrags saß ich einmal mit einer zweifachen Mutter von pubertierenden Kindern zusammen. Sie klagte darüber, dass die Kinder nicht ihre Zimmer aufräumten und sie dies ständig für sie übernehmen müsse. Sie fragte sich, was sie noch tun könne, um sie zum Aufräumen zu bewegen. Neben uns saß einer meiner Kollegen, der das Gespräch verfolgte. Plötzlich schaltete er sich ein und erzählte, dass seine Mutter für ihn ebenfalls immer alles im Haushalt erledigt hatte. Doch als er ausgezogen sei, habe er es wunderbar allein hinbekommen, Ordnung zu halten. Er ermutigte die fragende Zuhörerin darin, darauf zu vertrauen, dass aus ihren Kindern etwas werde, auch wenn sie heute nicht ihre Zimmer aufräumten. Außerdem riet er der Mutter, das Zimmer auch einfach einmal unaufgeräumt zu belassen, denn nur so hätten die Kinder eine Chance, aktiv werden zu müssen. Im Grunde forderte mein Kollege die Mutter auf, gelassener zu sein.

Dazu passt ein wunderbares Beispiel von Byron Katie.[58] Die Autorin berichtet über das leidige Thema *Socken aufheben*. Alles Nörgeln und Strafen brachte nichts: die Strümpfe lagen jeden Tag wieder auf dem Boden. Katie erkannte, dass *sie* sich daran störte und demnach auch *sie* diejenige war, die die Socken aufheben musste. Ja, die Befürchtung war sicherlich auch bei ihr, dass die Kinder es dann nie lernten, doch sie merkte, dass sie »entweder recht haben oder frei sein konnte.« Warum eigentlich nicht? Sie begann, die Socken selbst wegzuräumen, was für sie keine große Arbeit war und ihr sehr viel Freude bereitete, da der Boden danach wieder frei war. Sie hob die Socken also nicht *für ihre Kinder*, sondern *für sich selbst* auf. Byron Katie hatte ein Problem, nicht ihre Kinder, weshalb sie es selbst lösen musste. Dadurch befreite sie ihre Kinder von einem Druck, was dazu führte, dass diese tatsächlich selbst gelegentlich die Socken aufhoben. Hier dürften wieder intrinsische und extrinsische Motivation eine Rolle spielen: Solange die Kinder das Gefühl haben, die Socken aufräumen zu müssen, weigern sie sich; in dem Moment, wo es ihnen freigestellt ist, packen sie

---

58 Katie, Byron (2006): *Über Eltern und Kinder*. 1. Aufl. München: Goldmann (Arkana). Zit. n. Mik, Jeannine; Teml-Jetter, Sandra (2019): *Mama, nicht schreien! Liebevoll bleiben bei Stress, Wut und starken Gefühlen. - Mit zahlreichen Übungen und Notfallhilfe*. München: Kösel-Verlag. S. 140 f.

selbst mit an. Doch man muss sie erst einmal in diese autonome Entscheidungsgewalt kommen lassen.

Es ist mitunter so befreiend, wenn man feststellt, dass man selbst für sein Wohlbefinden zuständig ist, auch wenn man dann Arbeiten übernehmen muss, die man eigentlich von anderen erwartet. Doch das ist in der Erziehung nicht anders als in der Paarbeziehung. Erinnern Sie sich daran, was ich über die Beratung meiner Frau erzählte? Natürlich wünschte sie sich an mancher Stelle, dass ich anders sei, damit sie glücklicher sein könnte. Doch obwohl ich es lange versuchte, gelang es mir nicht, mich in gewissen Punkten zu ändern. Durch die Beratung erkannte meine Frau nun, dass sie wohl nie gänzlich glücklich werden wird, wenn sie darauf wartet, dass ich mich ändere. Nein, sie musste vielmehr Wege finden, glücklich zu sein, *obwohl* ich so bin, wie ich bin. Sie musste beispielsweise selbst einmal mehr das Geschirr spülen, wenn es sie frustrierte, dass ich zu lange damit wartete – schlichtweg, weil ich es vergaß oder keine Zeit hatte. Jeder von uns ist seines Glückes Schmied.[59]

Lassen Sie uns nun einen Schritt weitergehen in puncto Gelassenheit. Den anderen aus seinen Pflichten zu befreien, weil man selbst als Einziger ein Interesse daran hat, fordert, gelassen zu sein. Doch genauso braucht es einen entspannten Umgang mit Dingen, die andere – allen voran unsere Kinder – betreffen, nicht uns. Ich habe weiter oben bereits einmal kurz in einer Fußnote

---

[59] Was natürlich nicht ausschließt, dass ich äußerst bemüht bin, meiner Frau Gutes zu tun und sie zu unterstützen.

angedeutet, dass wir in unserer Einrichtung einen Tobe-raum haben. Dieser ca. 12m² große, vollständig mit Matten ausgestattete Raum lädt dazu ein, zu toben und zu kämpfen. Kinder haben sehr viel Spaß daran, Kräfte zu messen, Wrestling nachzuspielen, zu boxen oder einfach zu rangeln. Nicht selten kommt es natürlich vor, dass ein Kind etwas übertreibt oder nicht rechtzeitig aufhört. Dann ist häufig das geschädigte Kind sauer und rastet mitunter aus. In solchen Fällen haben wir über die Jahre eine interessante Beobachtung gemacht: Mischen wir uns als Erwachsene in einen solchen Konflikt ein oder sehen ihm aktiv zu, eskaliert das Geschehen viel häufiger, als wenn wir uns heraushalten oder auf die Kinder wirken, als beachteten wir sie gar nicht. Das heißt, der erwachsene Einfluss scheint dazu zu führen, dass die Kinder heftiger reagieren, wahrscheinlich weil sie darauf vertrauen, dass der Mitarbeitende das schon regele. Interessant dabei ist, dass es ohne unser Zutun viel schneller zu einer Klärung kommt und die Kinder eigene Lösungen finden. Diese Lösungen sind fast nie so, dass ich sie als gerecht emp-finden würde, doch für alle Beteiligten sind sie absolut zufriedenstellend. Es braucht also die Selbstkontrolle des Erwachsenen, sich zurückzuhalten und die Gelassenheit, darauf zu vertrauen, dass die Kinder das schon regeln werden. Es ist nicht unser Bereich.[60]

---

[60] Der wird es erst, wenn es beispielsweise dazukommt, dass ein Kind massiv benachteiligt wird und sich nicht wehren kann, wenn es zu Mobbing kommt oder wenn es in unseren Augen einfach zu heftig wird. Doch das ist wirklich selten der Fall.

Dazu braucht es eine weitere Fähigkeit: die Annahme des kindlichen Blicks. Ganz häufig betrachten wir Situationen oder Konflikte mit einem Erwachsenenblick. Aus diesem Blickwinkel ist es natürlich nicht hinnehmbar, wenn ein Kind ein anderes schlägt oder ein Kind heftig beleidigt wird. Doch Kinder sehen das sehr häufig anders. Bei manchen Beleidigungen oder auch Intrigen schnürt sich mir der Magen zu, weil sie so verletzend sind – aus meiner Sicht. Kindliche Seelen scheinen viel resistenter zu sein. So erlebte ich es einmal, dass ein Junge mit fünf anderen Fußball spielen wollte. Die fünf Jungs hatten darauf aber keine Lust, beleidigten ihn, ließen ihn nicht mitspielen und machten ihm sehr deutlich, dass er sich verdrücken sollte. Würde jemand mich so behandeln, hätte ich weder Lust noch Mut, mit diesen Jungs in Kontakt zu bleiben. Der geschasste Junge aber kam einige Minuten später, als sie Tischtennis spielten, wieder an und durfte fast kommentarlos mitspielen – als wäre nichts geschehen. Kinder sind mitunter grausam, aber Kinder sind auch meistens stark. Ähnliches gilt im Übrigen für physische Rauheit. Kinder schlagen sich und wir denken, wir müssen dazwischen gehen. Aber Kinder sind aus Gummi – wenn es nicht wirklich extrem hart ist (und das habe ich trotz unserer Klientel noch nie erlebt!), halten sie es aus, denn sie vertragen viel mehr, als wir Erwachsenen oft meinen. Doch dafür brauchen wir Gelassenheit.[61]

---

[61] Wie ich in der vorherigen Fußnote anzudeuten versuchte, geht es nicht darum, immer alles zu tolerieren oder gar wegzuschauen. Es braucht natürlich ein

Konkrete Schritte

Wir haben schon mehrfach darüber gesprochen, dass Konflikte häufig nach einem festgelegten Muster ablaufen: Ihr Kind zeigt Verhalten X, Sie reagieren mit Y, dies wiederum führt zu Z – immer wieder. Der Vorteil solcher festgefahrener Drehbuchkonflikte ist, dass Sie durch eine Änderung Ihres Verhaltens nichts zu verlieren haben. Wir haben an einigen Stellen gesehen, dass ein erster Schritt darin bestehen kann, einmal irgendetwas anders zu machen als gewöhnlich. Damit verändern Sie das Drehbuch – und können im Normalfall nur gewinnen!

Diese Technik der kleinen Schritte sollten Sie immer wieder zur Anwendung bringen. Was auch immer der Aspekt ist, der Sie an Ihrem eigenen Verhalten am meisten stört: Überlegen Sie doch einmal, wie ein erster kleiner Schritt zu einer besseren Alternative aussehen könnte. Was wäre eine etwas bessere Reaktion als üblich? Vielleicht stürmen Sie bei Provokationen immer aus dem Zimmer – ab heute gehen Sie nur zwei Schritte zurück. Vielleicht brüllen Sie Ihr Kind normalerweise an, wenn es seine Hausaufgaben nicht machen möchte – ab heute sagen Sie das, was Sie loswerden wollen, klar, aber leise oder sogar im Flüsterton oder auf Englisch. Mit all dem Lösen Sie nicht den eigentlichen Konflikt und erreichen vermutlich auch nicht im Letzten das, was Sie eigentlich wollen, doch es ist ein erster Anfang.

Gespür dafür, wann es für ein Kind zu weit geht. Dies ist mitunter ein Drahtseilakt.

Zu guter Letzt – wie könnte es anders sein? – steht noch einmal die Zielfrage: Was wollen Sie in Konfliktsituationen wirklich erreichen? Unterbrechen Sie sich, um darüber nachzudenken! Machen Sie in heiklen Situationen für sich einen Cut und denken Sie darüber nach, worum es Ihnen gerade geht: Ist es wirklich so dringend nötig, dass Ihr Kind schläft oder brauchen *Sie* eine Ruhepause? Müssen es wirklich immer drei Minuten beim Zähneputzen sein oder darf es nicht auch einmal schneller gehen? Müssen wirklich *jetzt* die Hausaufgaben gemacht werden oder können sie nicht auch nach einer Auspowerphase erledigt werden? Sobald Sie wissen, worum es Ihnen wirklich geht, kommunizieren Sie Ihren Wunsch. Nun haben Sie nicht nur größere Klarheit, bessere Argumente und mehr Sicherheit, sondern Sie haben vor allem einmal durchgeatmet, so dass Ihre Selbstkontrolle besser verfügbar ist.

Was ist also Ihr nächster Schritt?

12 Worum es geht – die Essentials

Am Ende einer Vorlesung bitte ich meine Studierenden in der Regel um ein kurzes Feedback. Dabei interessiert mich besonders, was sie mitnehmen bzw. welcher Gedanke oder Aspekt sie besonders inspiriert hat. Es erstaunt mich jedes Mal neu, welche Antworten dann zu hören sind. So doziere ich über Themen, die ich außerordentlich wichtig finde, mit einer inbrünstigen Leidenschaft – und kein Studierender erwähnt eines dieser Themen, manche erinnern sich noch nicht einmal daran. Vielmehr sind es Gedanken, die eher in Nebensätzen geäußert wurden oder Aspekte, die die Studierenden zwischen den Zeilen gelesen haben, die sie inspiriert haben. Ich nehme daraus zwei Erkenntnisse mit: 1. Ich kann nicht wissen, wodurch oder wie ich Menschen inspiriere. Und das ist gut so, denn jeder ist verschieden und jeder behält für sich das, was er braucht. 2. Trotzdem gibt es Dinge, die mir wichtig sind und die ich besonders relevant für den erzieherischen Alltag finde. Diese wiederhole ich mehrfach, denn das erhöht zumindest die Wahrscheinlichkeit, dass man sie sich merkt.

Würde ich nun eine solche Feedbackrunde mit Ihnen zum Inhalt des Buches machen, würden wahrscheinlich ähnlich überraschende Ergebnisse herauskommen. Ich kann weder erwarten, dass die mir besonders wichtigen Gedanken bei Ihnen hängengeblieben sind noch kann ich wissen, was Sie schlussendlich besonders inspiriert hat.

Doch ich gehe grundsätzlich davon aus, dass Sie – wenn Sie bis hierhergekommen sind – einige Gedanken hilfreich fanden. Das würde mich zumindest freuen – ganz gleich, ob dies nun die großen Gedanken des Buches waren oder vermeintliche Nebengedanken. Wie auch gegenüber meinen Studierenden möchte ich nun trotzdem die Wahrscheinlichkeit etwas erhöhen, dass meine Essentials mitgenommen werden, weshalb ich sie kurz und knapp noch einmal nachzeichnen möchte.

Ich habe das Bild einer Brücke gewählt, um Erziehung zu beschreiben. Der erste Pfeiler beinhaltete die unsichtbaren Aspekte von Erziehung. Dabei ging es darum, eine **Grundhaltung** in Bezug auf Erziehung zu entwickeln, die zu Ihnen passt. Diese besteht aus Ihrem **Menschenbild** (gut vs. böse, kompetent vs. inkompetent, Kooperation vs. Tyrannei), Ihren **Erziehungszielen** (Was wollen Sie *wirklich*? Steuern Sie Ihr Ziel an?) und Ihren **Erziehungsprinzipien** (affektive Bewertung von Methoden und Grundsätze). Aus diesen drei Komponenten lässt sich ein **Erziehungsideal** formulieren, das ich für mich als Frage formuliert habe: *Wie kann ich einen Menschen freiwillig zu dem bewegen, was ich möchte?* Alle später beschriebenen Erziehungspraktiken sollten dieses Ideal beherzigen. Aus diesem Grund fielen Belohnungen und Bestrafungen als Erziehungsmittel durch, weil sie weder nachhaltig sind noch das Kind freiwillig zu etwas bewegen, sondern zwingend und/ oder seine Autonomie angreifend wirken.

Als Alternative zu Belohnung und Strafe führte ich aus, dass *Kinder nicht lernen müssen, sondern lernen werden,* wenn sie ein vertrauensvolles Vorbild haben. Das *Lernen am Modell* ist das nachhaltigste und beste Konzept, um langfristig Kinder zu dem zu machen, was der Erziehende in ihnen sieht. Die Haltung »Erziehung ist Beispiel und Liebe – sonst nichts« (Fröbel) fasst dies gut zusammen. Denn wenn eine tragfähige **Beziehung** gebaut ist, braucht es keine Regeln, da diese überflüssig und zum Teil schädlich sind. Stattdessen lieben wir Kinder zur Veränderung und nutzen mitunter die *Pädagogik des ersten Schritts.*

Doch natürlich braucht es auch Methoden, um Kinder kurzfristig zu dem zu bewegen, was man selbst möchte. Dafür stand der sichtbare zweite Pfeiler (Erziehungspraktiken), der sechs **Tools für den Erziehungsalltag** anführte, die den unterschiedlichen Grad des kindlichen Eigenwillens berücksichtigen und dann entweder passiv oder aktiv damit umgehen. Die sechs Tools dienten als Inspirationsgrundlage, um selbst eigene kreative Methoden zu finden: **1. Darf es noch ein bisschen Nudge sein?, 2. Erklärung und Gewohnheit, 3. Die Psychologie des Überzeugens, 4. Spielerische Erziehung, 5. Ablenkung, 6. Aktion-Reaktion.** Ich habe dabei zugegeben, dass Pädagogik mitunter an ihre **Grenzen** kommt, doch macht es einen Unterschied, wie diese kommuniziert und gesetzt werden. Beachtet werden sollte immer, selbst bei einem Nein nicht der Beziehung zu schaden.

Da in meinen Augen der Erziehende *zu 100% für eine gelingende Erziehung zuständig* ist, muss er dafür sorgen, dass es zuerst ihm selbst gut geht. Denn nur dann kann er die theoretischen Vorhaben seiner Erziehung in die Praxis umsetzen. Deshalb lautete das Credo: *Erziehung ist zuerst Erziehung von mir selbst.* Mit **Selbsterziehung** steht und fällt also alles erzieherische Handeln. Sie ist die eigentliche Verbindung der beiden Brückenpfeiler und bestimmt somit maßgeblich die Tragfähigkeit der Brücke.

Ich habe nicht behauptet, dass Erziehung leicht ist. Allerdings habe ich gesagt, dass Erziehung Spaß machen kann und alle Beteiligten glücklich sein können. Wie Sie gesehen haben, gibt es eine Menge Möglichkeiten, wie Sie spielerisch und strategisch Ihre Ziele erreichen können. Das wird nicht ohne Konflikte, Stress und Erschöpfung möglich sein, doch ich hoffe, dass dieses Buch Ihnen genügend Inspiration und Begeisterung vermittelt hat, dass die negativen Momente seltener werden und die Freude am Erziehen größer wird.

Vor allem aber hoffe ich, dass Sie Erziehung nun mit dem Zitat von Martin Luther King beschreiben können: »Das ist kein Krieg. Es ist eine Umarmung.«

Ich wünsche Ihnen viel Freude beim inspirierten Erziehen!